Notas Republicanas

Coleção Estudos
Dirigida por J. Guinsburg

Equipe de realização – Edição de Texto: Márcia Abreu; Revisão: Marcio Honorio de Godoy; Sobrecapa: Sergio Kon; Produção: Ricardo W. Neves, Sergio Kon, Luiz Henrique Soares e Raquel Fernandes Abranches.

Alberto Venancio Filho

NOTAS REPUBLICANAS

 PERSPECTIVA

cip-Brasil. Catalogação-na-Fonte
Sindicato Nacional dos Editores de Livros, rj

v561n

Venancio Filho, Alberto, 1934-
    Notas republicanas / Alberto Venancio Filho. – São Paulo: Perspectiva, 2012.
    (Estudos ; 288)

    Inclui bibliografia
    isbn 978-85-273-0939-4

    1. Brasil – História – República Velha, 1889-1930. I. Título.

11-8268.   cdd: 981.05
                 cdu: 94(81)"1889/1930"

07.12.11   16.12.11   032036

Direitos reservados à
EDITORA PERSPECTIVA S.A.

Av. Brigadeiro Luís Antônio, 3025
01401-000 São Paulo SP Brasil
Telefax: (011) 3885-8388
www.editoraperspectiva.com.br

2012

Sumário

Apresentação IX
Prefácio – *Celso Lafer* XI

1. O Ocaso do Império

    Zacarias de Góis e Vasconcelos 1
    A Ideia Republicana. 29

2. A Construção da República

    Um Libelo de Silvio Romero:
    Doutrina Versus Doutrina. 43
    O Poder Executivo na República Brasileira 51
    Do Estado Federado e Sua Organização Municipal . . 68

3. O Apogeu da República

    Carlos Peixoto e o "Jardim da Infância" 75
    O Código das Águas na República 102
    A Historiografia Republicana de Afonso Arinos. . . . 118
    Os Bacharéis na República 133
    O Coronelismo. 145

4. A Crise da República

   À Margem da História da República
   (Uma Geração Republicana)................157
   Maquiavel e o Brasil.........................171
   Problemas de Direito Corporativo 187

5. Pensadores da República
   Alberto Torres................................199
   Pontes de Miranda............................219
   San Tiago Dantas.............................230

Bibliografia.......................................239

Apresentação

Os presentes estudos, elaborados em momentos diversos, alguns de iniciativa do autor e outros por solicitação de terceiros, podem ser considerados estudos sobre a história republicana, porque estão vinculados a esse período histórico brasileiro, pois, na variedade de tópicos, têm esse fio comum.

O livro se divide em cinco capítulos:

O primeiro capítulo, "O Ocaso do Império", trata da figura de Zacarias de Góis e Vasconcelos, cuja demissão do Ministério, em 1868, e a rejeição à nomeação para o Conselho do Estado, representam um dos fatores do declínio do Império. A esse tema se conjuga o estudo sobre as primeiras manifestações republicanas.

O segundo, "A Construção da República", examina os trabalhos da organização do regime republicano, como o estudo de Silvio Romero sobre os primórdios do sistema, e as duas obras clássicas *O Poder Executivo na República Brasileira*, de Aníbal Freire, e *Do Estado Federado e sua Organização Municipal*, de Castro Nunes.

O terceiro, "O Apogeu da República", com o estudo sobre o "Jardim de Infância", discute o momento significativo da renovação dos costumes políticos, com a contribuição na organização do Regime das Águas, fundamental para um país em desenvolvimento. São analisadas as duas grandes biografias de Afonso Arinos: *O Estadista da República* e *Rodrigues Alves*. O estudo da presença dos "Bacharéis na República" e o tema clássico do coronelismo completam o título.

O quarto, "A Crise da República", se inicia com a análise do volume *À Margem da História da República*, organizado por Vicente Licínio Cardoso, refletindo nos vários artigos o desencanto com o regime; "Maquiavel e o Brasil" revela os anos 30 do século XX; e a elaboração do novo direito público com Oliveira Viana.

Finalmente, no quinto capítulo, "Pensadores da República", são examinados Pontes de Miranda e sua visão global do direito, da política e da sociedade, Alberto Torres, do qual ressaltamos o esforço pela organização nacional, e San Tiago Dantas, o analista das transformações do direito a partir de 1930.

Prefácio

O período histórico do Brasil Império tem merecido muita pesquisa e análise, o que se explica dada a relevância que teve na configuração da especificidade da nossa Independência e no papel que tiveram as suas instituições na consolidação da unidade nacional. A Revolução de 1930, por sua vez, porque tem sido consensualmente considerada um evento inaugural das grandes transformações que assinalam a emergência do Brasil moderno, vem sendo o marco a partir do qual a historiografia brasileira tem se debruçado para elaborar estudos de grande relevo. Isso deixa em relativa penumbra a Primeira República que, com frequência, é tida como o hiato entre o "velho" do Império e o "novo" iniciado pela Revolução de 30 e a Era Vargas. Essa percepção da Primeira República como um hiato não faz justiça ao seu significado histórico.

Notas Republicanas, de Alberto Venancio Filho, reúne estudos sobre a Primeira República no intuito de resgatar o alcance desse período para o entendimento do Brasil. Os estudos estão agrupados em cinco partes, cuja lógica e interdependência cabe destacar neste prefácio posto que são o fio condutor das facetas da Primeira República, para a qual o autor dá, neste livro, meritória contribuição.

O primeiro capítulo, intitulado "O Ocaso do Império", abre-se com estudo sobre Zacarias de Góis e Vasconcelos. Zacarias foi uma das grandes personalidades da política do 2º Reinado, cujo modo de ser e atuar, como lembra o autor, Machado de Assis descreveu na conhecida crônica sobre o Velho Senado, apontando que tinha "a palavra cortante, fina e rápida" e politicamente "era uma natureza seca e sobranceira". Uma das avaliações da filiação de Zacarias ao ocaso do império é a queda do seu 3º Gabinete, por conta da posição de Caxias. Esta teria assinalado a sobreposição do exército ao jogo dos partidos e, desse modo, dado início à vigência militar na política brasileira, muito presente na ascensão republicana. Esta leitura que Batista Pereira faz do episódio, como aponta Venancio, eu a ouvi, respaldada por Tancredo Neves, num jantar no Palácio das Mangabeiras, em conversa com Afonso Arinos e Paulo Brossard, na antevéspera da sua renúncia ao governo de Minas Gerais para dar início à campanha presidencial. O contexto era o dos antecedentes da presença dos militares na política brasileira, cujo fim, naquela ocasião, se encaminhava precisamente com a sua bem sucedida campanha presidencial que anunciava uma Nova República. Outra faceta, entre muitas, destacada por Venancio, é a recusa de Zacarias de integrar o Conselho de Estado, que Joaquim Nabuco qualificou como "o cérebro da monarquia" e que foi a instituição de que se valeu dom Pedro II no manejo do Poder Moderador. O Poder Moderador, que foi a chave do funcionamento do 2º Reinado, mereceu importante livro de Zacarias no qual procurou, como aponta Venancio, estabelecer seus limites em contraposição às leituras da latitude do seu funcionamento formuladas pelo visconde do Uruguai e por Pimenta Bueno, que foi o grande jurista e conselheiro de dom Pedro II. Em síntese, ao traçar o perfil de Zacarias, o autor mostra como, pela sua ação e pensamento, minou a legitimidade dos mecanismos de funcionamento do 2º Reinado, contribuindo, assim, para a ascensão da República.

A este importante estudo sobre Zacarias, do qual pincei alguns aspectos, segue-se o texto sobre o Manifesto Republicano de 1870, lastreado pelas considerações sobre o histórico da difusão das ideias republicanas no Brasil desde o século XVIII. O texto tem como objetivo apontar o papel das ideias no processo histórico que propiciou, em 1889, a República.

O segundo capítulo, intitulado "A Construção da República", é composto de três estudos. O primeiro é uma análise de texto de Silvio Romero, em que esse grande polígrafo brasileiro, de múltiplas vertentes intelectuais, um dos líderes da renovação intelectual em nosso país representado pela Escola de Recife, trata "das correntes políticas e da sociedade brasileira quando a República começava a se organizar". Mostra que, na década de 1890, as correntes de opinião não se institucionalizaram em partidos nacionais, abrindo espaço para a consolidação subsequente de partidos estaduais, representantes de poderosas oligarquias regionais. É o caso do Partido Republicano Paulista e do Partido Republicano Mineiro que foram protagônicos na condução política da Primeira República.

Os dois estudos seguintes interligam-se, pois oferecem ao autor, que é um reconhecido e consagrado estudioso das ideias jurídicas em nosso país e de sua incidência na vida brasileira, a oportunidade de discutir as mudanças institucionais trazidas pela República. Ao avaliar a importância do livro de Anibal Freire, *O Poder Executivo na República Brasileira*, e ao traçar o seu perfil, mostra o autor como se configurou o Poder Executivo dentro do regime presidencialista da Primeira República, que se tornou predominante na vida política brasileira. Na análise do perfil de Anibal Freire são muito instigantes os paralelismos traçados com seus contemporâneos, inclusive com Pedro Lessa, cujo livro *O Poder Judiciário* é representativo de outra inovação institucional trazida pela República com a criação do Supremo Tribunal Federal e a sua função de controle da constitucionalidade.

O estudo subsequente trata do livro de José Castro Nunes, *Do Estado Federado e Sua Organização Municipal* e de sua atuação. Alberto Venancio mostra a importância da análise de Castro Nunes no que tange às mudanças da organização geral do estado brasileiro representadas pela implantação da República.

Em síntese, a ausência de partidos federais e estruturados, o predomínio do Executivo, a Federação e os municípios, as novas características do Poder Judiciário que são expressões institucionais da passagem do Império para a República e que retêm atualidade para o entendimento do Brasil, são o fio condutor explicativo da segunda parte deste livro que trata da construção da República. Cabe notar que as carreiras públicas e de magistrados, tanto de Anibal Freire quanto de Castro Nunes, foram importantes depois da Revolução de 30, revelando o papel das continuidades na vida política brasileira.

O terceiro capítulo intitula-se "O Apogeu da República". O primeiro estudo trata de Carlos Peixoto que, pela sua amplitude, tem afinidades com o dedicado a Zacarias. Carlos Peixoto, como David Campista, são representativos de uma inovadora geração de políticos mineiros – o jardim de infância – que encontraram espaço na Primeira República, tiveram respaldo na presidência de Afonso Pena e perderam seu esteio com a morte de João Pinheiro. Daí, no confronto das gerações, a reconfirmação do papel de Pinheiro Machado como o condestável da República. Este estudo é muito exemplificativo, para falar com Maquiavel, dos insucessos da *virtú* não bafejada pela *fortuna*.

O segundo estudo trata do Código de Águas, cuja elaboração foi confiada a Alfredo Valadão pelo presidente Afonso Pena. A ideia de um Código de Águas prende-se à percepção de Alfredo Valadão, articulada em livro sobre a matéria, que antecede o convite, no qual discutia a relevância do regime jurídico de águas para um país que dele necessitava para a energia e a indústria. Venancio trata do longo processo da discussão do regime jurídico de águas, a distinção entre águas particulares e públicas e a preocupação de Alfredo Valadão em socializar o direito às águas, como apontou ao refazer o seu Projeto e divulgar as suas ideias em 1931 no volume o *Direito das Águas*. No seu texto e com a densidade própria do seu pioneirismo no estudo da criação do direito econômico no Brasil, que se desenvolveu a partir da Revolução de 1930, Venancio mostra a importância e a modernidade do pensamento de Alfredo Valadão. Indica, desse modo, os elos que ligam a Primeira República à elaboração legislativa da intervenção do estado no domínio econômico que foi se avolumando a partir da Era Vargas.

O estudo subsequente trata da contribuição de Afonso Arinos, de quem Venancio foi próximo e a quem sucedeu na Academia Brasileira de Letras, à historiografia republicana. Rastreia, com finura e conhecimento, os interesses intelectuais e os trabalhos de Afonso Arinos dedicados à História do Brasil e dá o merecido destaque às suas duas biografias, a de seu pai, Afrânio de Melo Franco – *Um Estadista da República* e à de Rodrigues Alves – *Rodrigues Alves: Apogeu e Declínio do Presidencialismo*. São dois livros de grande fôlego, com amplo domínio das fontes, que mostram como a biografia pode ser um fecundo caminho para o entendimento da História. Venancio assinala a simetria existente entre essas duas biografias que esclarecem a dinâmica de funcionamento, na Primeira República, da política do "café com leite", pois o livro sobre Afrânio explica momentos paradigmáticos da ascendência da política mineira, como o consagrado a Rodrigues Alves explica os da política paulista.

O estudo que se segue traça uma elaborada síntese da presença dos bacharéis na vida republicana. O seu contraponto é o estudo seguinte, baseado no grande livro de Victor Nunes Leal, *Coronelismo, Enxada e Voto: O Município e o Regime Representativo no Brasil*. Tem o mérito adicional de traçar o perfil de um admirável jurista e homem público, que foi um sólido pioneiro da Ciência Política no Brasil. O bacharel e o coronel são, em distintos níveis, atores de primeira plana na vida da Primeira República, cujos papéis no sistema político brasileiro Venancio contribui para esclarecer com estes dois estudos que integram a terceira parte do seu livro dedicado a "O Apogeu da República".

O quarto capítulo do livro trata de "A Crise da República". É, na estrutura de *Notas Republicanas*, o contraponto do primeiro, "O Ocaso do Império". O primeiro estudo aborda o alcance do volume coletivo, organizado por Vicente Licinio Cardoso, *À Margem da História da República*, publicado em 1924. Reúne "ideias, crenças e afirmações" de uma geração nascida com a República que, na variedade de suas posições, tinha a sensibilidade compartilhada que caracteriza uma geração no dizer de Ortega y Gasset. Essa sensibilidade apontava para os problemas de enfraquecimento da Primeira República e seus desafios, que é o tema recorrente desta quarta parte.

O segundo estudo explora o alcance do livro de Otávio de Faria, *Maquiavel e o Brasil*, publicado em 1931. O livro traduz a sensibilidade de uma geração mais nova, que se volta para a obra de Maquiavel a fim de extrair lições que pudessem servir de roteiro para os novos rumos do país iniciados com a Revolução de 1930. É uma expressão do que Pocock, em importante e erudito livro, qualificou de *momento maquiavélico*, que aflora em períodos nos quais uma república se confronta com os problemas da sua instabilidade. É o que aponta Venancio que, a partir dessa perspectiva, discute o livro de Otávio de Faria, seus acertos, equívocos e repercussões, aproveitando para, igualmente, destacar como o pensamento político brasileiro pouco se dedicou à obra de Maquiavel. Realça, neste contexto e com muita pertinência, as exceções representadas pelo livro de 1958, de Lauro Escorel, *Introdução ao Pensamento Político de Maquiavel* e pelos trabalhos de Marcilio Marques Moreira.

O último estudo desta quarta parte é dedicado ao livro *Problemas de Direito Corporativo* (1938), de Oliveira Viana, um dos colaboradores da obra de Vicente Licinio Cardoso. Nele tratou do idealismo da Constituição, matéria que desenvolve em volume do mesmo título publicado em 1927. Um dos temas recorrentes de Oliveira Viana, que remonta a esses estudos, era o hiato existente no Brasil entre o país formal e o país real. O seu livro de 1938 – que se contrapõe a um parecer crítico de Waldemar Ferreira sobre a Justiça do Trabalho – é uma defesa das virtudes da justiça trabalhista e da legislação social criada no pós-Revolução de 1930, na Era Vargas. Oliveira Vianna, que foi consultor-jurídico do Ministério do Trabalho e que contribuiu para a implantação da legislação social, faz a defesa das suas inovações. Venancio destaca que o seu livro trouxe novos caminhos para a interpretação do direito positivo brasileiro, ao afastar o formalismo reinante. Aponta, na reflexão de Oliveira Viana, a presença intelectual de Louis Brandeis, o grande juiz da Corte Suprema dos EUA, que dava às suas sentenças o lastro realista da análise sociológica. Em síntese, neste livro cuja importância Venancio com razão sublinha, ele identificou, na Justiça do Trabalho e na legislação social, um caminho para aproximar o Brasil formal do Brasil real, cujo distanciamento apontou como uma das causas da crise da Primeira República.

O quinto e último capítulo intitula-se "Pensadores da República". Reúne estudos sobre Pontes de Miranda, Alberto Torres, San Tiago Dantas, figuras representativas da inteligência brasileira, para valer-me do título do livro de Miguel Reale.

Pontes de Miranda foi um dos autores do livro organizado por Vicente Licinio Cardoso. A sua colaboração, "Preliminares para a Revisão Constitucional", retém até hoje o interesse pela sua qualidade. Venancio traça o perfil desse extraordinário jurista cuja erudição abrangente e envergadura intelectual suscita a melhor admiração. Mostra, inclusive, a pertinência da sua reflexão sobre a democracia e os direitos humanos, as suas afinidades com o ideário socialista, sua contribuição à sociologia e a segurança com a qual lidou com o tema filosófico do problema do conhecimento.

A Alberto Torres, a cujo círculo pertenceu Oliveira Viana, também dedica um estudo. Dá o devido destaque ao seu ataque frontal ao pensamento racista, o que merece realce, pois escreveu numa época em que o racismo encontrava vigência e ressonância. Mostra o seu pioneirismo na discussão sobre os problemas da paz. Realça a importância que atribuiu ao nacionalismo econômico e à avaliação inovadora que faz do tema da ecologia. O fulcro do pensamento de Alberto Torres, como aponta, é o da organização nacional. Nesse sentido, como observou Guerreiro Ramos, citado por Venancio, Alberto Torres foi um antecipador do desafio do *institution-building* na construção de uma nação. Daí a irradiação da sua obra nos anos que se seguiram ao seu falecimento, na qual também avulta a importância que atribuiu ao nacionalismo.

O estudo conclusivo é dedicado a San Tiago Dantas, que integra a geração de Octavio de Faria e dos jovens que participaram do Centro de Estudos Jurídicos (o Caju) criado no Rio de Janeiro por estudantes da Faculdade Nacional de Direito da qual subsequentemente San Tiago foi, muito jovem, professor catedrático de Direito Civil. São óbvias as afinidades de Venancio com a luminosa figura de San Tiago Dantas, pois este se dedicou com extraordinária penetração ao problema da cultura jurídica e ao papel do direito na transformação social, campo que o autor destas *Notas Republicanas* examinou com abrangência histórica e profundidade no seu livro *Das Arcadas ao Bacharelismo: 150 Anos de Ensino Jurídico no Brasil*. Daí o destaque que dá ao percurso de San Tiago Dantas, explicativo da compreensão da história brasileira das décadas em que atuou e cobre o arco do tempo que vai do início dos anos 30 a 1964.

Quero concluir este prefácio com uma nota pessoal, afirmando que representou uma oportunidade para manifestar a minha admiração afetuosa e amiga pelo autor de *Notas Republicanas*. A admiração remonta ao tempo em que elaborei a minha tese de doutoramento de 1970 sobre o Programa de Metas de JK e me vali do seu grande, pioneiro e documentadíssimo livro de 1968, *A Intervenção do Estado no Domínio Econômico*. A amizade teve início na década de 1970, por conta de interesses compartilhados a respeito do ensino do direito e da cultura jurídica brasileira, que me levaram a acompanhar as pesquisas cujo desfecho foi o seu acima mencionado livro de 1977, *Das Arcadas ao Bacharelismo*, que tem o alcance de uma interpretação do Brasil, tendo como perspectiva organizadora a história do ensino jurídico em nosso país.

Gostaria também de registrar que a leitura deste livro deu-me a oportunidade de renovar contato com o significado da Primeira República pela qual sempre tive interesse. Quem me incutiu esse interesse foi Antonio Gontijo de Carvalho, várias vezes citado e referido nestas *Notas Republicanas*. Gontijo foi contemporâneo na Faculdade de Direito de São Paulo e fraternal amigo de Horacio Lafer em cuja casa eu, ainda moço, o conheci. Era um profundo conhecedor da História da Primeira República e autor, entre muitas obras, de um livro sobre a vida e a obra de David Campista, o outro eminente integrante, junto com Carlos Peixoto, do "jardim de infância". As suas narrativas sobre episódios da Primeira República faziam parte das conversas com Horacio Lafer que eu escutava com a maior curiosidade. Outras oportunidades de conversas com Gontijo, em especial sobre Calógeras e Rui Barbosa, surgiram quando eu, já formado e mais maduro, passei a ter com ele laços de amizade, que foram uma generosa extensão do seu fraternal relacionamento com Horacio Lafer. Assim, escrever este prefácio também se tornou uma ocasião para evocar a memória de Antonio Gontijo de Carvalho, não só por conta do seu conhecimento da Primeira República – que me fez ver que ela não era a "República Velha" –, mas porque ele tinha, como tem Venancio, a dedicada e generosa vocação da amizade.

Celso Lafer
Professor-titular da Faculdade de Direito–USP
e membro da Academia Brasileira de Letras

1. O Ocaso do Império

ZACARIAS DE GÓIS E VASCONCELOS

1. Considerações Preliminares

Um silêncio parece corresponder a uma fatalidade que vem perseguindo a memória desse grande parlamentar do Império, Zacarias de Góis e Vasconcelos. A sua vida e ação política têm sido pouco estudadas, mas, se nos debruçarmos sobre a história do Império, o seu vulto ressaltará com a singularidade de um homem fiel a uma vocação, que seria, ao mesmo tempo, sua grandeza e sua tragédia.

Os biógrafos de outros vultos do Império procuram, talvez inconscientemente, deixar irrelevados os seus méritos, e em muitos estudos recentes nota-se a mesma atitude. Em duas histórias do Brasil tal impropriedade se observa: numa delas o nome de Zacarias é omitido e a crise de 1868 é examinada de raspão. Em outra, os mínimos detalhes da campanha do Paraguai merecem vários períodos, mas os eventos de 1868 são praticamente esquecidos, começando-se a análise dos primórdios da República pelas manifestações militares de 1883.

As análises clássicas também discrepam nessa incompreensão; o perfil traçado em *O Estadista do Império* não faz justiça a Zacarias, procurando, com insistência, pôr em relevo as suas qualidades negativas:

Zacarias de Góis e Vasconcelos era um espírito de combate, indiferente a ideias, exceto os dogmas e preceitos da Igreja, da qual mais tarde se fará no Senado o atleta; ríspido escarnecedor no debate, não poupando a menor claudicação mesmo do amigo e do partidário, fosse ela em algum artigo da Constituição ou na pronúncia de alguma língua estrangeira. Metódico em toda a sua vida, minucioso como um burocrata em cada traço de pena, chamando tudo e todos a contas com a régua do pedagogo constitucional, ele foi o mais implacável e também o mais autorizado censor que a nossa tribuna parlamentar conheceu. Sua existência política pode ser comparada à do religioso a quem são vedadas as amizades pessoais e que se deve dedicar todo à sua Ordem, obedecer só à sua regra. O partido era a sua família espiritual; a ele sacrificava o coração, a simpatia, as inclinações próprias; ele podia dizer da política o que se disse da vida espiritual, que "o mais repulsivo dos seus vícios é a sentimentalidade" (Faber). Não havia nele traço de sentimentalismo; nenhuma fraqueza, nenhuma condescendência íntima projetavam sua sombra sobre os atos, as palavras, o pensamento mesmo do político. A sua posição lembra um navio de guerra, com os portalós fechados, o convés limpo, os fogos acesos, a equipagem a postos, solitário, inabordável, pronto para a ação. A frieza do seu modo conservava os seus partidários sempre à distância; bem poucos foram os que, chegados ao pináculo, ele tratou intelectualmente como seus iguais. O estadista que ele mais admirava era Paraná, com quem tinha algumas semelhanças; o temperamento, a natureza, a formação, tudo neles, porém, fora diverso. Ao contrário de Zacarias, Paraná era um homem de dedicações e amizades pessoais extremas, que se entregava todo aos que lhe inspiravam confiança, arrebatado e violento, mas, igualmente, generoso, franco e aberto. Zacarias era o que já vimos: frio, marmóreo, inflexível. Chefe de partido, ele o foi, mas não como Paraná, nem à moda de Paraná; intimamente, entre ele e os seus partidários, a distância era grande, porque a incomunicabilidade era perfeita. Paraná era pessoalmente uma força de atração; Zacarias, uma força de repulsão; a eletricidade do primeiro era positiva, e a do segundo negativa. Zacarias tinha, porém, de Paraná a sobranceria, a marca do domínio, o mesmo modo desdenhoso, expedito, quase comercial, de tratar os aspirantes, os pretendentes, os ambiciosos; por último, a intuição do valor dos homens e dos talentos, não só do valor real, a adivinhação da futura trajetória, como mostrou na formação do seu último gabinete. Zacarias era, entretanto, uma menor figura do que Paraná, porque este tinha a primeira qualidade do estadista, que o outro não possuía: a impersonalidade. A atitude de Zacarias votando no Senado contra a lei de 28 de setembro, que, como veremos, se pode dizer um projeto do seu próprio ministério, basta para mostrar que ele deixava o estadista, que deve ser o intérprete do interesse nacional, ceder a palavra e o voto ao partidário, mesmo nos maiores episódios da história nacional. Mais do que Paraná, ele tinha, porém, a vastidão, a agudeza, as aptidões diversas, a intensa cultura da inteligência, cuja irradiação fria mostrava não haver nela nenhum foco de imaginação ou de sentimento. Mais ainda do que Paraná, ele tinha também, é forçoso confessar, a força do isolamento em que se mantinha; a sua estranheza a negócios, interesses e influências que cercam sempre a política; a espinhosidade que o revestia, força essa que o habilitou a ser o censor, à moda romana, do nosso meio político, dos seus menores erros, desvios e azares. A verdade, para ser completo este traço de Zacarias, é que os poucos que lhe decifraram o enigma, ou para quem, a seu modo, se abriu e se mostrou tal como não era em política, ele inspirou uma admiração tanto mais valiosa, como testemunho histórico, quanto era desinteressada[1].

Machado de Assis, o admirável cronista de *O Velho Senado*, menos vinculado com os grupos políticos e com uma visão mais isenta, seria, a meu ver, mais fiel à história e ao personagem:

O Senado contava raras sessões ardentes; muitas, porém, eram animadas. Zacarias fazia reviver o debate pelo sarcasmo e pela presteza e vigor dos golpes. Tinha a palavra cortante, fina e rápida, com uns efeitos de sons guturais, que a tornavam mais penetrante e irritante. Quando ele se erguia, era quase certo que faria deitar sangue a alguém. Chegou até hoje a reputação de debater, como oposicionista, e como ministro e chefe de gabinete. Tinha audácias, como a da escolha "não acertada", que a nenhum outro acudiria, creio eu. Politicamente era uma natureza seca e sobranceira. Um livro que foi de seu uso, uma história de Clarendon *History of the Rebellion and Civil Wars in England*, marcado em partes, a lápis encarnado, tem uma sublinha nas seguintes palavras, atribuídas ao Conde de Oxford, em resposta ao Duque de Buckingham, "que não buscava

---

[1] J. Nabuco, *Um Estadista do Império*, p. 389.

a sua amizade nem temia o seu ódio". É arriscado ver sentimentos pessoais em livros de estudo, mas aqui parece que o espírito de Zacarias achou o seu parceiro. Particularmente, ao contrário, e desde que se inclinasse a alguém, convidava fortemente a amá-lo; era lhano e simples, amigo e confiado. Pessoas que o frequentavam, dizem e afirmam que, sob as suas árvores da rua do Conde ou entre os seus livros, era um gosto ouvi-lo e raro haverá esquecido a graça e a polidez dos seus obséquios. No Senado sentava-se à esquerda da mesa, ao pé da janela, abaixo de Nabuco, com quem trocava os seus reparos e reflexões[2].

II. Primeiros Anos: Formação

Nascido na cidade de Valença, província da Bahia, em 5 de novembro de 1815 – data que seria posteriormente a do nascimento de Rui Barbosa –, faleceu no Rio de Janeiro a 28 de dezembro de 1877. Filho de Antônio Bernardo de Vasconcelos e de Maria Benedita de Assunção Menezes e Vasconcelos, pouco se sabe dos seus estudos de humanidades. Ingressou no curso jurídico de Olinda em 1833, fazendo parte de uma das primeiras turmas, colega de Nascimento Feitosa, Teixeira de Freitas e Wanderley, futuro barão de Cotegipe, seu adversário político, e diplomou-se em 1837.

Em livro – *Das Arcadas ao Bacharelismo*[3] – procurei retratar o ambiente de Olinda nesse momento. Era quase uma réplica do burgo coimbrão; os alunos imitavam em tudo os hábitos da cidade portuguesa, e, se inexistia um Tietê que se contrapusesse ao Mondego, o mar seria o cenário habitual das serenatas e das diversões estudantis, "as praias de Olinda, o seu varadouro e até os seus pântanos". Não faltaram nesses primeiros anos as rixas e os conflitos, com alguns casos de morte. Do ensino pouco se poderia falar; o primeiro diretor do curso, em caráter interino, foi Lourenço José Ribeiro, uma vez que o titular, Pedro de Araújo Lima, se encontrava na Corte, ocupando pasta ministerial. Lourenço José Ribeiro seria o lente de direito constitucional, fazendo a exegese da Constituição de 1824, e tentando espalhar *intra et*

---

2 J. M. Machado de Assis, *Obras Completas*, v. II: *O Velho Senado*, p. 594.
3 A. Venâncio Filho, *Das Arcadas ao Bacharelismo*, p. 51 e s. [2ª reimpressão, 2011, p. 57 e s.]

extra muros o novo constitucionalismo. No ano do ingresso de Zacarias, assumiu direção do curso o padre Lopes Gama, que se tornaria famoso pelas suas críticas acerbas ao ensino ministrado. Dos outros lentes, caberia mencionar Autran, que lecionava direito natural, traduzindo pouco depois a *Economia Política* de Stuart Mill, e com quem Zacarias iria se defrontar mais tarde. Mas, menos do que as lições em classe, o que contava, afinal, era o ambiente de confraternização, o convívio com os colegas e com alguns dos professores mais ilustres, aquilo que Rui Barbosa definiria mais tarde, com precisão, a "vida acadêmica".

Essa vivência, entretanto, deve ter sido importante na carreira de Zacarias, pois doutorar-se-ia em direito pela mesma escola, viria a ocupar as funções de lente substituto, por período curto, nomeado em 1841, lente em 1855 e jubilando-se em 1856. No entanto, Clóvis Beviláqua assinala que em Olinda e Recife "não deixou documento algum que perpetuasse a sua memória como lente". Phaelante da Câmara, na célebre *Memória Histórica do Ano de 1903*, referir-se-ia às "noções sólidas e à compostura doutoral de Zacarias de Góis", mas comentaria que, de sua passagem pelo curso de Olinda como professor, só restava um retrato no salão nobre, que seria por certo mais uma homenagem ao presidente do Conselho de ministros do que ao lente[4].

É evidente, porém, que a face desse convívio e dessa atividade ficou marcada em sua personalidade, como se pode verificar, ao participar na discussão do projeto de reforma dos cursos jurídicos em 1853 e 1854, na Câmara dos Deputados, e as constantes referências em seus discursos, mencionando com orgulho a atividade docente.

Sacramento Blake indica entre os trabalhos acadêmicos de Zacarias o discurso na abertura do curso de Direito Natural na Academia de Olinda (1851), e o trabalho apresentado ao ministro da Justiça, conselheiro Souza Ramos – "Reflexões Acerca do Projeto de Estatutos da Faculdade de Direito de Olinda" (1853) –, mas nem na Biblioteca Nacional, nem na Biblioteca da Faculdade de Direito do Recife se encontrou um exemplar[5].

---

4 C. Beviláqua, *História da Faculdade de Direito do Recife*, p. 25.
5 S. Blake, *Dicionário Bibliográfico Brasileiro*, p. 407.

III. *Início das Atividades Políticas.*
As Presidências de Província.

As academias jurídicas do Império, como repetidas vezes se têm assinalado, desempenharam uma função primordial na formação das elites políticas do Império e na própria criação da ordem jurídica nacional. Em estudo sobre o mandarinato no Brasil imperial, analisou-se, com respaldo em dados históricos e estatísticos, a existência de um *cursus honorum* na vida política imperial. Via de regra, a atividade do jovem bacharel iniciava-se pela presidência das províncias; eram moços imberbes que o imperador indicava para tais lugares, sem nenhuma vinculação local ou regionalista, dentro do propósito de familiarizá-los com as diferentes regiões do país, dando-lhes uma ideia da unidade nacional, para quando fossem alçados aos cargos de caráter nacional.

Terminado o curso jurídico, Zacarias retorna a Valença, onde durante dois anos se dedicaria a preparar o concurso para lente da Academia. Contava com o apoio de Gonçalves Martins, futuro visconde de São Lourenço, secretário do curso de Olinda, e que procurava atrair jovens bacharéis para o ingresso no Partido Conservador. A ascensão de Gonçalves Martins, reeleito deputado à Assembleia Geral, reforçou seu prestígio e levou o jovem professor a enfrentar, em 1843, o pleito para a Assembleia Provincial da Bahia. Ficou na quinta suplência, mas a falta dos titulares obrigou a convocação dos suplentes, inclusive a do próprio Zacarias.

Zacarias não iria escapar ao ingresso no mandarinato, e, aos 29 anos, estando em pleno exercício do mandato de deputado provincial, é surpreendido pelo convite de Almeida Torres, visconde de Macaé, por sugestão de Gonçalves Martins, para governar o Piauí, que estava às voltas com problemas políticos muito sérios. A atuação de Zacarias (25.6.1845-6.9.1847) foi extremamente proveitosa, pois pôde restabelecer a ordem e dar andamento a atividades importantes nos vários setores da administração. Reelegeu-se deputado provincial na Bahia em 1845, o mesmo ocorrendo em 1847, quando é chamado novamente pelo visconde de Macaé, provavelmente guardando a lembrança do que realizara no Piauí, para governar Sergipe.

O êxito não foi o mesmo (28.4.1848-17.12.1849), permaneceu na província o clima de agitação, e o presidente teve de utilizar mão-de-ferro para conter os ânimos. Em 17 de dezembro de 1849 passava a função ao seu substituto legal, uma vez eleito deputado para a Assembleia Geral.

Zacarias voltaria à órbita provincial, quando é chamado, em 1853, para presidir a recém-criada Província do Paraná, constituída da até então quinta comarca de São Paulo. A sua permanência nessas funções, que ele chamaria de "tarefa difícil e espinhosa", ao criar os serviços para uma nova província, não terá sido tranquila, mas ele a desempenhou com a maior eficiência e pôde assim prepará-la para a vida autônoma. Um analista local relataria os méritos do primeiro presidente: preparando novas comarcas, criando novos municípios, como o de Ponta Grossa; cuidando da colonização e catequizando os índios; tratando da abertura e conservação de estradas e abertura do canal de Paranaguá; construção de prédios para as cadeias; medidas coercitivas contra a fabricação da erva-mate; iniciando a construção do Liceu; empenhando-se na defesa dos limites de Santa Catarina na ação que contra toda a justiça lhe movia Santa Catarina.

As atividades como presidente de província irão levar logo Zacarias para outro lanço da função política, eleito que foi como deputado geral nas eleições de 1849. Passa a presidência da província a seu substituto legal, Armando José Pereira, em 17 de dezembro de 1849, e assume o lugar na Assembleia Geral inaugurando uma carreira, no plano nacional, que se prolongaria por mais um quarto de século.

A Câmara de 1850 guardava presentes os motivos da dissolução da Câmara anterior, mencionados na fala do trono como os "desgraçados acontecimentos que ocorreram recentemente na Província de Pernambuco", mas "a criminosa empresa tinha sido reprimida"[6]. Entre os deputados estreantes contava-se Cândido Mendes, do Maranhão, futuro colega de Zacarias, em 1874, na defesa dos bispos; Paula Batista, de Pernambuco, ilustre jurista, professor da Academia de Olinda, e que se iria destacar como o mais notável processualista do Império; Justiniano

---

6 *Falas do Trono*, p. 571.

da Rocha, por Minas Gerais; e Sayão Lobato, pelo Rio Grande do Sul. Era uma Câmara conservadora, somente quebrando a unanimidade a figura de Souza Franco: "A Câmara era toda segundo reinado; os moços que tinham começado depois da Maioridade representavam os primeiros papéis". Estava-se em pleno domínio, como acentua Francisco Iglesias, do bacharel:

> A composição do Parlamento é a mesma de antes e a que será regra no Brasil imperial e mesmo em parte do republicano, o predomínio do bacharel, expressão dos ideais educativos da sociedade patriarcal com o culto dos valores retóricos. O grande agente das eleições é o senhor de terras que domina o interior; o fazendeiro envia o filho a estudar, principalmente em Olinda e São Paulo, nas faculdades de direito, a fim de obter o título e o necessário preparo para a vida pública, vista então como o campo de atividade reservada eminentemente ao bacharel[7].

Não seria fácil ao jovem deputado, mal entrado nos 34 anos, destacar-se nessa primeira legislatura. Mas o discurso de estreia, de 21 de janeiro, revela as qualidades que o iriam singularizar como um dos grandes oradores do Parlamento.

IV. *Ministro da Marinha*

Uma oportunidade excepcional se apresentaria, em seguida, com a subida do 11º gabinete do Império, em 11 de maio de 1852, chefiado por Joaquim José Rodrigues Torres, visconde de Itaboraí, que acumula também a pasta da Fazenda, e que chama para ministro do Império Francisco Gonçalves Martins, barão de São Lourenço, protetor do jovem deputado. O barão indica Zacarias de Góis e Vasconcelos para ministro da Marinha, compondo, ainda, o gabinete, José Ildefonso de Souza Ramos, visconde de Jaguari, ministro da Justiça; Paulino Soares de Souza, visconde de Uruguai, ministro das Finanças; e Manoel de Souza Melo, ministro da Guerra. O gabinete praticamente mantinha a composição anterior, somente entrando

---

7   F. Iglesias apud S. Buarque de Holanda (org.), *História Geral da Civilização Brasileira*, tomo II, v.3: Reações e Transações, p. 16.

três ministros novos, entre os quais Zacarias. A manutenção de tantos nomes é objeto de críticas. Várias respostas são fornecidas sobre a questão, como a de Eusébio de Queiroz, cuja ausência mais preocupava a oposição. Este argumenta que não há mudança de programa, pois os nomes são quase os mesmos, lembrando que há harmonia entre os membros do gabinete.

O Ministério da Marinha era considerado o ministério dos principiantes, a ele tendo acesso jovens parlamentares em início de carreira. Zacarias revelou-se um hábil administrador: reorganizou a Marinha, ampliando a frota e o número de estações navais; conferiu prioridade à política de amparo aos hospitais e asilos navais; melhorou o montepio; implantou bibliotecas; transformou o corpo de fuzileiros em batalhão naval; empenhou-se na repressão ao tráfico de escravos; enfim, atuou com determinação e diligência. Dedicou-se à criação do Conselho Naval, um dos seus objetivos mais fundamentais. O projeto não foi estudado a fundo como seria preciso, pois o próprio Zacarias considerava necessário ensaiar a instituição, testando, na prática, antes de submetê-la à aprovação do corpo legislativo. O gabinete Itaboraí duraria até 6 de setembro de 1853, quando é organizado o gabinete Paraná, que irá inaugurar o período da "Conciliação".

v. *Retorno à Planície. Atuação na Assembleia Geral*

Na nona legislatura 1853-56, Zacarias é reeleito deputado pela província natal ao deixar a presidência da província do Paraná, e enfrenta novamente, de corpo e alma, as atividades parlamentares. A Câmara era quase idêntica à de 1850, mas já com predomínio da geração que despontara em 1840. "Era uma perfeita Câmara do segundo reinado, os recrutas da época da Maioridade apareciam agora como veteranos à testa de suas deputações"[8]. Estávamos em pleno domínio da Conciliação e a discussão do projeto das incompatibilidades e dos círculos (eleição por distrito) animava os partidos no âmbito da reforma eleitoral proposta por Paraná. Na Câmara dos Deputados, Zacarias seria o relator da matéria e daria parecer contrário

8   J. Nabuco, op. cit., p. 139.

ao projeto, justificando amplamente o seu ponto de vista. A paixão dominou as discussões, e a posição independente de Zacarias – marca do seu caráter – iria se revelar nesse como em outros debates. Aparteando, diria Gonçalves Martins que a opinião adversa ao projeto só poderia ser daqueles incapazes de afrontar a eleição por círculos, porque eram "deputados de enxurrada". Em abril de 1856 realizaram-se eleições para duas vagas de senador na Bahia. Gonçalves Martins patrocina Ângelo Muniz da Silva Feraz. Wanderley e Ferraz, os mais votados, são escolhidos para a Câmara vitalícia. Nas próximas eleições, já sob a égide da lei dos círculos, Zacarias não é reeleito.

Reorganiza a sua vida, instalando no Rio o escritório de advocacia, uma das "bancas de entressafra", mas a ausência da política não se prolongará por muito tempo.

vi. Da Natureza e Limites do Poder Moderador

Em 1860, é publicada a obra de Zacarias, *Da Natureza e Limites do Poder Moderador*[9], sem indicação de autoria. Foi reeditada em 1862, bastante ampliada, pois aos capítulos iniciais se acresceram três discursos pronunciados na sessão legislativa de 1861, e uma terceira parte de resposta ao livro *Ensaio sobre Direito Administrativo*, do visconde de Uruguai, dedicada ao assunto.

A questão do Poder Moderador constituiu, de fato, o problema fundamental de análise das instituições políticas do Império, e nessa discussão se revelam os pressupostos políticos e ideológicos que inspiraram a sua introdução.

O princípio fora haurido das obras doutrinárias de Benjamin Constant, que o colhera das ideias de Clermont Tonnerre. Tratava-se de criar, ao lado do *pouvoir royal*, um *pouvoir neutre*, e da distinção entre esse Poder Moderador e o poder real é que se constituía a chave de toda a organização política do Império.

Introduzido no artigo 98 da Constituição de 1824, por influência direta de dom Pedro i, o princípio "assume, na tradução infiel, caráter ativo", pois já não é mais a distinção entre os dois princípios que se constitui em chave da organização polí-

---

9 A edição aqui referida é a de 1978.

tica, mas o princípio isolado do Poder Moderador, que passa a ser, ao invés do "mecanismo de contenção dos demais poderes, o comando da política e da administração"; com isso, "a distinção entre a monarquia constitucional e a monarquia absoluta se esgarça". Pode-se dizer, como Guizot, que um "soberano fez dela na Constituição a base de um trono", e concluir tratar-se de "um enxerto de absolutismo introduzido na carta de 1824".

Nesse contexto, resulta claro que a discussão não se procedia em termos jurídicos, mas em termos políticos: o próprio visconde de Uruguai, no *Ensaio*, indicaria que o problema era administrativo e não jurídico. Assim, nos primeiros anos do Império, a matéria não se apresentava com clareza, e, em seguida, na doutrinação política de elementos conservadores, pessoas como Pimenta Bueno, Uruguai e o grande tratadista da matéria, Brás Florentino de Souza, a defesa do Poder Moderador se fazia sem contrastes.

Zacarias, ao publicar o livro, seria o herético a contestar tais princípios, por significar a defesa do princípio liberal, em plena ascensão, e a contenção dos poderes do monarca. Constando inicialmente de um pequeno volume, que o próprio autor chamaria de opúsculo, e posteriormente ampliado, o manual seria adotado na defesa desses novos princípios e seria mesmo alcunhado por Nabuco de o "livro de ouro da escola liberal". O título do trabalho já é significativo, pois ao lado do exame da natureza – características essenciais do instituto – pretende Zacarias deter-se na discussão dos limites, isto é, nas maneiras de restringir, reduzir e circunscrever o seu exercício.

Não se pode ver, pois, no trabalho de Zacarias um livro doutrinário de longo fôlego, tal como seria mais tarde o trabalho de Brás Florentino, mas o instrumento vigoroso de um político que, manejando com facilidade os princípios do direito constitucional, hauridos da melhor escola do direito francês e inglês, opunha-se às concepções reacionárias que a escola conservadora tentava impingir.

A epígrafe é expressiva e foi colhida no livro *On Liberty*, de Stuart Mill:

The peculiar evil of silencing the expression of an opinion is that it is robbing... those who dissent from the opinion, still more than those who hold it. If the opinion is right, they are deprived of the opportunity of exchanging error for truth; if wrong, they lose, what is almost as great a benefit, the clearer perception of truth, produced by its collision with erro[*].

A discussão principal que permeia as três partes do livro é o problema da responsabilidade ministerial pelos atos emanados do Poder Moderador. Mostra Zacarias, inicialmente, que a inviolabilidade da pessoa do imperador no exercício do Poder Moderador não poderia existir sem o referendo ministerial, para, em seguida, caracterizar que as atribuições do Poder Moderador, que Uruguai tentou diminuir de importância, chamando-as de "atribuições inocentes", não podem ser exercidas sem esse requisito.

A análise da primeira parte é feita no sentido de demonstrar, afinal, a incompatibilidade entre o caráter constitucional e representativo do governo monárquico brasileiro e a inviolabilidade e sacralidade que impunha a ausência de responsabilidade do imperador. A segunda parte, constante dos discursos de 5, 16 e 25 de julho de 1861, insiste nos mesmos argumentos, analisando já aí uma distinção sutil que impunha as conclusões do raciocínio sobre a delegação privativa e o exercício privativo, para mais uma vez voltar ao problema do referendo ministerial. A terceira parte pode ser caracterizada por um estudo mais sistemático, embora com o objetivo de rebater os pontos levantados na obra do visconde de Uruguai.

A ampla discussão que faz dos dispositivos constitucionais que, numa óptica conservadora, conduziria a questões insolúveis, leva a concluir, com o princípio da hermenêutica jurídica, que, "quando da letra da lei segue-se absurdo, devemos buscar-lhe o espírito, não acolhendo facilmente ilações, que, deduzidas de supostas lacunas, vão de encontro ao pensamento e ao fim conhecido da lei".

A conclusão do trabalho é, afinal, a premissa básica que orienta toda a discussão:

[*] O mal peculiar de silenciar a expressão de uma opinião é um roubo [...] àqueles que discordam da opinião, ainda mais que àqueles que a defendem. Se a opinião é certa, eles são privados da oportunidade de trocar o erro pela verdade; se errada, perdem, o que é quase tão grande benefício, a percepção mais clara da verdade, produzida por sua colisão com o erro (N. da E.).

a teoria do *Ensaio* [de Uruguai] é a dos governos absolutos, em que a segurança e a felicidade do povo dependem do acidente do nascimento de príncipes de coração bem formado e de inteligência vigorosa. A doutrina com que combato tal opinião é a do regime representativo, por meio de cujas combinações a segurança e a prosperidade do país tornam-se independentes, quanto é possível, daquele acidente[10].

É curioso que, nessa discussão final, Zacarias discute justamente o problema da substituição ministerial e da ação do Poder Moderador nesse campo, representando assim a antevisão premonitória da crise de 1868, na qual seria colhido pelos mesmos princípios que então combatia.

Considerado desse ponto de vista, de um livro de combate, de um instrumento de ação em que as ideias servem ao desenvolvimento de determinados princípios, *Da Natureza e Limites do Poder Moderador* espelha bem a nova mentalidade constitucional que se fortalecia no Império, escrita por alguém que, não sendo teórico de gabinete, e que deixara a cátedra magisterial há muitos anos, desejava robustecer tais princípios num livro de combate.

Diante dessa perspectiva, perde relevo a crítica implacável e contundente que Tobias Barreto dedica à matéria, uma vez que no quadro constitucional da época não poderia deixar de ser a questão do Poder Moderador campo de discussões e polêmicas as mais violentas, pois nele se concentrava a questão primordial da organização de uma monarquia constitucional ou de uma monarquia absoluta.

VII. *A Formação da Liga.*
 O 1º e 2º gabinete Zacarias

Na 11ª legislatura (1861-1863), é a Província do Paraná, que, fiel ao seu primeiro presidente, o elege deputado. As eleições de 1860 representam o triunfo democrático e "assinalam uma época em nossa história política; com ela recomeça a encher a maré democrática que desde a reação monárquica de 1837

10 *Da Natureza e Limites do Poder Moderador*, p. 250.

se tinha visto continuamente baixar e cuja vazante depois da Maioridade chegara a ser completa". Um nome se destaca como representante desse novo pensamento liberal, Teófilo Otoni; "a oligarquia fora desarraigada, derrubada por um verdadeiro furacão político" e ocorreria "a ressurreição do Partido Liberal com outro pessoal e outras ideias, mas com as mesmas tradições, o mesmo espírito, mais forte que os homens e que os princípios"[11].

O movimento iria transcender a simples vitória eleitoral para recompor o quadro político, com a tentativa de reorganização dos partidos políticos do Império. E a figura de Zacarias iria marcar o início e o término desse esforço, seja com o primeiro ministério da Liga, seja com o golpe de Estado de 1868, que novamente radicaliza as posições, e desemboca no Partido Republicano de 1870. Nabuco de Araújo, em 1861, diria no Senado que considera "extintos os partidos políticos que militaram outrora; não vejo no presente possibilidade de se formarem partidos profundos, partidos transmissíveis de geração em geração, como foram esses de outrora na França".

O chamado Partido Progressista, que passou a dominar a situação durante algum tempo, e que resultou no movimento da Liga, formou-se pelo entendimento dos liberais, muitos deles egressos do Partido Conservador e dos liberais históricos, a Liga Política constituindo-se, na palavra de Saraiva, no "Partido Progressista do Império". Diria mais tarde Campos Sales que "a mocidade liberal acolheu com entusiasmo a nova agremiação política a cuja frente se achavam alguns espíritos fortes esclarecidos que haviam exercido considerável e justa influência no velho Partido Liberal"[12].

Na expressão de Raymundo Faoro, "formou-se logo em 1862 a Liga Progressista, gerada do governo Caxias (1861 a 1862), sob o fundamento de que os partidos estavam extintos" e, segundo um dos seus artífices, "não contam no presente", cabendo aos "homens prudentes antes conjurar a tempestade do que provocá-la"[13]. Com essa ponte passam do campo conservador para o liberal Zacarias de Góis e Vasconcelos, Nabuco, Sinimbu,

---

11 J. Nabuco, op. cit., p. 362.
12 M. F. de Campos Sales, *Da Propaganda à República*, p. 8.
13 R. Faoro, *Os Donos do Poder*, p. 431.

Saraiva e Paranaguá, entre outros. E a análise de Euclides da Cunha "mudavam-se os tempos. No Parlamento formara-se a liga dos liberais com outros conservadores moderados (1862), e um novo partido, 'progressista', enterreirava a velha falange reacionária de Eusébio de Queiroz, Itaboraí e Uruguai"[14].

A posição de Zacarias é de permanente combate ao gabinete Caxias de 2 de março de 1861. O cunho emperrado do gabinete levaria o imperador a tentar novo esquema político, na base de um gabinete da Liga, e a pessoa adequada para chefiar esse gabinete só poderia ser o deputado ligeiro, que se destacara no combate ao gabinete Caxias. O gabinete de 24 de maio de 1862 teve como presidente Zacarias de Góis e Vasconcelos, que ocupa também a pasta do Império; a da Justiça coube a Francisco José Furtado; a de Estrangeiros a Carlos Carneiro de Campos; a da Fazenda a José Pedro Dias de Carvalho; a da Marinha a José Bonifácio de Andrada e Silva – mais um jovem deputado a ocupar a pasta; a da Guerra, a Manoel Marques de Souza; e a da Agricultura, a Antônio Coelho de Sá e Albuquerque. Era a primeira vez que dom Pedro II convocara para a presidência do Conselho um deputado e não um senador. Zacarias se apresentara à Câmara em 1862 dizendo que "sem elevar a justiça e a economia à altura de um programa político, o gabinete considera obrigação indeclinável ser justo e econômico [...] muito cumpre que os orçamentos sejam no país uma realidade"[15]. O ministério terá vida curta, será chamado de ministério dos três dias, ou de ministério dos anjinhos, e é derrotado em votação sem importância, relativa ao adiamento da discussão do projeto sobre promoções na Armada. Convocado pelo imperador, assume mais uma vez a presidência do Conselho o marquês de Olinda, continuando, entretanto, o predomínio da Liga.

Em 1864 volta Zacarias à Câmara, dessa vez novamente eleito pela sua província natal. Joaquim Nabuco retratou com rara felicidade o ambiente da Câmara de 1864, na qual se destacam, como duas grandes figuras políticas da primeira grandeza, Teófilo Otoni e Saraiva. Na Câmara havia uma insignificante fração conservadora; praticamente era, em relação ao Partido Conservador, uma

14 E. da Cunha, *À Margem da História*, p. 235.
15 *Falas do Trono*, p. 572.

Câmara unânime. A presença de Zacarias na Câmara será por pouco tempo, pois logo em seguida é eleito na lista tríplice pela Bahia para o Senado, e escolhido membro da Câmara vitalícia.

Zacarias está prestes a ser chamado para constituir o segundo ministério da Liga, o de 15 de janeiro de 1864. Coube-lhe também a pasta da Justiça, sendo escolhido, para a do Império, José Bonifácio de Andrada e Silva; para a de Estrangeiros, Francisco José Paes Barreto; para a da Fazenda, José Pedro Dias de Carvalho; para a da Marinha, João Pedro Dias Vieira; para a da Guerra, José Mariano de Matos; e para a da Agricultura, Domiciano Leite Ribeiro, visconde de Araxá. No discurso de apresentação, Zacarias declara que entre o programa de 1862 e o atual há uma diferença digna de ser assinalada:

> As duas opiniões políticas que este salão viu naquela quadra, após debates públicos e solenes, aliaram-se sem quebra de princípio e dignidade de ninguém, formam hoje uma só opinião, um só partido, cujo alvo é promover sinceramente, sem nada alterar na constituição do Império, a prosperidade do país[16].

A permanência do ministério seria de poucos meses e caberia ao gabinete dar execução ao decreto de aposentadoria de magistrados prevaricadores. Zacarias fora no Parlamento um dos defensores dos privilégios da magistratura, mas julgou-se obrigado a executar tal decreto, e justificar-se-ia plenamente, alegando que nada mais fizera do que dar cumprimento às disposições que estavam em vigor. A questão do Prata iria novamente preocupar os círculos governamentais, e é da iniciativa do novo gabinete o envio de uma missão para lá, chefiada pelo conselheiro Saraiva, que levaria como secretário um jovem deputado em ascensão, Aureliano Cândido Tavares Bastos, que viria a ser um dos futuros grandes adversários de Zacarias. Um episódio de pequena importância acarretaria a queda do ministério: José Bonifácio, ministro da Justiça, pede um voto de confiança sobre projeto inexpressivo, e a Câmara se pronuncia em sentido contrário. Normalmente, demitia-se somente o ministro, mas Zacarias resolveu acompanhá-lo, e é chamado, para sucedê-lo, Francisco José Furtado.

16 Idem, p. 593.

VIII. O 3º gabinete Zacarias

O grande momento da atividade parlamentar de Zacarias ocorrerá em 1866, quando é chamado a organizar o 3º gabinete, o chamado gabinete de 3 de agosto. Era presidente do Conselho Olinda, e uma discussão sobre privilégio do Banco do Brasil leva o ministro da Justiça, Paula Souza, a demitir-se. Acompanham-no os demais ministros, e Zacarias é chamado a São Cristóvão para organizar o novo ministério. Reluta por três vezes, mas é convencido na quarta pelo imperador. No dia 3 de agosto estava concluída a escolha dos novos ministros: Paranaguá para a Justiça; Fernandes Torres para o Império; Afonso Celso para a Marinha; Souza Dantas para a Agricultura; Martim Francisco para a de Estrangeiros; e Ângelo Ferraz para a Guerra. Zacarias acumulava a pasta da Fazenda.

O programa de apresentação do gabinete destacaria os seus aspectos principais: "O primeiro dever do governo nas circunstâncias em que nos achamos é esforçar-se por acabar honrosamente a guerra com o Paraguai, sem alterar a política que o Império tem seguido com respeito às questões do sul"[17]. Referia-se ainda à crise financeira e alegava que não poderia cogitar das reformas políticas, em primeiro lugar pela guerra, em segundo pela crise financeira, e em terceiro pelo término do período da Câmara temporária.

Na atividade administrativa Zacarias iria se destacar pelos trabalhos em favor da liberdade de navegação no Amazonas, e pelo debate da questão servil. Na fala do trono de 1868, indicava-se que:

o elemento servil no Império não pode deixar de merecer oportunamente a vossa consideração, promovendo-se de modo que, respeitada a propriedade atual e sem abalo profundo em nossa primeira indústria – a agricultura –, sejam atendidos os altos interesses que se ligam à emancipação.

A Comissão de redação da resposta à fala do trono redarguia que "a Câmara dos Deputados associa-se à ideia de oportuna e prudentemente considerar a questão servil do Império, como requerem a nossa civilização e verdadeiros interesses". O deputado

---

17 Idem, p. 639.

Gavião Peixoto pretendeu emendar esse pronunciamento, mas foi derrotado, aprovando-se assim a orientação política do gabinete. José Maria dos Santos realizou uma análise profunda das propostas abolicionistas do gabinete, declarando textualmente que:

o grande presidente do ministério de 3 de agosto foi, efetivamente, o primeiro estadista brasileiro que teve a coragem de, no governo, atribuir ao trabalho livre, em oposição ao trabalho escravo, toda a profunda significação que ele tinha e devia ter no programa geral da nossa ascensão moral e econômica[18].

A reação violenta do deputado Teixeira Júnior, em julho de 1870, afirmando que "a inserção da questão do elemento servil na fala do trono (de 1867) trouxe para o Brasil grande calamidade, porque a ideia da emancipação foi por diante, sendo que ministros e representantes da nação, pobres e abastados, todas as classes, em suma, apossaram-se dela", daria razão ao comentário do escritor paulista de que a posição francamente abolicionista do gabinete foi uma das causas principais de sua queda.

ix. *A Questão Caxias*

Entretanto, o fato principal na existência do gabinete é, sem dúvida, a questão militar, ou, melhor dizendo, o problema Caxias. O desastre de Curupaiti em setembro de 1866 obrigaria o governo a tomar sérias providências no sentido de mudar o curso da guerra. Uma decisão sobrelevava todas, a de atribuir um comando único às forças de terra, e para essa função um nome merecia quase a unanimidade, o do marquês de Caxias. Mas, em relação a Caxias, pesavam problemas políticos sérios, uma vez que, líder conservador, estava no poder o Partido Liberal, e tanto o presidente do Conselho como o ministro da Guerra, além de adversários políticos, eram seus inimigos pessoais. Zacarias, no episódio, revelou-se, ao contrário do clichê comum, de uma extrema habilidade, como é reconhecido por Heitor Lyra: "Zacarias tinha dessas contradições: sendo dos

---

18 J. M. dos Santos, *A Política Geral do Brasil*, p. 92.

mais intratáveis dos nossos estadistas, mostrava-se às vezes de um espírito de conciliação surpreendente"[19].

Reunido o ministério, Zacarias assinala a necessidade de se esquecerem ressentimentos pessoais e políticos e aceitar-se a indicação de Caxias. Todos estavam de acordo, mas faltava o assentimento de Ângelo Ferraz, ministro da Guerra, que, doente, não comparecera à reunião. Dantas e Martim Francisco são enviados à sua residência e recebem a resposta pronta de que não daria o apoio e preferia demitir-se. Em seu lugar é nomeado Paranaguá, e Caxias aceita a indicação com o apoio do governo. Durante um ano e meio a campanha prossegue com os maiores êxitos, Caxias recebendo todo o apoio dos ministros da Guerra e da Marinha, especialmente deste, o jovem deputado Afonso Celso, que se revelara um administrador de primeira linha.

Mas em fevereiro de 1868 começam a surgir no ambiente algumas inquietações. Alguns jornais da Corte, subvencionados pelo Governo, fazem uma "guerra de alfinetes" a Caxias, culpando-o pelo prolongamento da guerra. Afinal, em fevereiro daquele ano, o fato explode no Rio, com um ofício do comandante em chefe ao ministro da Guerra, pedindo demissão, acompanhado de uma carta, "quase insolente", em que se queixa da falta de colaboração e apoio para prosseguir na tarefa e de que ordens estariam sendo enviadas diretamente a seu subordinado, o general Piquet.

Zacarias submete ao imperador a carta de Caxias, que a encaminha à consideração do Conselho do Estado, juntamente com o pedido de demissão do gabinete, nos seguintes termos:

> Senhor. Pelo transporte ontem chegado do Sul, o ministro da Guerra recebeu do marquês de Caxias um ofício em que o general pede licença para retirar-se alegando moléstia, mas recebeu ao mesmo tempo uma carta particular em que o marquês expôs francamente as verdadeiras razões que o levaram a dar semelhante passo. Essas razões se resumem em acreditar o marquês, à vista dos jornais e de sua correspondência particular, que o governo, longe de ter nele a confiança que a princípio manifestou, procura por diversos modos tirar-lhe a força moral. Quando, em outubro de 1866, o governo convidou o marquês de Caxias para ir tomar o comando das forças

19 H. Lyra, *História de Dom Pedro II*, p. 244.

brasileiras no Paraguai e ele aceitou o convite sem outra condição que não fosse a de plena e inteira confiança em sua pessoa, eu declarei-lhe em conversa que ao Governo parecia tão necessária sua presença no Paraguai que, se ele houvesse recusado a comissão, e nos parecesse que a recusa provinha da repugnância de servir conosco, estávamos dispostos a deixar o poder, porque para nós a guerra não era questão de partido e o essencial era acabá-la honrosamente, estivesse quem estivesse no poder. O Governo pensa hoje, como em 1866, que a presença do marquês de Caxias é da maior conveniência no Paraguai [...] De acordo com os meus colegas, venho, portanto, pedir a Vossa Majestade Imperial a demissão do gabinete, submetendo à apreciação de Vossa Majestade Imperial a carta do marquês, que peço licença para entregar sem ler. Rio, 20 de fevereiro de 1868[20].

Após a leitura do requerimento, Zacarias se retira, pois a sessão dos conselheiros era secreta. Começa a votação e o primeiro a votar é o visconde de Abaeté, velho líder liberal, que considera o pedido inoportuno. Também outro liberal, o visconde de Jequitinhonha, não acha procedente o pedido de Caxias:

Admira que tais considerações entrassem na bem organizada cabeça do general e o fizessem dar semelhante passo. As censuras de Brougham, que até chamou covarde a lorde Wellington, não obrigaram este general a pedir demissão do comando. O passo do marquês foi um ataque de amor-próprio excessivo.

Os conservadores marquês de Sapucaí e Nabuco de Araújo também não consideram justificados os receios de Caxias, mas propõem uma forma de reconciliação, com a permanência do general e do ministério. Chega a vez do velho marquês de Olinda, Pedro de Araújo Lima, último dos regentes do Império, que, nos seus 73 anos, chega a admitir a queda do ministério, embora proponha um ofício de reconciliação. A réplica de Jequitinhonha é pronta: "Assim não haverá mais ministério possível sem o consentimento dele; o marquês de Caxias será, então, o eleito dos ministros".

Caberia a palavra ao marquês de São Vicente, quando o interrompeu o imperador, querendo uma definição, ou a queda do ministério, ou a demissão de Caxias, indagando mesmo qual seria o mal menor. Iniciou-se então a votação final:

20 Duque de Caxias, em J. Nabuco, op. cit., p. 654.

O marquês de Olinda disse que, posta a questão nesses termos absolutos, entre o ministério e o general, parece que este não deve ser conservado. O visconde de Abaeté disse que, das observações que tinha feito e a que se referia, estando persuadido de que o sr. marquês de Caxias não era o único general a quem pudesse confiar-se o comando do Exército brasileiro, parecia-lhe que era menor mal dar-se-lhe a demissão que havia pedido. O visconde de Jequitinhonha, respondendo categoricamente, como ordenou Sua Majestade Imperial, acha menor mal a exoneração do general.

São Vicente é menos incisivo, pois, embora vote pela demissão de Caxias, considera prejudicial a sua saída. Sapucaí segue o mesmo raciocínio. É quando Nabuco de Araújo pede a palavra e se define pela queda do ministério, julgando gratuita a hipótese do imperador "porque seria contradição que o ministério, tendo pedido sua demissão, julgando útil a conservação do general, pedisse depois a demissão do general para se conservar". Paranhos segue o mesmo ponto de vista com a seguinte justificação:

O general marquês de Caxias, segundo o juízo do próprio ministério, reúne em si condições que podem muito bem concorrer para o bom êxito da luta em que nos achamos empenhados. Ele goza da estima e da confiança dos outros generais brasileiros e aliados; e a guerra entrou na sua fase mais crítica. Fora, pois, um grande mal que o general, que a tem conduzido com tanta felicidade até esse momento, que reúne em si aqueles predicados e possui a convicção do plano que ora se executa, seja retirado em tais circunstâncias.

Torres Homem, o futuro visconde de Inhomirim e ex-Timandro do libelo liberal, também apoia a opinião de Nabuco e de Paranhos: "A demissão do atual comandante do Exército no Paraguai seria uma calamidade, seria uma medida cheia de inconvenientes e perigos em relação à guerra, sobre a qual a retirada do gabinete não poderia exercer a mínima influência", sendo acompanhado pelo barão de Muritiba, que participa da nova corrente.

Afinal, a matéria se resolve de forma aparentemente satisfatória com a manutenção, junto ao Conselho, do comandante em chefe das Forças Armadas.

A carta escrita por Zacarias a Caxias em 4 de março parece dar inteiramente crédito à versão de uma completa harmonização:

Essa inteira confiança Vossa Excelência teve-a ao partir, teve-a enquanto circunstâncias extraordinárias, imprevistas, retardaram os golpes decisivos contra o inimigo, como tem-na hoje, que tudo conspira a fazer acreditar que se aproxima o termo da guerra sob a direção de Vossa Excelência. Falo assim porque tenho consciência de que, estudados os fatos e reconhecidas as intenções com que foram praticados, há de verificar-se que a lealdade do Governo para com Vossa Excelência é igual à lealdade de Vossa Excelência para com o Governo, não tendo jamais variado a confiança que nos fez escolher Vossa Excelência para tão importante missão[21].

x. A Queda do Gabinete

Mas um episódio de somenos importância iria fazer eclodir a crise. A morte de dom Manoel de Assis Mascarenhas, senador pelo Rio Grande do Norte, leva à convocação de novas eleições, e na lista tríplice vêm os nomes de Sales Torres Homem, Amaro Bezerra Cavalcanti de Albuquerque e Rafael Arcanjo Galvão.

O próprio imperador reconheceria mais tarde ter contribuído, apenas, para a retirada de três ministérios, entre os quais o de Zacarias, "que fez questão de sua retirada, porque não deixei de escolher senador quem esse ministério havia nomeado presidente do Banco do Brasil e conselheiro de Estado numa lista tríplice onde os outros dois não podiam certamente competir com o escolhido para esse cargo"[22].

É a consternação geral: no meio de um ambiente totalmente liberal, um novo gabinete conservador assumir o poder. Saldanha Marinho falaria de um "estelionato político"; José Bonifácio, na Câmara, apresenta moção declarando:

a Câmara viu com profundo pesar e grande surpresa o estranho aparecimento do atual gabinete, gerado fora do seu seio e simbolizando uma nova política, sem que uma questão parlamentar tivesse provocado a queda do seu antecessor. Amiga sincera do sistema representativo e da máquina constitucional, a Câmara lamenta esse fato singular, não tem e não pode ter confiança no Governo.

---

21 Z. de G. e Vasconcelos, em idem, p. 158.
22 Dom Pedro II, *Conselhos à Regente*, p. 57.

A queda do gabinete de 3 de agosto e seus reflexos na evolução da ideia republicana têm sido objeto de numerosas análises. A polêmica entre Batista Pereira e Wanderley do Pinho é exemplo patente. Batista Pereira filia diretamente a queda de Zacarias à questão Caxias vendo na posição do chefe militar sobrepor-se ao jogo dos partidos, a origem da ascensão republicana, e conclui dando razão a Constâncio Alves, que dissera sentir no 16 de julho o primeiro sopro glacial de 15 de novembro.

Wanderley do Pinho realizou análise ampla do problema, mostrando que a queda do gabinete se coloca num plano mais global no cenário político; esclarece que Zacarias sai fortalecido do episódio, mantendo-se numa posição de força; discute a emenda Silveira da Mota, que pedira a demissão dos ministros e fora derrotado, para ver na queda do gabinete, que segundo ele entrara em "caquexia senil", a necessidade da mudança dos partidos.

XI. Os Últimos Anos. A Questão Religiosa.

Inegável é, entretanto, que a posição de desprestígio do Partido Liberal com o episódio de 1868 leva a uma grande reaproximação de forças e conflui nas manifestações do Centro Liberal. Em 31 de março de 1869, é divulgado à nação, através do *Jornal do Comércio*, o manifesto do Centro Liberal, subscrito por um grande número de parlamentares de destaque, entre os quais Zacarias, Teófilo Otoni, Nabuco de Araújo, Francisco Otaviano, Furtado Souza Franco. O manifesto continha cinco grandes compromissos: a reforma eleitoral, a reforma judiciária, a abolição do recrutamento, a extinção da Guarda Nacional e, por fim, a emancipação dos escravos. Rematava com o dilema: "Ou a Reforma ou a Revolução" para opinar: "A reforma para conjurar a revolução. A revolução como consequência necessária da natureza das coisas, da ausência do sistema representativo, do exclusivismo e oligarquia de um partido. Não há que hesitar na escolha. A reforma! E o país será salvo"[23].

23 Z. de G. e Vasconcelos et al. Manifesto do Centro Liberal, em J. Nabuco, op. cit., p. 666.

Episódio ainda mais expressivo do desgaste da ideia monárquica é a recusa veemente de Zacarias ao convite recebido do imperador, em 12 de outubro de 1870, para integrar o Conselho de Estado. A negativa de Zacarias é sucinta, mas tal onda de boatos o provoca tanto, que ele a justifica pelos jornais, em 29 de dezembro, dando as suas razões. Depois de tecer considerações sobre por que nomeara, quando presidente do Conselho de Ministros, elementos conservadores para o Conselho de Estado, e como liberal se sentia incapacitado para aceitar a indicação, declara Zacarias:

> Ocorre ainda que, em sua organização atual, o Conselho de Estado parece-me antes joguete do governo do que roda útil da administração; trabalha ou conserva-se em ócio, conforme a índole dos ministros; ocupa-se às vezes de verdadeiras nugas e ninguém sequer tem notícias (a não ser pelos jornais) dos gravíssimos negócios do Estado.

Joaquim Nabuco comenta o inusitado manifesto dizendo que ele:

completa bem, se não vence o páreo, o manifesto republicano. Em tempos normais um ex-presidente do Conselho teria recusado a nomeação para o Conselho do Estado que sabia ser do imperador, com todas as desculpas e deferências; não se serviria dessa ocasião para lançar um libelo contra o governo, corporação a que fora chamado, de fato, contra o regime político do país[24].

A vida de Zacarias, nos últimos anos, decorreria, sobretudo, no Senado. O Partido Liberal apresentaria, a partir de 1868, a mais cerrada e brilhante oposição que se viu durante o Império. À frente dela estava Nabuco, que aparece somente nas grandes ocasiões; "quem, porém, dá o combate de cada dia é Zacarias". Durante todo o gabinete Rio Branco, de 1871 a 1875, a sua oposição é implacável; na votação da Lei do Ventre Livre houve quem o acoimasse de contraditório, mas José Maria dos Santos explica que a sua posição adversa é por achar o projeto tímido demais, desejando modificações mais radicais.

Zacarias ia ter ainda uma atuação destacada por ocasião do célebre episódio da questão dos bispos, em 1874. Os bispos

---

[24] J. Nabuco, op. cit., p. 705.

dom Vital de Oliveira, de Olinda, e dom Antônio de Macedo Costa, de Belém, estabeleceram sanções para os membros das irmandades que pertencessem à maçonaria. Daí decorre toda uma questão ao mesmo tempo religiosa e política, na qual se somam os erros e os equívocos. Oliveira Lima diria que "os participantes nessa questão erraram, os bispos por falta de tato político, a Santa Sé a princípio por dubiedade, o internúncio por cortesanismo diplomático, o Governo Imperial por vingativo capricho, a magistratura por subserviência ao Executivo". Presos, os bispos são transportados para o Rio de Janeiro e são submetidos a julgamento pelo Supremo Tribunal de Justiça. Recusam advogados, mas comparecem como defensores, no caso de dom Vital, Zacarias e Cândido Mendes, e quanto a dom Antônio de Macedo Costa, ainda Zacarias e Ferreira Viana.

A defesa de Zacarias no processo de dom Antônio é documento de excepcional significado, tanto do ponto de vista político quanto do ponto de vista jurídico. Demonstra a contradição do libelo, no apontar os supostos crimes de que seria acusado o bispo, examina o problema da obediência do prelado, mostrando que não houve infrigência à Constituição do Império nem à legislação penal. Expõe a situação peculiar em que se encontram os bispos para concluir que "o ilustre prelado de Olinda sofre por um delito que não praticou, o mais tumultuário e nulo processo de que haja justiça em nosso Foro. Entretanto, ele está resignado a tudo"[25], o que não evita a condenação.

Exercendo atividades no Senado, na banca de advogado e se dedicando com devoção à provedoria da Santa Cruz, Zacarias de Góis e Vasconcelos viveu seus últimos anos vindo a falecer, debaixo da consternação geral, em 27 de dezembro de 1877.

XII. *Personalidade. A figura do orador. Conclusões.*

De sua personalidade ressalta desde logo a figura do político, do homem de partido, do homem fiel aos princípios partidários. Diria Edmundo da Luz Pinto a seu respeito que "era ho-

[25] Discursos proferidos no Supremo Tribunal de Justiça a 21 de fevereiro de 1874, pelo conselheiro Zacarias de Góis e Vasconcelos e pelo dr. Antônio Ferreira Viana, no julgamento do bispo de Olinda, Rio de Janeiro, 1879, 58 páginas.

mem austero e orgulhoso, dotado de um espírito partidário por vezes acerbado. Assim como certos religiosos que fora da Igreja não conhecem salvação, Zacarias só apreciava homens, valores e obras sob o prisma do seu partido"[26]. Foi comparado a Guizot, acusando-o os contemporâneos de não somente imitá-lo no físico, mas também no moral.

José Maria dos Santos afirmaria, entretanto, que, "no terreno dos princípios, jamais ninguém foi no Brasil mais liberal, mais segura e conscientemente liberal do que ele", adiantando que o que o segregava da intrépida e valente falange dos liberais históricos eram simples diferenças de processo. Num país de compromissos, transações e transigências, a figura de Zacarias sobressaía com a singularidade de um tipo exótico[27].

Era, entretanto, com esse temperamento, uma figura de grandes qualidades pessoais. Segundo Heitor Lyra:

Zacarias era tido como um dos mais duros estadistas do Império. Sua teimosia, sua agressividade, sua aspereza eram notórias. Altivo, irritável, era de um orgulho exagerado, consequência talvez do sentimento de inabalável confiança que tinha em seu alto valor. Era um político cheio de arestas, seco como a sua própria figura, quase intratável, muito embora não deixasse de ser, com tais efeitos, um dos grandes, dos maiores e por isso dos mais respeitados estadistas brasileiros[28].

E como um estadista brasileiro, foi um dos grandes oradores do Império. O conhecimento de sua atuação política, bem como de suas posições doutrinárias, revela-se da forma mais completa nos discursos que pronunciou na Assembleia Geral e no Senado. Mesmo a sua obra doutrinária *Da Natureza e dos Limites do Poder Moderador* é em parte reprodução de discursos proferidos no Parlamento.

Zacarias singularizou-se como ironista fino e contundente; o relato dessas intervenções epigramáticas e irônicas mereceria por si só um trabalho independente. Relatemos apenas algumas poucas. Estava falando certa vez no Senado quando estacou de súbito, com surpresa dos ouvintes: "Não é nada", explicou serena-

---

26 E. da L. Pinto, *Principais Estadistas do Segundo Reinado*, p. 93.
27 J. M. dos Santos, op. cit., p. 158.
28 Cf. op. cit., p. 250.

mente, "estou esperando que os nobres barões acabem de se barbear". Referia-se aos barões do Rio Grande e Pirapama que, surdos, trocavam duas frases rápidas sobre marcas de navalha.

De outra feita, observava Zacarias, acenando com o seu lápis sempre em punho: "Vemos coisas bem curiosas; por exemplo, um colega que, mal chega à sua cadeira, tira as botinas, fica de meias e pega logo no sono"[29]. Referia-se ao senador Cruz Jobim, cujo comodismo era proverbial; homem, aliás, de bons serviços à nação, chistoso por seu lado e muito inimigo das irmãs de caridade, que Zacarias, provedor da Santa Casa da Misericórdia, protegia com todas as forças, entregando-lhes a direção daquele estabelecimento e do Hospício de Pedro II.

Voltaram-se os olhos para quem tão imediatamente incorria no reparo.

Aí Teixeira Júnior, depois visconde do Cruzeiro, tocou no cotovelo do companheiro ao lado e maldosamente lhe assoprou:

– O Zacarias está afirmando que V. Ex.ª, em outros tempos, defendeu calorosamente as irmãs de caridade.
O outro, todo estremunhado e logo enfurecido, bradou:
– Não é exato! Prove V. Ex.ª o que avança! Venham as provas!
– Os seus colegas de bancada que atestem se digo ou não a verdade!
– Assevera ele – avisou rápido outro senador – que V. Ex.ª. tirou as botinas e está só de meias.
– Com a breca – concordou o interpelado, encolhendo-se todo e calçando-se às pressas –, lá isso é fato. Que malvado de homem![30]

O confronto com Cotegipe é antológico.
Analisava, certo dia, Zacarias os atos e até a vida particular de Cotegipe, então ministro da Marinha no gabinete 16 de Julho:

S. Ex.ª. – declara peremptoriamente – não tem tempo material sequer para despachar o simples expediente da sua pasta. Senão, vejamos. O nobre ministro levanta-se tarde, mais ou menos às dez horas da manhã; faz a sua toalete com apuro, o que lhe leva bem uma hora; almoça às onze, palestra com os amigos no Senado às doze; vai à Câmara ou responde aqui pelos desacertos do gabinete; fica livre

---

29 Z. de G. e Vasconcelos, *Perfis Parlamentares*, p. 34
30 Idem, p. 35.

às quatro, acha a casa cheia de gente; torna a palestrar com os íntimos; janta às sete e meia; joga a sua indefectível partida de *voltarete*; vai ao teatro às dez da noite, sai dele às onze, passeia por aí *et cetera*, *et cetera*, e afinal recolhe-se depois da meia-noite, se não mais tarde!

No dia seguinte, respondia-lhe o agredido ao pé da letra:

Sinto, sr. presidente – disse ele –, não ter podido ouvir o minucioso relatório que o nobre senador apresentou sobre a minha vida diária, pois houvera retificado várias inexatidões. Até certo ponto, porém, foi conveniente, porquanto tive o ensejo de proceder a conscienciosas indagações e estou agora habilitado, do meu lado, para indicar ao Senado o modo por que S. Ex.ª reparte as horas do seu dia:
– Levanta-se cedo, às seis da manhã, toma o seu banho frio, bebe café com leite e come um pratinho de torradas. Depois, estuda os relatórios e as matérias da ordem do dia até as 9. Aí, almoça e vai vestir-se, no que gasta algum tempo, por isso que prova várias sobrecasacas, a ver a que melhor lhe assenta. Vem para o Senado e até as quatro horas da tarde leva a causticar todo o mundo. Volta a casa na sua caleça; janta às cinco e palita os dentes. Às seis e meia sai para a Misericórdia; às oito encerra-se com as irmãs de caridade e com elas conversa até as nove e meia; recolhe-se às dez e deita-se, dormindo sono de beato, por ter bem cumprido todas as duas obrigações[31].

Tudo isto, já se sabe, pontuado por boas gargalhadas dos delicados senadores. Deu Zacarias deveras o cavaco e foi ter com o contendor:

– Colega – propôs todo dogmático e imperioso –, nas provas taquigráficas vou tirar aqueles maliciosos *et cetera, et cetera*... V. Ex.ª, por sua parte, há de eliminar a tal história das irmãs de caridade, ouviu?
– Riscarei tudo quanto V. Ex.ª quiser – replicou o outro –, mas não consinto, isto nunca, que deixem de aparecer os tais *et cetera, et cetera* de V. Ex.ª. Esses são meus e vão dar-me muita força moral. Se os suprimir, reclamo-os da tribuna, fique certo.

Comentando essa faceta, Phaelante da Câmara afirmaria que "Zacarias retalhou a carne dos adversários com a mordacidade de suas sátiras". E Joaquim Nabuco aduziria:

---

31 Idem, p. 36.

independente pela fortuna, aristocrata por reclusão de hábitos e altivez de maneiras, o prazer de Zacarias na vida parecia resumir-se em preparar todas as noites os golpes certeiros com que havia no dia seguinte de tirar sangue ao contendor. Era-lhe preciso uma sessão cada dia para esgotar os epigramas, as alusões ferinas, os quinaus humilhantes que levava na algibeira. Falava no Senado diariamente, como o jornalista escreve o artigo de fundo com a maestria, a indiferença, a versatilidade que dá o hábito em qualquer profissão. Durante os dez últimos anos de sua vida, de 1867 a 1877, Zacarias, pode-se dizer, exerce no Senado uma verdadeira ditadura parlamentar.

Do orador diria Clóvis Beviláqua "pelos discursos parlamentares melhor se aquilata a individualidade do político e a inteligência mais crítica do que construtora". Assim, de poucas personalidades políticas de nosso país, o conhecimento dos discursos será tão revelador de sua militância política e partidária como o de Zacarias de Góis e Vasconcelos.

A IDEIA REPUBLICANA

O movimento que irá desembocar na República não pode deixar de ser analisado em suas origens e fundamentos doutrinários. A historiografia, via de regra, se preocupa com os acontecimentos – a história dos eventos – esquecendo-se da atuação das classes sociais e das ideias que os movimentos agitam.

Há que se convir que essa tendência encontra entre nós justificativa na extrema debilidade do nosso pensamento político: este trabalho tentará demonstrar a predominância da prática sobre a teoria como uma constante na evolução da ideia republicana.

Se procurarmos as origens mais remotas, encontraremo-las na tentativa de 1710 na luta do patriarcado de Olinda contra os foros de vila de Recife. O capitão-mor Bernardo Vieira de Melo propôs no Senado da Câmara de Olinda, reunido em 10 de novembro de 1710, que os nobres se declarassem em república, à semelhança dos venezianos, e essa proposta republicana alcança oito votos: "Para que queremos reis?", considera um deles, interrogado por um amigo. "Os pernambucanos são capazes de se governar a si mesmos"[32]. O ponto de vista dos moderados prevalece apregoando fidelidade à Coroa. A ideia de Bernardo Vieira de Melo, baseada no predomínio da nobreza, é uma república nos moldes venezianos, um decenvirato de conselheiros, uma assembleia destes e de outros seis e um doge.

O próximo evento onde se manifesta a ideia é a sublevação dos habitantes de Vila Rica e Ribeirão do Carmo, em 28 de junho de 1720, rebelando-se contra as demasias da Coroa. Em carta de 2 de agosto de 1720, o conde de Assumar declara ao governador geral que o desígnio do maior dos cabeças era a formação de uma república. Pode assim dizer Celso Vieira que "até as vésperas da Inconfidência o pensamento republicano ainda não tivera no Brasil uma definição como princípio, embora o despotismo colonial já lhe houvesse atribuído força revolucionária e consagrado mesmo dois dos seus líderes"[33].

Nessa sequência de fatos, momento relevante é o movimento da Conjuração Mineira, em parte apoiada numa elaboração doutrinária mais apurada. O convívio dos jovens brasileiros na Universidade de Coimbra com ideias do Iluminismo e do liberalismo, espelhadas na revolução americana, cria uma geração que, de volta ao Brasil, se empenhará em manifestações de libertação de conteúdo republicano. Bastaria mencionar a atuação de José Joaquim da Maia, que, leitor assíduo da história sobre os Estados Unidos do abade Raynal, tenta um encontro com Thomas Jefferson, ministro americano na França. Escreve-lhe carta em 2 de outubro de 1788, solicitando o concurso dos Estados Unidos para a independência do Brasil. O encontro em Nimes entre o jovem estudante brasileiro e o diplomata norte-americano, aquele cheio de ardor e entusiasmo, e este cauteloso pelas repercussões que qualquer atitude sua pudesse provocar, revela a tendência que iria fortalecer na colônia e que eclodiria no movimento da Conjuração Mineira. Também outras pessoas e outras ideias iriam se revelar na mesma linha e na mesma direção.

É, entretanto, patente que na ideia da Conjuração estava claro o caráter republicano do movimento. Afonso Arinos de Melo Franco esclarece:

---

[32] C. Vieira, Evolução do Pensamento Republicano no Brasil, em V. L. Cardoso (org.), À Margem da História do Brasil, p. 31.
[33] Idem, p. 34.

no movimento da Inconfidência predominavam, indistintamente, os pendores republicanos. É verdade que nem sempre a palavra "república" aparece nos depoimentos como designativa de uma forma de governo. Frequentemente ela surge na concepção mais geral do Estado, de Nação, de coisa pública, afinal. Sentido corrente naquela época e ainda hoje usado na linguagem mais culta e mais técnica. Mas são numerosas as oportunidades em que os autos se referem à proclamação da República, como a forma deliberada de um governo popular e livre, expressamente antimonárquico, de um governo como sonhavam os filósofos de França e como tinha conseguido obter, havia pouco, o povo americano[34].

No depoimento de Vicente Vieira Mota se diz que o alferes Xavier tanto falava em república e liberdade que o povo de Vila Rica, para debicá-lo, já o chamava "o república e o liberdade". Examinando as peças do interrogatório dos autos da devassa, Celso Vieira assinala que a república teria leis favoráveis ao povo; diversos parlamentos sujeitos a um, central; serviço militar obrigatório em tempo de guerra; circulação de papel moeda lastreado ao ouro; Universidade de Vila Rica; fábrica de pólvora e de tecidos, não usando os governadores senão estofos nacionais[35].

A transmigração da família real portuguesa para o Brasil representou a ruptura temporária com essas ideias, que certamente teriam levado o Brasil a conquistar a independência através de um movimento nacional que implantaria a república, da mesma forma como ocorrera nas repúblicas latino-americanas. A presença, com a volta de dom João VI para Portugal, de um príncipe português, que se afeiçoaria à terra, e se fizera o arauto dessas reivindicações nacionais, iria conduzir à independência com a criação da monarquia.

As manifestações republicanas se enfraqueceram e, na tentativa de 1817, ainda que imbuída desse forte espírito, sem desmerecer o heroísmo de seus membros, não puderam deixar traços mais marcantes.

Quando se aproximam os primórdios da independência, a ideia republicana é afastada, e as reivindicações se concentram na criação de uma monarquia liberal que assegure os direitos

34 A. A. de Melo Franco, *Terra do Brasil*, p. 573.
35 Apud C. Vieira, op. cit., p. 542.

e garantias individuais. O estudo de Raymundo Faoro sobre folhetos publicados no curso do processo da independência revelam claramente essa característica, que afasta desde logo qualquer ideia republicana[36].

A Confederação do Equador, em 1824, quando já proclamada a Independência, também é partidária de uma forma republicana e o projeto do governo, elaborado por Manuel de Carvalho, apresenta uma declaração dos direitos do homem.

A abdicação de Pedro I e os movimentos durante a regência fizeram surgir o Partido Restaurador, o Republicano e o Liberal, dividindo-se este último em moderado e exaltado, tendo o exaltado ideias mais democráticas, principalmente pela ideia da criação de uma monarquia federativa.

A bandeira liberal será desfraldada pelo Partido Moderado, aceitando princípios do Partido Exaltado que se consubstanciava em projeto de reforma da Carta Constitucional, aprovado pela Câmara dos Deputados em 13 de outubro de 1831. Além da ideia da Monarquia Federativa, o projeto continha uma nítida atribuição das competências do Poder Legislativo, a eletividade e mandato temporário dos membros da Câmara e do Senado, ficando com o Poder Executivo as atribuições do Poder Moderador caso fosse conveniente conservar, suprimindo-se as outras; era também suprimido o Conselho de Estado.

Em julho de 1832, quando se lutava contra o Ato Adicional no Senado, quase se realizou um golpe parlamentar, dirigido por três clérigos, no sentido de colocar em vigor uma nova constituição, contendo os ideais do Partido Liberal. O documento chamava-se Constituição de Pouso Alegre, por haver sido impressa naquela cidade mineira. Constam do grupo dirigente José Bento Ferreira de Melo, Diogo Antônio Feijó e João Augusto Dias. O movimento falhou devido à intervenção do marquês de Paraná, mas é importante destacar os princípios do documento, tendo como linhas mestras o liberalismo radical, o presidencialismo e o federalismo. O projeto previa a abolição do Poder Moderador, a extinção do Senado vitalício, do Conselho de Estado e do direito de dissolução da Câmara, e sua originalidade estava no federalismo.

36 *O Debate Político no Processo da Independência*, p. 3 e s.

Nessa fase os movimentos rebeldes tiveram também caráter republicano. A Cabanada, no Pará, antes de degenerar em desordem após o assassinato do presidente Malcher, foi um movimento claramente republicano, inspirado nas ideias de um líder ilustre, o cônego Batista Campos. A Balaiada, no Maranhão, um levante plebeu contra as classes dominantes, teve também o sentido de amplo caráter democrático. A Sabinada, na Bahia, orientada pelo dinamismo do dr. Sabino Vieira, manifestou-se, de início, claramente republicana. Somente depois da intervenção do deputado Antônio Carlos é que seus dirigentes declararam pretender livrar-se apenas da tirania regencial pela organização de um movimento democrático.

A República de Piratini é o movimento mais expressivo no período. Nos documentos que espelham o movimento, há duas expressões características: a proclamação de 29 de agosto de 1838 aos povos do continente, que representa uma ideia de consciência e de emancipação; um esboço incompleto do sistema constitucional representativo, em que existe uma tríplice divisão dos poderes, o sufrágio universal na escolha dos deputados, fórmulas de liberdade civil, a eleição indireta dos senadores, a do presidente pela Assembleia Geral, a responsabilidade dos ministros, a função consultiva e temporária do Conselho de Estado, a perpetuidade, mas não a inamovibilidade, dos juízes e a união da Igreja e do Estado. Na primeira dessas proclamações se declara expressamente: "Os rio-grandenses, reunidos nas suas municipalidades, solenemente proclamaram e juraram a sua independência política, debaixo dos auspícios do sistema republicano, dispostos, todavia, a federarem-se, quando isso se acorde com as províncias irmãs que venham adotar o mesmo sistema". Conclui a respeito Celso Vieira que "o nome de Piratini constitui principalmente uma demonstração de força republicana, embora as ideias não tenham ainda fórmulas adequadas ao seu destino".

As revoltas de 1842 em São Paulo e Minas, bem como a Revolução Praieira de 1848, revelam já a ideia de uma luta contra o absolutismo no trono e contra os princípios autoritários, sem poder se filiar, entretanto, na evolução da ideia republicana.

De fato, a Maioridade e, a partir da década de 1850, a consolidação do sistema monárquico, com a criação da presidência do Conselho de Ministros e o funcionamento limitado do Poder Moderador, iriam propiciar um período de calma e tranquilidade, em que há, por assim dizer, um adormecimento da ideia republicana.

A criação da presidência do Conselho de Ministros e o longo ministério Paraná, como os demais que se lhe sucedem, representam assim o apogeu e o fastígio do movimento monárquico a afastar preocupação de mudança de regime.

Na medida, porém, em que o livre funcionamento da alternância dos partidos se exerce cada vez mais atenuadamente, e o imperador tem, cada vez mais, de intervir nesse jogo político, avolumam-se as críticas e as restrições ao que se chamava na época sob várias denominações: poder pessoal do imperador, o poder intruso, o imperialismo – na expressão de Timandro – e a hipertrofia do Poder Moderador.

A questão importante a assinalar é que a revolta contra essas práticas se exerce sempre no sentido de tentar coibir-lhe os abusos e excessos e restringir a autoridade monárquica, mas nunca no sentido de lutar pela reforma republicana, que só aparece de forma nítida com o Manifesto Republicano de 1870.

A discussão do tema do Poder Moderador, que era, por assim dizer, a questão essencial do funcionamento do regime, se fazia em termos que se contrapunham em pensamento conservador, representado pelas obras de Uruguai e Brás Florentino, e o liberal, num livro sucinto mas incisivo de Zacarias de Góis e Vasconcelos.

Enquanto aqueles sustentavam que os atos do Poder Moderador independiam do referendo ministerial, Zacarias colocava-se na posição de que esse referendo era essencial e que era a segurança do funcionamento do regime monárquico.

A formação do gabinete Zacarias, em 24 de maio de 1862, possibilitou a criação da Liga dos Liberais e Conservadores Moderados, declarando-se o Partido Progressista um partido novo e afirmando, outrossim, não desejar a reforma política – a qual consagrara, assim como ao imperador e sua dinastia, o maior respeito –, mais a eleição direta, a descentralização política e o exclusivismo dos cargos públicos. O partido representava, ainda, um ponto de vista bastante conservador, defendendo a regeneração do sistema representativo, nele incluindo a responsabilidade dos ministros de Estado pelos atos do Poder Moderador, a liberdade individual como regra e a tutela do Estado e as restrições no interesse coletivo como excepcionais, a defesa dos direitos e interesses locais da província e do município.

O episódio da queda do gabinete Zacarias, em 1868, provocará as manifestações de desapreço à monarquia, as quais culminaram, dois anos depois, na divulgação do Manifesto Republicano.

Em 1869, se realiza junção entre uma maioria progressista e uma minoria liberal. Em reunião em casa do conselheiro Nabuco no dia 25 de julho são discutidos esses princípios, manifestando o conselheiro Nabuco a ideia de que se lutasse pela reforma eleitoral, com a decretação de eleição direta. Cristiano Ottoni, sem discordar, pronunciou-se francamente pela necessidade de reformas radicais, sendo a principal delas a extinção do Poder Moderador. Não havendo acordo sobre a matéria, nomeou-se diretório, composto de Nabuco, Zacarias, Silveira Lobo, Teófilo Otoni e Francisco Otaviano para dirigir o trabalho eleitoral na Corte e nas províncias. Fundam-se o Clube da Reforma e um jornal, *A Reforma*, e, em 4 de maio de 1869, os membros do clube aprovam e divulgam o Manifesto do Centro Liberal. Os princípios fundamentais que o partido apresentava, entre outros, era a responsabilidade dos ministros pelos atos do Poder Moderador, a máxima "o rei reina e não governa", e como meio prático de realização das ideias anteriores, a organização do Conselho de Ministros. Tratava-se também da descentralização no verdadeiro sentido do *self-government*, o Conselho de Estado como auxiliar da administração e não órgão político, e a reforma do Senado, com a supressão da vitaliciedade.

Outro documento de expressão foi o Manifesto Liberal[37], lançado em novembro de 1869, através do novo jornal de propaganda democrática, *Correio Nacional*, sendo autores do manifesto Francisco Rangel Pestana e Henrique Limpo de Abreu, jovens jornalistas liberais que vinham fazendo, desde 1865, a propaganda dos princípios democráticos[38].

Em sequência de José Maria dos Santos, "o Manifesto Republicano de 1869 teve a extrema felicidade de condensar clara

---

37 J. Nabuco, op. cit., p. 666.
38 J. M. dos Santos, op. cit., p. 205.

e absolutamente completa tudo quanto de aspirações liberais pudesse conter a consciência brasileira daquela época"[39].

A parte programática estava contida em dezesseis artigos, dos quais os dez primeiros dispostos em negações às quais se opunham afirmações, numa tentativa de solução dos problemas sociais e econômicos. Propunha o documento a emancipação do indivíduo, do município e da província, e propugnava como reformas a abolição do Poder Moderador, da Guarda Nacional, do Conselho de Estado e do elemento servil, instituindo o ensino livre, a política eletiva, a liberdade da associação e de cultos, o sufrágio direto e generalizado, a separação da judicatura da política, o senado temporário e eletivo, a derrogação de todas as jurisdições e a eletividade dos presidentes de províncias.

Uma indagação surge após a análise de todas essas manifestações e da evolução da ideia republicana, em face da nítida ruptura que representa o Manifesto Republicano, defendendo de forma clara e inequívoca a mudança do sistema do governo e a adoção da República.

O Manifesto Republicano de 1870 apresenta a singularidade de ser uma carta de princípios e de apresentar com clareza e com visão a ideia republicana. Muito combatido, a nosso ver injustamente, é uma bandeira cuja repercussão foi grande em seu momento, embora viesse a mediar dezenove anos da Proclamação da República.

A crise após a queda do gabinete Zacarias não explica totalmente o fato de grande número de elementos contrários ao poder pessoal do imperador se conservarem ainda monárquicos, defendendo mudanças que não seriam, entretanto, radicais sem aderirem à ideia republicana. José Maria dos Santos apresenta uma explicação que, não sendo totalmente satisfatória, procura dar uma chave para a questão. Diz ele que

nenhum grupo chegara ainda a trazer para discussão os próprios fundamentos da monarquia como indefectivelmente se dava no período do primeiro reinado e da regência. As reformas, mesmo as mais adiantadas, eram todas previstas nas linhas gerais da Constituição do Império, sem referência formal à mudança de regime. Mas

[39] Em D. Menezes (org.), *O Brasil no Pensamento Brasileiro*, p. 54.

nos primeiros meses de 1870 surge no cenário político uma figura nova. É Quintino Bocaiúva[40].

José Maria dos Santos, ao estudar a figura de Quintino Bocaiúva, refere-se à sua ida à Argentina em 1866: ele, que era até então jornalista e autor de peças de teatro, e se empolgou pela ideia republicana existente na República Argentina. Voltando ao Brasil e, em conferências no Teatro São Luís, defende esse programa, daí surgindo de sua iniciativa a ideia do Manifesto Republicano.

Num momento de grande efervescência política, um grupo de republicanos radicais reuniu-se em 1877 no velho clube da rua do Ouvidor e assinou um documento sob o título de Termo de Compromisso e Adesão, declarando, por sua honra e sob a fé dos homens de bem e de patriotas e republicanos sinceros, manter inabalável fidelidade ao princípio republicano, apoio ao Partido Republicano e, no caso de infrigência do compromisso, "ficaremos tidos como perjuros, pérfidos, traidores e indignos de pertencer a qualquer comunhão social ou política e sem que possamos invocar em nosso apoio e justificação em tal caso qualquer circunstância ou atenuação que seja".

Pedro Lessa, em síntese feliz, destacou os pontos principais do Manifesto Republicano:

> Havia então um documento político, em que se compendiavam as ideias aceitas por todos os adeptos da forma republicana: o Manifesto de 3 de dezembro de 1870. Para esse decálogo do início da propaganda democrática duas reformas sobrelevaram todas as outras, por se reputarem a expressão das mais preeminentes necessidades políticas do país: a abolição do Poder Moderador, apontado como causa primordial, senão única. De todos os nossos males sociais, elimináveis pela atividade política, e a instituição de regime federativo, que se afirmava ser imposto pela natureza, pela topografia do Brasil, pela diversidade de zonas em que se divide, climas vários e produções diferentes. Desses dois pontos essenciais do novo credo político de então era a crítica do Poder Moderador, teórica e praticamente examinado, a tarefa absorvente da imprensa democrática. O regime federativo, por quase todos os republicanos ardentemente almejado, por quase nenhum era estudado ou conhecido, superficialmente sequer.

40 J. M. dos Santos, *A Política Geral do Brasil*, p. 205.

A repercussão do Manifesto Republicano se fez em várias províncias do país, mas tornou patente em São Paulo, onde já existia, fundado em 1868, o Clube Radical, do qual faziam parte Luís Gama, Américo de Campos, Campos Sales, Prudente de Morais, Francisco Glicério, Martinho Prado e muitos outros. O Clube Radical, com igual nome ao do Rio de Janeiro, era abolicionista, mas, com o aparecimento do Manifesto Republicano, mudou o nome para Clube Republicano. Com a promulgação da Lei do Ventre Livre, numerosos fazendeiros da província declararam-se também republicanos, surgindo a ideia da fusão num só partido dos fazendeiros com os antigos radicais. O problema da abolição da escravatura dividiu os dois grupos, impedindo a realização dessa junção. Mas as manifestações contra o jornal *A República* no Rio de Janeiro, em 1873, os uniram de imediato, daí resultando a Convenção de Itu, de 18 de abril de 1873, com a fundação do Partido Republicano Paulista, sem, contudo, tratar-se de um programa a adotar, o que foi reservado para nova reunião, realizada em São Paulo, em 1º de julho de 1873.

Em 1873, reúne-se em Itu o Clube Republicano, que lança circular com a organização do partido, seguida, em julho de 1873, pela realização do Congresso Republicano Provincial, onde também se cuida da organização do partido. Em 2 de julho de 1873 é aprovado o Manifesto do Partido Republicano de São Paulo, que discute o problema da escravidão de forma conciliadora, tentando atender os interesses dos proprietários de lavoura em São Paulo e adotando, "em respeito aos direitos adquiridos e para conciliar a propriedade de fato com o princípio da liberdade". A reforma teria por base a indenização e o resgate. O Manifesto de 8 de abril de 1874 discute o problema das relações entre o Estado e a Igreja, levando em conta a questão religiosa que dividia o país.

Em maio de 1888, novo congresso republicano "aprova manifesto que defende a ideia republicana, declarando que o partido republicano nasceu da convicção de que a monarquia não tem raízes na América e que sua existência há sido perniciosa e esterilizadora dos elementos fecundos de nossa grandeza".

E termina dizendo:

Apreciando assim a situação e os acontecimentos anteriores, julgamos conveniente, como necessidade de ocasião, aconselhar aos nossos correligionários que se organizem por toda parte e permaneçam firmes com vigor sua completa autonomia em frente aos partidos monárquicos, esperando novos acontecimentos que serão estudados pelo próximo congresso, cuja reunião marcar-se-á oportunamente.

Os manifestos do Clube Republicano do Pará (1886), do Congresso Republicano Federal (1887), do Congresso do Partido Paulista (1888), do Partido Republicano de Pernambuco (1888), a Carta Política ao País e ao Partido Republicano de Silva Jardim (1889), o Manifesto de Quintino Bocaiúva ao Partido Republicano Brasileiro (1889), todos eles se mantêm numa linha panfletária, muito voltados para os acontecimentos presentes, mas não trazem embasamento doutrinário com um exame de aspectos de maior relevo.

Na obra de publicista, tão importante no pensamento político do Império, Aureliano Cândido Tavares Bastos, em *A Província*, defende o princípio da descentralização, não chegaria a ideia da república. Ao analisar o movimento de formação da independência, diria ele:

> Depois, os chefes do movimento de 1822, educados nas trevas de Coimbra, eram eivados de aspirações, sentimentos e prejuízos republicanos à guisa da Grécia e Roma, cujos heróis e feitos citavam a propósito de tudo. Quando se considera nessa viciosa educação clássica e juvenil admiração dos heróis antigos, já assinalados pelo sr. J. J. da Rocha; quando se pensa nas suas consequências anacrônicas e deletérias, como demonstrou F. Bastiat, admira sem dúvida ter nascido dessas cabeças pesadas das recordações de César e Pompeu, não só a nossa sensata, racional e gloriosa Constituição de 24, como, sobretudo, o projeto elaborado pela Assembleia Constituinte[41].

Tratando da evolução do regime político da década de 1860, declara: "Governo sinceramente parlamentar ou república, eis o dilema imposto pela tempestade que, formada lentamente desde 1862, agora surge, assustando os mais animosos". E acrescentaria:

41 A. C. Tavares Bastos, *A Província*, p. 65.

Eis que, surgindo do nada, súbito a ideia republicana afirma audazmente a sua existência em todos os ângulos do Brasil como auguro deste regime falsificado, ironia da fraqueza que ainda hesita em combatê-lo.

Nomes ilustres, cujos pronunciamentos serão a eterna dor do Partido Liberal, acabam de proclamar princípios de severa escola republicana. Acompanham-nos conservadores da nova geração. Na própria Câmara temporária reboaram eloquentíssimos protestos, que exercendo do poder pessoal atingiam a própria instituição monárquica. Na ocasião justamente em que ostenta maior pujança, atravessa a monarquia os piores dias do Segundo Reinado[42].

E adita, tentando examinar as causas do rápido incremento da ideia republicana: "Serão porventura os sucessos da sessão legislativa? Não o favorecia também o resfriamento da oposição liberal". E acrescentava:

Pode o capricho dos sucessos permitir que o republicano venha a ser o único partido da oposição verdadeiro, recolhendo não só os adversários sistemáticos da monarquia, como os espíritos sérios já rudemente experimentados pelas decepções políticas ou abalados na fé monárquica e que não se acomodem a vagas nuanças inventadas para extinguirem sob o regime imperial conservadores traços progressistas e liberais-moderados?[43]

Nessa análise não poderia ser omitida uma referência à influência do positivismo, considerada, via de regra, bastante importante no movimento da República. A influência desse movimento se processou, sobretudo, na Escola Militar do Rio de Janeiro, onde era professor destacado Benjamin Constant. O republicanismo dos positivistas era, na expressão de Oliveira Viana,

mais à sua maneira, à sua originalíssima maneira, embora concordando com os outros na superioridade da forma republicana de governo, diferiam deles profundamente em muitos pontos essenciais; em certos pontos estavam em completo antagonismo com os signatários do Manifesto de 1870. Em boa verdade, estes eram, antes de tudo, democratas, e os positivistas, ao realizarem a sua organização

---

42 Idem, p. 241.
43 Idem, p. 245.

republicana, não eram propriamente isto, não pareciam cortejar o elemento democrático; pelo menos, no tipo de governo que concebiam, a democracia não ocupava um grande lugar; pode-se dizer mesmo que tinha pouco o que fazer.

E prosseguia: "O governo de seu sonho, o governo ideal, o governo perfeito era a república ditatorial de Comte – e não a república democrática de Ledru-Rollin"[44].

Ao final deste périplo sumário, examinando alguns aspectos da evolução da ideia republicana, uma conclusão surge inequívoca: a de que o pensamento doutrinário a respeito desse regime político nunca alcançou grande voos, e mesmo o Manifesto Republicano de 1870, que se sobressai pela sua singularidade, caracterizando uma nítida ruptura na evolução das ideias políticas, foi sempre tênue e pouco expressivo nessa fundamentação teórica, revelando mais uma vez o descaso que há no Brasil pelas ideias doutrinárias e pelo pensamento teórico.

---

44 F. J. de Oliveira Viana, *O Ocaso do Império*, p. 101.

2. A Construção da República

UM LIBELO DE SILVIO ROMERO:
DOUTRINA VERSUS DOUTRINA

Sílvio Romero ocupa um lugar destacado na vida intelectual brasileira, em trajetória que se inicia em 1870 e finda com o falecimento, em 1914. Obra extensa, variada, dispersa, ainda que desigual, com trabalhos de circunstância, mas, no conjunto, de inegável valor.

O próprio Sílvio Romero destacou o período em que iniciou a atividade intelectual:

> O decênio que vai de 1868 a 1878 é o mais notável de quantos no século XIX constituíram a nossa vida espiritual. Quem não viveu nesse tempo não conhece por não ter sentido diretamente em si as mais fundas comoções da alma nacional. Até 1868 o catolicismo reinante não tinha sofrido nestas plagas a mais insignificante oposição; a autoridade das instituições monárquicas o menor ataque sério por qualquer classe do povo; a instituição servil e os direitos tradicionais do feudalismo prático dos grandes proprietários a mais indireta impugnação; o romantismo com seus doces, enganosos e encantadores cismares a mais apagada desavença reatora[1].

1 S. Romero, *Discursos Acadêmicos*, tomo II, p. 302.

A sua obra estende-se em vários campos, como o folclore, de que foi pioneiro, a história, a crítica literária, a crítica social, a polêmica. O principal livro é a *História da literatura brasileira* (1888), que pela primeira vez apresenta um painel da produção literária realizada no país.

Sua atuação foi sempre renovadora, acolhendo novas ideias com destemor e desassombro. Filiou-se ao movimento da Escola de Recife, capitaneada por Tobias Barreto. Não se considerando um discípulo, e ainda que se julgasse no mesmo plano dele, permaneceu fervoroso admirador. O livro que escreveu sobre Machado de Assis era mais de exaltação do amigo e menos de crítica do autor de *Dom Casmurro*.

Teve sempre atitudes extremadas, como no exame de doutoramento na Faculdade de Direito do Recife, em que polemiza com o examinador Coelho Rodrigues sobre a existência da metafísica. Em resposta, afirmou que a metafísica estava morta e que o progresso a tinha matado, e estouvadamente deixou o recinto, alegando não poder aturar "esta corja de ignorantes".

Noutra ocasião, ao receber Euclides da Cunha, em 1906, na Academia Brasileira de Letras, fez severa crítica ao governo na presença do presidente Afonso Pena. Dizia que "ocupamo-nos de assuntos brasileiros há um quarto de século, há 25 anos justamente"[2].

Carlos Sussekind de Mendonça, embora chamando-o, com certo exagero, de o maior dos nossos intelectuais em qualquer tempo, apontou com justiça os méritos:

Maior, não só pela pujança da sua inteligência, como pela extensão e pela profundidade dos seus conhecimentos, pela elevação dos seus propósitos, pela probidade das suas pesquisas, pela franqueza das suas afirmações e, sobretudo, pela bravura com que pugnava por suas ideias, arrostando todos os sacrifícios que sempre se impuseram aos que não só proclamam como praticam, disputam e defendem a liberdade de pensamento[3].

O livro *Doutrina Versus Doutrina: O Evolucionismo e o Positivismo no Brasil* foi publicado em 1894 e reeditado em 1895,

---

2 Idem, p. 306.
3 *Sílvio Romero de Corpo Inteiro*, p. 28.

precedido de uma "Explicação pessoal". O livro, de violenta crítica ao positivismo e a seus adeptos no Brasil, então bastante influentes, não perdeu atualidade. Antonio Candido define-o como "ataque arrasador ao positivismo, tendo provavelmente contribuído para o seu arranco tanto a convicção quanto as paixões partidárias"[4].

A obra conserva ainda interesse, pois representa análise, em caráter pioneiro, das correntes políticas e da sociedade brasileira, quando a República começava a se organizar. Sílvio Romero esclarecia que as páginas foram escritas em fins de 1892, e portanto não examinavam as questões decorrentes da Revolta da Armada, o que certamente provocaria outras reflexões. "Embora empírico e um pouco arbitrário", assevera Evaristo de Moraes Filho, "vale o ensaio como um depoimento de fonte primária sobre os partidos políticos que se disputavam nos cinco primeiros anos da República"[5].

As forças de sustentação do Império tinham pouco a pouco dele se distanciado, caracterizando o que Oliveira Viana chamou de o *ocaso do Império*: o clero, pela questão religiosa; os militares vitoriosos na Guerra do Paraguai, por se julgarem rejeitados pelo Império, uma de suas alas dotando o credo positivista; e a classe rural, com a abolição da escravatura.

O princípio ideológico do momento era a federação: não encontrando guarida no Império, seus adeptos aderem à República. É o caso de Rui Barbosa, que não aceitou pertencer ao Gabinete Ouro Preto porque este não incluía a federação no programa do governo.

O Brasil nunca tivera uma estrutura partidária sólida e, na verdade, até 1853 tínhamos apenas grupos ou facções, fenômeno que permaneceu de certo modo no Império e até durante a República. No Império, com o Gabinete da Conciliação começam a se organizar dois partidos, o Partido Conservador e o Partido Liberal, que não chegaram, no entanto, a ter uma estrutura sólida e um programa efetivo. Conhece-se o dito de Holanda Cavalcanti: "Nada mais parecido com um saquarema [conservador] do que um luzia [liberal] no poder". Nesses primórdios indagava o imperador ao marquês de Paraná: "sr. Honório, onde estão os nossos partidos?"

4 O *Método Crítico de Sílvio Romero*, p. 56.
5 *Medo a Utopia*, p. 245.

É curioso assinalar que muitas das reformas liberais no Império foram realizadas por gabinetes conservadores, e o rodízio entre os partidos obedecia menos a uma alteração no processo político do que à atuação do imperador no exercício do Poder Moderador. Em 1868, quando do conflito entre o gabinete liberal de Zacarias e Duque de Caxias, comandante das forças na Guerra do Paraguai, o imperador aceita a demissão do ministro e escolhe imprudentemente um gabinete conservador. Revela-se a demonstração da fraqueza dos partidos, espelhada no sorites do conselheiro Nabuco: "O Poder Moderador pode chamar a quem quiser para organizar ministérios; esta pessoa faz a eleição porque há de fazê-lo; esta eleição faz a maioria. Eis aí o sistema representativo do nosso país". E Joaquim Nabuco classificava os partidos imperiais como "cooperativas de emprego ou seguros contra a miséria"[6].

Proclamada a República, poder-se-ia supor alterações nesse quadro, mas as forças políticas que apoiaram a República não se constituíram em verdadeiros partidos capazes de oferecer um programa consistente. As tentativas dos partidos nacionais na República Velha não surtiram efeito, com os fracassos do Partido Republicano Federalista de Francisco Glicério e mais tarde a tentativa do Jardim de Infância. Só prosperaram os partidos estaduais, representantes de poderosas oligarquias, como o Partido Republicano Paulista e o Partido Republicano Mineiro.

É nesse quadro que Sílvio Romero analisa a situação política e o ambiente social do país.

O "Prólogo (Explicação pessoal)" é justificativa da atitude tomada ao ingressar na política partidária, filiando-se a um partido político e participando na política no estado natal – Sergipe. Foi momento passageiro. Essa atuação foi condenada por muitos porque Sílvio Romero se filiara ao grupo político do coronel Manoel Presciliano de Oliveira Valadares. Logo se desencantou, embora considerasse que a atitude fora tentativa válida de congregar as forças políticas de Sergipe. Justificava: "Temos os defeitos de nossas virtudes; podemos às vezes ter sido rudes ou exagerados; mas todo o mundo tem obrigação de dizer que nunca fomos nem interesseiros, nem bajuladores,

---

6 J. Nabuco, *Um Estadista do Império*, p. 63.

nem alheados em qualquer grau, do respeito moral que devemos a nós mesmos"[7].

Escrevendo na década de 1890, Sílvio Romero propõe-se a examinar as forças políticas vigentes. A introdução tem o título de "Os Novos Partidos Políticos no Brasil e o Grupo Positivista entre Eles", sendo de certa forma sequência ao texto de combate ao positivismo, expressando contudo uma análise mais objetiva que justifica a divulgação do texto em nossos dias.

Era a mesma pregação intelectual que prosseguia. Treze anos após a publicação desse trabalho, Sílvio Romero, tratando do Brasil social, apontava:

São assuntos que me inspiram de há muito, velhas ideias, defendidas em cinquenta batalhas por trinta anos seguidos... Já andamos fartos de discussões políticas e literárias. O Brasil social é que deve atrair todos os esforços de seus pensadores, de seus homens de coração e boa vontade, todos os que têm um pouco de alma para devotar à pátria[8].

Sílvio Romero declara na introdução ser necessário detectar as causas das intensas comoções internas a pedir o estudo e a apreciação dos juristas e filósofos. Pretende apresentar uma síntese de atuação dos partidos políticos naquele momento, considerando mais adequado chamá-los com razão "correntes de opinião", para ele nada mais que agrupamentos de homens em torno de uma bandeira no encalço de um ideal.

Referindo-se ao esboroar do trono e à queda das instituições seculares, acentua que o exame de novas organizações, novas fórmulas e novas doutrinas é, para os sociólogos e estudiosos da psicologia popular, um momento verdadeiramente excepcional. No estudo irá se deter na apreciação exterior dos partidos existentes simplesmente em embrião entre nós. Coloca as perguntas: quais são os atuais agrupamentos partidários da República? Que relações nutrem eles com o todo das tradições e aspirações do país? Quais os defeitos de cada um e as chances de vitória de todos eles?[9]

---

7   *Introdução a Doutrina Versus Doutrina*, p. 47.
8   Sílvio Romero, *Discursos Acadêmicos*, tomo II, p. 32.
9   Idem, *Introdução a Doutrina Versus Doutrina*, p. 76.

A resposta em outros países não seria difícil, por se tratar de países equilibrados e tradicionais, mas não no Brasil, onde tudo é indisciplina, tudo é quase vazio, com a ignorância dos doutores – a vaidade e a desenfreada petulância dos politiqueiros.

A análise inicia-se com o Partido Monarquista ou Partido Restaurador. Apesar de muitos darem pouca atenção a esse grupo, Sílvio Romero declara que afastava essa suposição com a presença de homens de valor como Joaquim Nabuco, Carlos de Laet e Escragnolle-Taunay, a comprovar a existência do partido. Mostra a dificuldade da restauração, e declara ser impossível fundar uma aristocracia nova, porque é impossível criar aristocracias novas: o tempo delas passou. O Brasil é um país fatalmente democrático.

Descrevendo a formação brasileira, aponta que a democracia e o mestiçamento são os dois maiores fatores de equalização entre nós, condições que temos de sobra. Trata em primeiro lugar do íncola primitivo, o caboclo, para em seguida mostrar o papel do colonizador português, cuja dispensa decorreu da Independência, e finalmente da terceira contribuição, do trabalhador negro. Sobre esses três elementos é que se formaram as populações brasileiras, e a República foi uma vitória dessas populações novas, representadas pelos homens mais eminentes. A frase do Marquês de Maricá vem a propósito: "O primeiro imperador foi deposto porque não era *nato*, o segundo há de sê-lo, porque não é *mulato*…" Não há mais lugar na América para o sangue azul da realeza[10].

Mostra a seguir que existem na humanidade duas grandes desigualdades, as classes e as raças, e que a extinção gradativa das primeiras pertence ao ascendente geral da democracia. Aponta na Europa estudos profundos de Engels da vida das classes operárias, como os trabalhos de Karl Marx essas classes na Inglaterra, e os de Bebel e Liebknecht, na Alemanha, enquanto no Brasil não existe nenhum desses estudos. Por isso, o caráter de macaqueação da democracia social brasileira é visível a olhos desarmados.

E, tentando superar essa omissão, faz uma tipologia bastante original ao examinar a evolução das classes sociais do Brasil – tão diversas das da Europa, sem condições de alcançar a situação daquele continente – e registra em primeiro lugar a

---

10 Idem, p. 63.

classe mais pobre e que corresponde à burguesia na Europa. Na cidade é preciso fazer distinção entre quatro ou cinco centros merecedores desses nomes e as pequenas cidades dos estados, muitas das quais não passam de verdadeiras aldeias. As pequenas cidades não são os grandes centros fabris, manufatureiros e industriais, pois a modesta indústria local é sempre insignificante e nelas a população se divide em poucos capitalistas e banqueiros e certo número de comerciantes bem colocados.

Em terceira linha aparecem os pequenos comerciantes, em número maior, e em quarta, os donos de fábricas, bem poucos, e com eles os empreiteiros, os corretores, os empregados superiores do alto comércio.

Em quinta classe vê desfilar o "verdadeiro pauperismo", a "mendicidade envergonhada": é o mundo dos médicos e advogados sem clientela, dos padres sem vigairarias, dos engenheiros sem obra, dos professores sem discípulos, dos escritores, dos jornalistas, dos literatos sem editores, dos artistas sem público, dos magistrados sem juizados e dos funcionários mal remunerados – "eis a nossa riquíssima classe média". Num sexto grupo aparecem os operários propriamente ditos, alfaiates, sapateiros, carpinteiros, marceneiros, pedreiros, ferreiros, pobres encadernadores.

Analisando o meio rural, aponta fazendeiros, senhores de engenho, estancieiros, muitos completamente arruinados, "a nossa faustosa plutocracia agrária". Depois, os pequenos lavradores e agricultores, donos de pequenos sítios e os trabalhadores rurais. Enfim, a turma dos vadios, dos ociosos. E indaga: onde está o proletário?, concluindo pela inexistência de condições de um partido social.

Cuida então do que chama de "a facção jacobina", um resto de doutrinarismo romântico e revolucionário, composta de representantes retóricos da propaganda republicana histórica e de novo segmento que a eles se juntou, uma espécie de batedores de um radicalismo ultra, com pendor para a desordem e o despotismo. Era gente grande apta para destruir qualquer governo que pedisse o seu apoio. O grupo, com histerismo desatinado e com completa ignorância da história do país, tem sido um dos fatores da desordem que lastra pela alma brasileira naquele momento.

O chamado partido militar é objeto de outra análise. Considera que até então não existiu partido dessa natureza, uma vez que os militares estavam divididos pelos vários credos políticos existentes, mas que ocorrera uma tendência de predomínio como classe e como força homogênea. Considera, ademais, que naquele momento o militarismo sul-americano passou a ser uma realidade no Brasil, com a atuação das Forças Armadas na política. "A intervenção da Força Armada, na política [...], tem o duplo inconveniente: de desvirtuar essa política e amesquinhar essa Força Armada".

Comenta em seguida o Partido Positivista, considerando-o uma formidável casa de marimbondos. Tal doutrina não teria maior repercussão se não contasse como adeptos com os moços estudantes e os moços oficiais. Analisa o positivismo, atrasado em seu anacronismo, a ditadura, e ridiculariza o uso na bandeira nacional da expressão "Ordem e Progresso", a lista dos dias feriados e a impagável saudação "Saúde e fraternidade"[11].

Refere-se à situação do Rio Grande do Sul, dominado pela orientação positivista. Expõe também os efeitos nocivos do documento *Bases de uma Ideia de uma Constituição para a República Brasileira*, elaborado pelo apostolado central. A análise de trechos desse texto estaria a revelar a sua total inadequação à vida brasileira e à realidade do país.

Como conclusão cuida do futuro de cada um desses grupos. Dois deles (positivistas e jacobinos) não passariam de pequenos grupos fanáticos, enquanto os dois outros (operariado e as Forças Armadas) seriam classes consideráveis, mas não constituiriam a nação.

Em postura pioneira, Sílvio Romero destaca a importância do melhoramento das classes trabalhadoras, que devem se organizar não para dominar ou impor-se às outras classes do país, mas para colaborar no progresso geral da nação.

E conclui esse instigante estudo, com tantas observações originais, com uma profissão de fé democrática:

Se a democracia se unir e vier trazer o seu apoio e o concurso dos seus esforços à causa da República, esta será progressiva e grande; se o não fizer, o país continuará a ser *anima vilis* de experiências extravagantes; perdurará o período de lutas intestinas, porque tais expe-

---

11 Idem, p. 126.

riências são em completo desacordo com o caminho da nossa história e escuro, bem escuro, se avistará lá bem longe o nosso porvir[12].

Decorrido mais de um século, as condições sociais, econômicas e políticas do país muito se modificaram, mas a análise de Sílvio Romero corresponde a um instantâneo da vida brasileira, sobretudo porque em matéria de estrutura partidária, cem anos depois, o país não tem, ainda hoje, verdadeiros partidos políticos.

O PODER EXECUTIVO NA REPÚBLICA BRASILEIRA

A escassez de estudos e análises políticas no Brasil só faz ressaltar a necessidade de divulgar os trabalhos que, no passado, melhor retrataram o que se pensou e se cogitou sobre a atividade política entre nós. Euclides da Cunha afirmou que "somos o único caso histórico de uma nacionalidade feita por uma teoria política"[13], mas o primado do constitucionalismo no século XIX – a doutrina constitucional do liberalismo – não deixou raízes marcantes no pensamento intelectual da nação. A discussão política do período iria se travar entre as ideias teóricas que a classe dirigente hauria nos autores constitucionalistas da época, via de regra, os europeus – sobretudo franceses –, e uma realidade social avessa e estranha a essa teorização.

Do debate entre a centralização e a descentralização caberia ao visconde de Uruguai, no *Ensaio sobre o Direito Administrativo*, mostrar como ao imperador no Brasil não se aplicava a máxima de que "o imperador reina e não governa", mas que sim "o imperador reina, governa, administra".

No quadro desse debate acanhado, ganharia relevo a discussão sobre o Poder Moderador, de autores conservadores como o próprio Uruguai, e mais tarde Brás Florentino, a defender uma posição de clara e excessiva preeminência para o imperador no exercício desse poder. A posição liberal é de Zacarias de Góis e Vasconcelos, defendida no seu livro *Da Natureza e Limites do Poder Moderador*, de 1860. Na perspectiva

12 Idem, p. 161.
13 E. da Cunha, *À Margem da História*, p. 282.

de hoje ressalta claro como a análise de Zacarias de Góis, encarando o problema dentro de uma concepção política liberal, representava uma conceituação muito mais correta do que deveria ter sido o Poder Moderador, do que os comentários, numa hermenêutica estrita, de Uruguai e de Brás Florentino.

A figura de Aureliano Cândido Tavares Bastos, que, morto aos trinta e seis anos, deixaria uma obra importante de pensador político, vinculado já a novas concepções, e sobretudo ao pensamento político norte-americano, e à ideia de descentralização, é refletida no livro de 1870, *A Província*[14]. Aquele "louco do liberalismo" examinaria como a centralização excessiva do país estava conduzindo a um regime de coerção social, e ao obstáculo ao desenvolvimento das energias individuais.

É do mesmo ano de *A Província* o Manifesto Republicano[15], que lança a ideia da República, que ganharia corpo na medida em que os sustentáculos naturais do Império, a Igreja, a classe agrária e o Exército, se afastariam da mística ideia imperial. E uma outra influência iria se projetar nesse contextos, embora com contornos não muito nítidos do ponto de vista político, a ideia positivista, refletida sobretudo no magistério de Benjamim Constant, na Escola da Praia Vermelha e na influência exercida sobre a oficialidade militar.

Com a República, essas duas concepções iriam se defrontar: o ideal republicano, exposto na obra doutrinária de Tavares e Bastos e em vários manifestos, como, entre os mais importantes, o de 1870 e o da Convenção de Itu de outubro de 1873, e a pregação positivista da Escola Militar, trazendo como concepção social uma ideia organicista da sociedade, tão ao gosto dos espíritos voltados para as ciências sociais.

Dos escolhos das posições extremadas desviou Rui Barbosa, ao formular exata a construção da nova sociedade, através de uma carta constitucional que atendesse aos reclamos da descentralização, sem, porém, os excessos e os desvios que pudessem levar ao separatismo e à cizânia.

Também a Rui Barbosa coube realizar a pregação de divulgar e propagar essas novas ideias constitucionais, no apostolado

---

14 A. C. Tavares Bastos, *A Província*, p. 254.
15 Manifesto Republicano, em D. Menezes (org.), *O Brasil no Pensamento Brasileiro*, p. 498.

doutrinário e suas postulações perante o Supremo Tribunal Federal, defendendo a extensão do *habeas corpus*, procurando assegurar a garantia dos direitos individuais e coibindo os excessos do autoritarismo. Mas esse trabalho não se revestiu de forma sistemática; incumbiria a Homero Pires reunir em seis volumes, *Comentários à Constituição Federal Brasileira*[16], esse trabalho constante e diuturno de várias décadas.

Outros comentadores iriam examinar o texto constitucional, João Barbalho, Felisbelo Freire, tio de Aníbal Freire, Aristides Milton, Aureliano Leal, entre os principais. O pensamento político se conservava preso, via de regra, às velhas ideias de uma concepção estritamente jurídica. Sem institutos de altos estudos políticos e sociais, sem universidades, sem faculdades de ciências humanas, continuavam as escolas de direito a desempenhar, vicariamente, essa função de análises político-sociais. E é portanto na obra de alguns juristas de escol que podemos sentir em sua plenitude o eclodir de uma concepção doutrinária de grande intensidade.

Com os riscos que as escolhas sempre oferecem, podemos destacar, nesse quadro, quatro obras fundamentais: *O Regime Federativo e a República Brasileira* (1900), de Amaro Cavalcanti, *Do Poder Judiciário* (1915), de Pedro Lessa, *O Poder Executivo na República Brasileira* (1916), de Aníbal Freire, e *Do Estado Federado e sua Organização Municipal* (1920), de Castro Nunes.

Os quatro autores ascenderam ao Supremo Tribunal Federal, honrando a suprema magistratura e deixando nela pegadas indeléveis de saber jurídico. Dois entre eles, somente Pedro Lessa e Aníbal Freire, exerceram regularmente o magistério, nas duas faculdades tradicionais: Pedro Lessa, em São Paulo, nomeado em 1890 pela reforma Benjamim Constant para o exercício da cátedra de filosofia do direito, onde procurou dar uma nova concepção aos estudos filosóficos do direito, e Aníbal Freire, em Recife, através do exercício da cadeira de direito administrativo.

Aníbal Freire, por ocasião do aniversário do nascimento de Amaro Cavalcanti, em 1949, ao fazer-lhe o elogio na Ordem dos Advogados do Brasil, definiria com grande precisão esse quadro doutrinário:

16 R. Barbosa, *Comentários à Constituição Federal Brasileira*.

O direito constitucional foi o campo em que as faculdades primárias de Amaro Cavalcanti mais se afirmaram. Nascido para governar, embora sem o gosto de mandar, que a tolerância do seu espírito reprimia, os desígnios fizeram-no aparecer no tempo em que devia encontrar seu natural emprego. As instituições nascentes sofriam um choque das colisões entre as impaciências dos inovadores, nem sempre inspirados em puro idealismo, e as resistências da reflexão e do senso político. Fazia mister que, não só pela pregação, em que Rui Barbosa se sublimou, encontrasse a opinião pensante em livros, penetrados de experiência a saber, os clarões e veredas a percorrer até a consolidação do regime nas suas bases fundamentais[17].

O *Regime Federativo* apareceu em ocasião própria. Os assuntos constitucionais iam sendo versados incidentemente, provocados em regra pelas querelas dos partidos. Felisbelo Freire já havia publicado a *História Constitucional da República*, que Araripe Júnior tanto enalteceu. Era, porém, um trabalho de história político-social, e não um repositório de ideias definitivas sobre a matéria. Havia surgido o trabalho de Aristides Milton, escasso na conceituação dos problemas, e só mais tarde viriam à publicidade os comentários de João Barbalho.

Amaro Cavalcanti traçou então os rumos do federalismo, corrigindo-lhe os excessos e encaminhando-o para soluções convenientes aos interesses superiores da nação.

A obra de Castro Nunes, de 1920, quando se fortalece a ideia da revisão constitucional, encara com precisão as novas realidades do direito constitucional, estuda e examina com extensão o problema da autonomia municipal, no quadro de um federalismo em transformação.

Frequente tem sido a comparação entre os livros *O Poder Judiciário*, de Pedro Lessa, e *O Poder Executivo na República Brasileira*, de Aníbal Freire, assinalada na *História da Inteligência Brasileira*, de Wilson Martins. Publicados com a diferença de apenas um ano, pode-se especular se Aníbal Freire não foi influenciado pela obra de Pedro Lessa, no empenho de analisar o outro Poder da República, que tanta importância ganhara no novo regime político.

O livro de Pedro Lessa obedece à forma de comentários aos dispositivos constitucionais pertinentes, enquanto o de Aníbal

---

17 A. Freire, *Conferências e Alocuções*, p. 60.

Freire segue uma ordem mais sistemática, mas na substância e na orientação doutrinária ambos têm muitos pontos de semelhança.

No prefácio do livro, Pedro Lessa expende conceitos que poderiam ser aplicados a outra obra, como reveladores do mesmo espírito que os inspirava:

Esforcei-me por penetrar o sentido dos textos constitucionais com o auxílio dos princípios da doutrina e dos ensinamentos da jurisprudência. E como a doutrina entre nós por enquanto tem um número quase nulo de expositores, e a jurisprudência, incipiente e vacilante, pouco subsídio, ou amparo, pode prestar, forçoso me foi recorrer aos comentadores e aos julgados do país cujas instituições políticas serviram de modelo às nossas, os Estados Unidos da América, valendo-me também, não raro, dos exegetas e da jurisprudência de uma nação que nos precedeu no perfilhar os lineamentos principais da obra de Hamilton, Madison e Jay, a República Argentina[18].

Referia-se, em seguida, ao objetivo do livro:

Dado o grande número de brasileiros que hoje condenam as vigentes instituições políticas, e pedem que sejam alteradas ou mesmo suprimidas, em benefício das liberdades políticas e da moralidade administrativa, creio que todo tentame no sentido de contribuir para as fazer conhecidas representa um esforço digno de apreço, pois a verdade é que os males, que lhes costumamos atribuir, decorrem, não da sua observância, mas da falta de conhecimento e aplicação das mesmas. Cumprem-se e aplicam-se frequentemente as normas legais do sistema presidencial e do regime federativo com o espírito embebido nas ideias do regime e do sistema opostos.

Antes de modificarmos ou eliminarmos a nossa lei fundamental, aconselha a mais elementar prudência que cuidemos de a conhecer e aplicar. Só assim lograremos ver com segurança e nitidez onde está o mal e o que cumpre diligenciar para o extinguir[19].

O *Poder Executivo na República Brasileira* obedece às mesmas condições de clareza e concisão que foi o apanágio de sua atividade intelectual, e se intitula modestamente de "notas de política constitucional" a revelar, sobretudo, que ele bem entendia que o trabalho não segue apenas as linhas normais do direito

---

18 P. Lessa, *Do Poder Judiciário*, p. 1.
19 Idem, p. 2.

público, mas se adentrava também nos estudos de política e, em certos pontos, da sociologia e da economia. Acrescentava ademais que tal trabalho fora-lhe "sugerido pela campanha revisionista ultimamente agitada justamente no capítulo que serve de tema às mais acirradas controvérsias".

Não o movia, entretanto, nenhuma preocupação de caráter pessoal e concluía de forma modelar:

> O pessimismo, malsão da parte de uns, pedante da parte de outros, compraz-se no pernicioso e deprimente critério de desenhar a vida das instituições republicanas com as mais sombrias cores. A simples lição dos fatos mostra o exagero dessa orientação. Por isso mais do que nunca compete aos que têm fé na República presidencial e não descreem do nosso povo, das suas energias cívicas e das poderosas reservas morais, contribuir com qualquer esforço para conter a injustiça e salientar a verdade.

Aníbal Freire nasceu na cidade de Lagarto, no estado de Sergipe, em 7 de julho de 1884, filho de Antônio Cornélio da Fonseca e de dona Júlia Freire da Fonseca. O pai era advogado provinciano, e era seu tio materno Laudelino Freire, famoso filólogo e dicionarista. Inscrevia-se assim na estirpe de grandes sergipanos que se destacaram no cenário intelectual do Brasil: antes dele, Tobias Barreto, Sílvio Romero, João Ribeiro e o seu tio materno e, com os seus contemporâneos, as figuras de Gilberto Amado e Jackson de Figueiredo.

Aníbal Freire fez os cursos preparatórios no Estado Natal, no Ginásio Sergipano e no Ateneu Sergipano. Revelando desde logo a vocação irresistivelmente voltada para os estudos jurídicos, encaminhou-se à Faculdade de Direito da Bahia, e posteriormente à do Rio de Janeiro, para afinal se diplomar na Faculdade de Direito do Recife, em 1903, aos dezenove anos, antes da maioridade.

Pode, assim, dizer João Neves da Fontoura que

três faculdades de direito contribuíram para a formação jurídica de vosso espírito, ávido de saber em tão verdes anos: a da Bahia, onde, entre outros, aprendestes as lições de Filinto Bastos; a do Rio de Janeiro, que vos familiarizou com vida da metrópole; finalmente a do Recife, em que recebestes grau, ainda antes da maioridade[20].

---

20 Apud ABL, *Discursos Acadêmicos*, v. XII, p. 132.

As duas primeiras faculdades eram livres, instituídas sob a égide da reforma Benjamim Constant, e das facilidades oferecidas à criação de novos cursos de direito. Numa e noutra não devia o ensino ser muito alentador, e o aprendizado de direito se fazia muito mais pela leitura dos livros, no contato com os colegas, nos grêmios acadêmicos do que, propriamente, na assistência às aulas.

A figura de Filinto de Bastos, na Bahia, desembargador da província, assinalada por João Neves da Fontoura, segundo os depoimentos da época, aprecia, realmente, corresponder a de um verdadeiro mestre. Em Recife, na mística de "pardieiro glorioso" da época de Tobias Barreto, o ambiente não devia diferir. Em outro trabalho, tentei caracterizar a época:

> A Faculdade de Direito do Recife passava então pelos últimos lampejos do grande movimento que foi a Escola do Recife; a *Memória Histórica de Phaelante da Câmara*, de 1903 (o mesmo ano da formatura de Aníbal Freire), tão elogiada, escrita ainda no estilo retórico e gongórico, próprio da escola condoreira, revelava já o marasmo que retornava. Clóvis Beviláqua já fora chamado por Epitácio Pessoa para redigir o Projeto do Código Civil. E é da época um documento importante que é o saboroso livro de Gilberto Amado, *Minha Formação no Recife*[21].

Mas um intenso ambiente intelectual que permeava a vida do estudante de direito, numa cidade como o Recife, iria marcar a formação do jovem sergipano.

Diria João Neves da Fontoura da chegada do jovem estudante ao Recife:

> Assim, sr. Aníbal Freire, naquela noite de 1904, quando, de bordo do pequeno barco que ganhava as águas do Lamarão, contemplastes as primeiras luzes da cidade tremulante refletidas nos canais da Veneza brasileira, era como se voltásseis à Terra da Promissão depois de uma longa e insuportável ausência. Desde aquela hora, vos tornastes um pernambucano, palpitando com todos os anseios da grande província, cujo estilo peculiar de vida adotastes sem reservas. E já lá estais seis anos depois alcançando por concurso o lugar de lente substituto da seção de economia política, finanças e direito administrativo[22].

---

21 A. Venancio Filho, *Das Arcadas ao Bacharelismo*, p. 263.
22 Em ABL, *Discursos Acadêmicos*, v. XIII, p. 263.

Após a formatura, Aníbal Freire iria inicialmente desempenhar as funções de secretário geral do Estado de Pernambuco, elegendo-se em seguida deputado estadual, filiado à corrente liderada pelo conselheiro Rosa e Silva, futuro sogro.

Ingressaria também no *Diário de Pernambuco*, que obedecia à direção desse líder político. Passando a pertencer posteriormente ao quadro docente da Faculdade de Direito de Recife, pôde assim afirmar João Neves que teve Aníbal Freire duas cátedras, a do jornalismo e a do magistério jurídico, destacando que foi "um dos nossos grandes jornalistas doutrinários do começo deste século"[23].

A análise do regime oligárquico da República Velha ainda não foi feita com isenção e imparcialidade; mas entre os méritos que lhe devem ser atribuídos, deve-se assinalar o de trazer para a vida pública os melhores elementos do meio intelectual. A fidelidade de Aníbal Freire ao conselheiro Rosa e Silva foi sempre exemplar: sofreu os azares de ostracismos e aguentou as agruras do afastamento da vida pública. De sua vida conjugal são inúmeros episódios que se relatam. Timbrou em se casar com separação de bens com uma senhora rica, que lhe poderia deixar fortuna considerável. Quando desejou ela fazer testamento, por ocasião de doença, pois de outra forma os bens voltariam ao conselheiro Rosa e Silva, Aníbal Freire se opôs categoricamente. Depois da morte da esposa, foi ele à casa do conselheiro Rosa e Silva e levou tudo que a esposa havia deixado, não só os títulos e ações que possuía, mas também as joias e objetos de valor.

Em 1907 faz concurso e é nomeado lente substituto da Faculdade de Direito do Recife na seção de Economia Política, Finanças e Direito Administrativo. Contendeu contra Hercílio de Souza, ele, jovem bacharel em direito, aquele, ilustre professor e já em exercício na faculdade. As ligações políticas do jovem sergipano devem ter contribuído para a sua vitória, mas é inegável que se destacou no concurso como conhecedor profundo da especialidade, de que dá prova a excelente prova escrita "Banco e Suas Espécies: Quais os Perigos a que se Expõem os Bancos que Comanditam Diretamente as Indústrias", onde se nota um

---

23 Idem, p. 133.

perfeito conhecimento da doutrina econômica, as suas ligações com o direito e um espírito lógico de argumentador experiente[24].

É famoso o episódio da primeira aula, e da atitude dos companheiros do curso acadêmico que não compreendiam que ele aparecesse de súbito na função docente. Ao assumir a cátedra, na bancada dos estudantes, os rapazes estavam munidos com folhas de papel para fixar os equívocos em que ele incorresse e os erros cometidos. Aníbal Freire percebeu a atitude, mas permaneceu tranquilo na sua exposição. E quando terminou uma das lições mais belas que a Faculdade de Direito deve ter ouvido, os estudantes levantaram-se e o aplaudiram veementemente. Estava assim consagrado pelos alunos o grande professor que ele foi durante toda a sua vida.

Aníbal Freire seria eleito deputado em 1924, passando a integrar, de 1922 a 1929, a direção do *Jornal do Brasil*, convidado pelo amigo, conde Pereira Carneiro, e a essa função retornaria de 1937 a 1940 e de 1951 a 1961.

Desse período de afastamento das atividades políticas (1912-1923) dizia ele anos depois que "onze anos de ostracismo suportados em plena mocidade, sem desfalecimentos ou queixas, me premuniram contra decepções e amarguras".

Em 1916, seria provido no cargo de professor catedrático de direito administrativo na Faculdade de Direito do Recife, tendo publicado no mesmo ano sua grande obra jurídica.

O exercício de cargos no Governo Federal se apresentaria quando o presidente Arthur Bernardes, em face do clamor contra a política financeira empreendida por Sampaio Vidal, político paulista na gestão do Ministério da Fazenda, indica-o para ministro, tendo em vista o prestígio que alcançara como membro da Comissão de Finanças da Câmara. Aníbal Freire realizará uma típica política deflacionista, determinando a suspensão de obras públicas, a supressão de cargos e abolindo o pagamento de vantagens a funcionários e gratificações. Nesse período reorganiza a Contadoria Geral da República, mas cabe a ele sobretudo a implantação do imposto geral sobre a renda, que fora instituído na gestão de seu antecessor.

24 A. Freire, em A. Venâncio Filho, Uma Prova de Concurso, *Digesto Econômico*, set./out. 1972.

Disse João Neves de Aníbal Freire que "em cerca de dois anos de esforços, bem orientados as despesas puderam ser comprimidas, reduziram-se o déficit orçamentário e o meio circulante, elevaram-se as taxas de câmbio, avolumaram-se os saldos na balança comercial". Tinha-se a comprovação da justeza de frase enunciada dezoito anos antes, em prova escrita, pelo então candidato a lente da Faculdade de Direito do Recife: "Deve-se atender, porém, a que as circunstâncias econômicas e financeiras não são sempre as mesmas, e mais cedo ou mais tarde a ciência econômica se vinga acerbamente dos que procuram lhe desconhecer os princípios e leis dominadores"[25].

Certa feita, com surpresa recebe o presidente Arthur Bernardes uma carta de demissão assinada por Aníbal Freire. Preocupado, procura saber a razão do gesto e recebe a explicação de que ele não se subordinava a referenciar atos de sua pasta com a assinatura prévia do presidente, pois isso significava quebrar a própria hierarquia. Bernardes compreendeu o escrúpulo e se entendeu com ele para que os atos viessem elaborados do Ministério da Fazenda.

Com a Revolução de 1930, Aníbal Freire, que se incorporara aos adeptos da candidatura Júlio Prestes, não mais retorna ao Poder Legislativo, suas atividades se limitam ao magistério da Faculdade de Direito do Recife.

Em 1938 é chamado pelo presidente Getúlio Vargas para ocupar as funções de consultor da República, onde permanece durante dois anos. O exame dos dois volumes de *Pareceres do Cosultor Geral da República*, dos quais, juntos com votos no Supremo Tribunal Federal, alguns foram reunidos no volume *Pareceres e Votos*, dá bem a medida do saber jurídico de Aníbal Freire. Podendo ser enquadrado entre os juristas que se filiam a uma corrente apolínea, dos que se expressam com concisão e precisão, da estirpe de Teixeira de Freitas, Lafaiete e Clóvis, Aníbal Freire nessa atividade pôde bem revelar suas altas qualidades de conhecedor do direito público, especialmente o direito administrativo. As funções de consultor geral da República já eram assoberbadas pelas inúmeras questões referentes ao funcionalismo, e pôde aí também exercer com grande proficiência o seu magistério.

---

25 Op. cit., p. 133.

Especificamente, os conhecimentos de economia foram utilizados no estudo de várias questões, exemplificativamente os problemas do contrato de comissão mercantil em face do Decreto-Lei 869; os crimes de economia popular; o problema da interpretação do artigo 16 da Constituição de 1937 em face da legislação sobre monopólios e estatização das indústrias.

Nomeado ministro do Supremo em junho de 1940, por onze anos exerceu a judicatura com o mesmo brilho e debaixo dos mesmos aplausos. Seus votos são também modelos de síntese, concisão e espírito jurídico. Caberia ressaltar o proferido em 1945 na decisão de *habeas corpus*, que permitiu o retorno ao Brasil dos líderes políticos exilados Armando Sales Oliveira, Otávio Mangabeira, Paulo Nogueira Filho. Cingindo-se apenas aos aspectos técnicos do processo, sem sensacionalismos, mostrou a envergadura de um grande juiz; ou no julgamento da representação nº 93, logo após a entrada em vigor da Constituição de 1946, arguindo de inconstitucionalidade alguns dispositivos da Carta Constitucional do Ceará. Sobre esse voto diria o ministro Ozorimbo Nonato: "Memorável voto, exemplar inexcedível de clareza, elegância e concisão". Também na representação nº 94, sobre a inconstitucionalidade de alguns dispositivos de caráter parlamentarista da Constituição do Rio Grande do Sul, diria também em seu bojo:

> Não nos precisamos orientar por doutrinas. As doutrinas elucidam, clarificam, ilustram os debates; as ideias são como estuários em que a verdade reflui. Mas na hipótese temos de ficar adstritos à Constituição. Num caso como no outro é somente a Carta Magna que há de inspirar as nossas decisões.
>
> Presidencialista sou; fui no apogeu da carreira política; presidencialista me mantive no ostracismo a que as vicissitudes da carreira partidária conduzem. Mas, juiz, não posso ficar preso aos princípios e doutrinas que preferi na vida política. Tenho que me confiar apenas na índole, no espírito da sistemática da Constituição, embora isso contrarie ou possa contrariar as tendências do meu espírito[26].

E ao deixar a Corte Suprema, em 1951, na alocução em que se despediu dos seus pares, voltaria à matéria:

---

26 Aníbal Freire, *Pareceres do Consultor Geral da República*, p. 307.

A Constituição de 1946 reservou ao Supremo Tribunal Federal situação de incontestável relevo no mecanismo das instituições. Foi ele submetido à dura prova na aplicação imediata do texto referente à intervenção federal e pôde ufanar-se, sem ostentação e com desvanecimento, da solução do problema, ligado tão de perto à inteireza e eficiência do regime. De ânimo desprevenido, indiferente aos interesses em conflito, não encarando as personagens envolvidas, o Supremo Tribunal assegurou em arestos sucessivos a aplicação exata da lei magna[27].

Voltaria então às atividades de diretor do *Jornal do Brasil* e poderia se dedicar ao preparo de inúmeros trabalhos. Eleito em 1948 membro da Academia Brasileira de Letras, profere o elogio de Roberto Simonsen, destacando os méritos desse ilustre economista e homem de empresa. Na Academia proferirá aulas de valia, sobre os historiadores do século xx, sobre a oratória parlamentar no Segundo Reinado, bem como sobre José Veríssimo e o objetivismo crítico, além do discurso de recepção a Assis Chateaubriand. Por ocasião do centenário de nascimento de Amaro Cavalcanti proferira oração na Ordem dos Advogados do Brasil.

O livro *O Poder Executivo na República Brasileira* tornou-se, desde logo, obra de consulta obrigatória. Gilberto Amado chamou-o de "clássico das letras jurídicas", e Victor Nunes Leal a ele fez referência como "um notável estudo"[28]. Levi Carneiro, fazendo o necrológio de Aníbal Freire na Academia Brasileira de Letras, diria que "estimaria ver, ainda hoje, nas mãos dos que estudam essa matéria relevantíssima, para se afeiçoarem a seus grandes princípios fundamentais"[29]. E José Honório Rodrigues acrescentaria:

É uma obra-prima do pensamento jurídico-político brasileiro. Filia-se e está na mesma ordem de grandeza do *Direito Público Brasileiro*, de J. A. Pimenta Bueno, Marquês de São Vicente. É uma obra original, singular, única. Se não é um exame completo da Constituição, é um exemplo de raras vezes em que um jurista brasileiro, com base na experiência constitucional brasileira, nos exemplos políticos

---

27 A. Freire, *Conferências e Alocuções*.
28 V. Nunes Leal, Uma Lição de Equilíbrio, *Jornal do Brasil*.
29 Em *Aníbal Freire, In Memoriam*, p. 9.

brasileiros, no pensamento político brasileiro, na obra parlamentar e dos publicistas, analisa a realidade do Poder Executivo[30].

O livro se conservou como trabalho praticamente único sobre a matéria, e o seu exame teria sido extremamente útil ao nosso pensamento constitucional, sobretudo na fase de reconstitucionalização.

A República seria, na verdade, o predomínio do Poder Executivo, e os vícios do sistema eleitoral reforçariam a estrutura autoritária. A predominância tida pelo Poder Legislativo no Império se ofuscara; na síntese de Rodrigo Melo Franco de Andrade,

a partir, porém, da Proclamação da República, a influência do Parlamento se reduz pouco a pouco, não apenas em consequência da adoção do regime presidencial, mas também pela transformação da mentalidade dos membros do Congresso Nacional, interessados sobretudo na renovação de seus mandatos. Ao cabo de alguns anos de vigência das instituições republicanas, tinha-se a impressão no Brasil de que o Poder Legislativo era exercido pelos congressistas por delegação mais ou menos tolerante do Poder Executivo. A história política e administrativa do país, desde por volta de 1910, pode ser escrita circunstanciadamente, de presidência, quase sem referência alguma ao Congresso Nacional, cuja ação teve, de fato, importância ponderável no decurso de todo o período[31].

De fato, se até 1910 o Congresso ainda tinha posição de certo destaque – mencione-se, apenas, o episódio efêmero mas significativo do Jardim de Infância –, as grandes presidências que se sucederam à consolidação política de Prudente de Morais, como a de Campos Sales, Rodrigues Alves e Afonso Pena estariam a indicar o pleno apogeu do regime republicano.

Mas a ascensão ao poder do marechal Hermes da Fonseca, com o insucesso eleitoral da campanha civilista, iria colocar em questão a validade do regime. Os excessos da presidência Hermes da Fonseca só vieram reforçar essa convicção. Pode-se mesmo aventar a hipótese de que o livro de Aníbal Freire foi uma tentativa de restabelecer a verdadeira essência do regime

---

30 Em *Aníbal Freire, In Memoriam*, p. 11.
31 *Rio Branco e Gastão da Cunha*, p. 12.

presidencialista; as referências no livro são bastante expressivas ao impacto que tais eventos proporcionaram; mencionaria "os desvios da razão e do bom senso que encheram a história do último quadriênio" ou

os sucessos políticos de há quatro anos, que enxovalharam a nação e alarmaram a consciência pública, deram aos Estados a feição de verdadeiros escravos do Executivo, diante de cuja arrogância os mais fortes lutavam até o sacrifício e os fracos cediam aos primeiros impulsos da ação presidencial[32].

Evidentemente não poderia ainda se refletir na obra do professor do Recife o impacto que representou na vida brasileira o fenômeno da Primeira Guerra Mundial, mas a tentativa plenamente sucedida de, com base na melhor doutrina e na jurisprudência pátria, estabelecer a posição do Poder Executivo no contexto do presidencialismo brasileiro poderia contribuir para o revigoramento do país.

Impressiona, desde logo, o domínio completo da bibliografia existente, que no livro aparece sem excessos, nem demasias, na exata medida, esclarecendo um pormenor, indicando uma peculiaridade, e remetendo-se ao direito comparado, num dos exemplos mais adequados que conhecemos.

A bibliografia se encontra repartida entre os autores europeus, franceses, italianos, ingleses, sobretudo, mas também portugueses, argentinos e uruguaios, bem como referências ao que de mais importante fora publicado no Brasil. Em relação aos primeiros, Duguit, Dareste, Jèze, Barthélemy; entre os italianos, Meucci; entre ingleses, Dircey, Tenks, Bryce; entre os norte-americanos, Beard, Campbel Mason, Charles Haines, Cooley, Goodnow, Story, Wilougby, Wilson.

Wilson Martins apontou com acerto que a obra de Aníbal Freire representaria o influxo das ideias norte-americanas, espelhadas ainda em 1917 pela tradução do opúsculo de Woodrow Wilson, *O Presidente dos Estados Unidos*, e por *Impressões dos Estados Unidos*, de Rodrigues Doria, impresso na Bahia.

A influência argentina, tão presente no início da República, irá se exercer através das obras de Gancedo, Agustín de Vidia,

---

32 A. Freire, *O Poder Executivo na República Brasileira*, p. 110.

Barraquero, Matienzo e Perfecto Araya, e nas constantes remissões que se fazem à experiência do país vizinho.

Na bibliografia brasileira, são mencionados praticamente todos os autores que trataram da matéria: Amaro Cavalcanti, João Barbalho, Felisbelo Freire, Henrique Coelho, Pedro Lessa, Rui Barbosa e Viveiros de Castro. Merece indicação o fato de que não sejam mencionadas as obras de Alberto Torres, embora as duas principais, *O Problema Nacional Brasileiro* e *A Organização Nacional*, foram publicadas em 1914. A conclusão é de que a obra do pensador fluminense não alcançou de imediato a repercussão que obteria mais tarde.

A presença doutrinária de Rui Barbosa é também bastante clara em muitos momentos, dizendo que ele "escreveu, já com a autoridade que o progressivo desenvolvimento das suas maravilhosas aptidões e o cunho imperecível dos seus trabalhos transformaram em verdadeiro pontificado na jurisprudência constitucional brasileira", seja no verberar os excessos das assembleias populares, seja no discutir as questões fundamentalmente políticas, seja no indicar a predominância da influência do direito norte-americano, seja ainda no contestar a soberanos dos estados.

A atualidade da obra é expressiva: a obra de Charles Beard – *The Economic Interpretation of the Constitution of the United States* – editada em 1914, é comentada com pleno conhecimento de causa, inclusive adiantando uma discordância com a transposição do exemplo norte-americano para o nosso país. Diria Aníbal Freire:

parece-nos que não nos é possível adotar idêntico critério na análise da Constituição brasileira. De banqueiros só havia dois na Constituinte de 1891, Mayrink e o Conde de Figueiredo. Por certo muitos dos congressistas dispunham de fortunas, mormente os que, embora titulados, exerciam atividade agrícola e industrial, principalmente em São Paulo, Minas e Rio de Janeiro. Mas nenhum pensamento de ordem pessoal dominou nas deliberações ou sequer nos debates da Assembleia.

A única e valiosa questão econômica que despertou a atenção da Constituinte, a da discriminação das rendas públicas, girou em torno de princípios e de ideias de cada um dos antagonistas. Nem mesmo se pode afirmar com segurança que o debate se tenha desenvolvido em torno da distinção entre os estados do Norte e do Sul, pois esta se manifesta de preferência em questões fundamentais políticas[33].

E mais adiante:

Não dominou a Assembleia [Constituinte] a preocupação de classes nem de facções. Implantada decisivamente a República pelo exército e feita a eleição da Constituinte sob um governo de militar, as Forças Armadas, de onde saíram em leva os defensores dos novos ideais, não tiveram nela mais de quarenta e sete representantes, dos quais trinta e cinco do Exército e doze da Armada.
Não houve representantes de quase todas as classes sociais. A maioria dos congressistas compunha-se de bacharéis em direito, advogados e magistrados. O número de médicos era também avultado, não assim o dos engenheiros civis. De professores das faculdades de ensino superior, havia quatro de direito, entre eles José Higino, que foi incontestavelmente um dos líderes da Constituinte, e dois de medicina. Jornalistas profissionais, que sempre viveram da imprensa e para a imprensa, destacavam-se alguns, que tiveram posição preponderante na Assembleia[34].

O livro é assim a súmula precisa de análise do poder executivo, dentro de um regime presidencialista como o que se pretendia realizar. A obra é dividida em onze capítulos: "Da Divisão dos Poderes no Direito Federal"; "Do Poder Executivo, sua Organização e Tendências"; "Da Eleição do Presidente e do Vice-Presidente"; "Das Atribuições do Poder Executivo"; "Dos Ministros de Estado"; "Da Responsabilidade do Presidente da República"; "Das Relações entre o Poder Executivo e o Congresso"; "Das Relações entre o Poder Executivo e o Judiciário"; "Das Relações entre o Poder Executivo e os Estados"; "A Constituinte de 1891"; "Sistema Constitucional Brasileiro, Objeções e Vantagens". Tem-se assim uma ideia precisa da melhor doutrina, interpretação da jurisprudência e da hermenêutica sobre os pontos principais desse importante capítulo do direito constitucional brasileiro. Em nenhum momento perde a visão exata da realidade das coisas, pois logo no início verbearia o autor "a fantasia arbitrária dos ideólogos". O capítulo inicial

33 Idem, p. 120.
34 Idem, p. 121.

como o capítulo final são aqueles onde mais sobressaem as altas qualidades da obra, e a sua capacidade de síntese e concisão.

Não teve o autor a pretensão da originalidade e de trazer contribuição nova, mas perpassa por todo o livro a visão precisa de um autor que sedimentou lentamente os seus conhecimentos e pôde apresentar, como súmula de sua reflexão, as páginas de sua obra.

O trabalho revela, ademais, uma dose avantajada de realismo, evitando os arroubos reformistas. Leia-se, por exemplo, esse trecho:

> Liga-se a ânsia reformadora radical às depressões de toda ordem, consequentes à crise financeira que aflige o país. Querer resolver as questões financeiras com a adoção de medidas substancialmente políticas é inverter a ordem natural do problema. A reforma da constituição viria de um só jato extinguir a crise e reinstaurar uma nova era? Em toda parte os fatos políticos obedecem às fatalidades dos fenômenos econômicos. A situação financeira presente é uma questão essencialmente de ordem prática de causas notórias, e cuja solução se traduz em utilizar convenientemente os nossos favoráveis elementos econômicos e prosseguir na execução de uma política financeira, severa na economia e prudente nos impulsos da ação governativa. Jungi-la à transformação das bases fundamentais do regime é não querer compreender a natureza das coisas, tão límpida e clara.

Assim, atual, numa fase de profundas transformações políticas e institucionais, a leitura do livro de Aníbal Freire pode constituir fonte de ensinamentos a orientar a reconstrução constitucional, sobretudo porque a cada passo ele nos chama para a realidade, mostrando que o que tem faltado em nossos regimes políticos é a adequada execução dos princípios constitucionais. E com essa lição de sabedoria encerra o livro:

> Tal é, em suas linhas gerais, o sistema vigente. Podem-se-lhe apontar imperfeições e deficiências, das quais nenhum regime até hoje logrou escapar. Mas não há negar que ele constitui um trabalho ingente de alta soberania, de descortino e de sugestivo interesse patriótico. Para sua conservação se faz mister que, senão que o executem lentamente, obedecendo à diretriz que o inspirou e lhe anima a existência e a duração, através de todos os embaraços e incertezas.

DO ESTADO FEDERADO
E SUA ORGANIZAÇÃO MUNICIPAL

A Constituição de 1891 trouxe em seu bojo a adoção do regime federalista. Embora pela primeira vez na prática se tentasse entre nós a introdução desse sistema, constituía ele reivindicação que nascera com os primórdios da nacionalidade, como nos dá conta a síntese histórica de Levi Carneiro "O Federalismo e suas Explosões"[35]. Entretanto, a partir do Ato Adicional, e como reação da lei interpretativa de 1840, o movimento ganharia contornos mais precisos para afinal constituir a reivindicação, que levaria de roldão o próprio regime monárquico. É sabido, por exemplo, que Rui Barbosa tornara-se federalista antes de ser republicano, e só quando se convenceu de que não seria possível a sua adoção, nem mesmo na versão mitigada proposta pelo visconde de Ouro Preto, que aderiu afinal à ideia da República.

Em 1870, por coincidência, divulgam-se dois documentos que caracterizam a evolução doutrinária da ideia, até a total acolhida: o livro *A Província*, cujo título já é significativo – de Aureliano Cândido Tavares Bastos –, e o *Manifesto Republicano*. O livro de Tavares Bastos é uma apologia da ideia da descentralização e da necessidade de o país encontrar na forma federativa o caminho para a sua evolução política.

Num dos trechos mais exaltados, Tavares Bastos declara:

Não menos arriscada do que monstruosa é essa apoplexia no centro e paralisia nas extremidades, de que falava Lamennais. A centralização – quem pode duvidá-lo? – não desvia, antes precipita as tempestades revolucionárias. Absorvendo toda a atividade nacional, assume o poder uma responsabilidade esmagadora. Corrompendo a nação, corrompe-se a si mesmo: mais e mais inferior à sua tarefa ingente, vê recrescerem os perigos na razão da sua debilidade. É o réu de todas as causas perdidas; é o autor suposto de todas as desgraças; a miséria doméstica, a ruína pública lhe são atribuídas: e a História não raras vezes confirma a indignação dos contemporâneos[36].

---

35   Em *Revista do Instituto Histórico e Geográfico Brasileiro*, tomo especial, 1916.
36   *A Província*, p. 19.

Na mesma linha, seria a orientação do *Manifesto Republicano* e caberia um estudo sobre o paralelismo entre as ideias de *A Província* e alguns trechos do *Manifesto*.

Assim examinava o *Manifesto* a questão:

> No Brasil, antes ainda da ideia democrática, encarregou-se a natureza de estabelecer o princípio federativo. A topografia do nosso território, as zonas diversas em que ele se divide, os climas vários e as produções diferentes, as cordilheiras e as águas estavam indicando a necessidade de modelar a administração e o governo local acompanhando e respeitando as próprias divisões criadas pela natureza física e impostas pela imensa superfície do nosso território.
>
> Foi a necessidade que demonstrou, desde a origem, a eficácia do grande princípio que embalde a força compressora do regime centralizador tem procurado contrafazer e destruir.
>
> Nenhum interesse tinha a Monarquia portuguesa, quando se homiziou no Brasil, para repudiar o sistema que lhe garantira, com a estrangulação dos patriotas revolucionários, a perpetuidade do seu domínio nesta parte da América. A divisão política e administrativa permaneceu, portanto, a mesma na essência apesar da transferência da sede monárquica para as plagas brasileiras.
>
> A independência proclamada oficialmente em 1822 achou e respeitou a forma da divisão colonial.
>
> A ideia democrática representada pela primeira Constituinte brasileira tentou, é certo, dar ao princípio federativo todo o desenvolvimento que ele comportava e de que carecia o país para poder marchar e progredir. Mas a dissolução da Assembleia Nacional, sufocando as aspirações democráticas, cercou o princípio, desnaturou-se, e a Carta outorgada em 1824, mantendo o *status quo* da divisão territorial, ampliou a esfera da centralização pela dependência em que colocou as províncias e seus administradores do poder intruso e absorvente, clave do sistema, que abafou todos os respiradouros da liberdade, enfeudando as províncias à corte, à sede do único poder soberano que sobreviveu à reina da democracia.
>
> [...]
>
> A autonomia das províncias é, pois, para nós, mais do que um interesse imposto pela solidariedade dos direitos e das relações provinciais, é um princípio cardeal e solene que inscreveremos na nossa bandeira[37].

---

37 Manifesto Republicano, em D. Menezes (org.), *O Brasil no Pensamento Brasileiro*, p. 498.

Desse modo, quando da proclamação da república, já se formara uma consciência da necessidade de sua adoção e dos resultados profícuos que no norte obtivera o sistema do federalismo. Mas ainda não se aprendera em toda a sua extensão o mecanismo institucional que permitiria a implantação da ideia em toda a sua extensão. Foi novamente o conhecimento profundo de Rui Barbosa, versado nas obras dos constitucionalistas norte-americanos, que deu os primeiros contornos à ideia na revisão e reforma da Comissão dos Cinco. A discussão na Assembleia Constituinte é altamente expressiva, ao defrontarem-se as correntes adeptas de um federalismo extremado e aqueles que chegavam às raias de um regime unitário. O debate, por exemplo, da discriminação das rendas estaduais indica bem os dilemas com que se defrontava a nação nessa tentativa de sua reorganização política.

Caberia assim à doutrina constitucional elaborar e desenvolver esses conceitos para que o país pudesse encontrar os seus caminhos institucionais. Mais uma vez, Rui Barbosa, sem um plano sistemático e ao sabor das circunstâncias, irá contribuir decisivamente para o desenvolvimento dessa doutrina que, pela profundidade e pela extensão, não encontra exemplo em nossa doutrina constitucional, estando hoje reunidos em seis volumes organizados por Homero Pires. Na mesma trilha começam a surgir os comentários à Constituição, no estilo exegético que tem sido uma das características de nossa doutrina jurídica.

O primeiro trabalho sistemático em relação à doutrina federalista só apareceria em 1900, com a obra de Amaro Cavalcanti, *Regímen Federativo e a República Brasileira*. Vinte anos mediaram até que surgisse o trabalho de José de Castro Nunes: *Do Estado Federado e sua Organização Municipal (História, Doutrina, Jurisprudência, Direito Comparado)*, que, desde logo, se consagrou como trabalho completo e definitivo sobre a matéria, muito embora ficasse, como tantas obras do pensamento político da época, em única edição, toda esgotada, de difícil acesso às novas gerações de estudiosos e de universitários. O livro passou a ser de consulta obrigatória até os nossos dias, a ele se referindo da forma mais elogiosa dois dos destacados publicistas contemporâneos. Victor Nunes Leal afirma que Castro Nunes "é um dos autores que mais proficientemente tem versado as questões do direito municipal do país"[38], enquanto Raymundo Faoro aponta que "esse importante livro é a fonte mais autorizada e minuciosa do sistema legal dos municípios"[39].

O autor nascera em Campos em 15 de outubro de 1882, filho de um advogado, João Francisco Leite Nunes, que se destacou em sua terra, e sobre o qual o filho traçaria perfil comovente no volume *Alguns Homens do Meu Tempo*. Bacharelou-se em 1906 na Faculdade de Ciências Jurídicas e Sociais do Rio de Janeiro, numa turma "numerosa", no dizer de Pedro Calmon, e da qual faziam parte Álvaro Goulart de Andrade, que também chegou ao Supremo Tribunal Federal; Alberto Biochini e Helvécio da Silva Gusmão, que se destacariam na advocacia; no magistério, Júlio Veríssimo Sauerbrounn Santos; e, na diplomacia, Lucílio Bueno e Pedro Leão Veloso, este último vindo a ocupar o cargo de ministro das Relações Exteriores. Ainda estudante, exerceu o magistério e publicaria o livro *Lições de Física*, ministradas no Externato do Ginásio Nacional pelo catedrático Nerval de Gouvêa, por ele compiladas e aumentadas de notas explicativas. Trabalhou, ainda estudante, como auxiliar de escritório de Carlos de Campos, vindo a conhecer aí também Alfredo Bernardes, Carvalho Mourão e Rodrigo Otávio.

No primeiro Congresso Jurídico Brasileiro, organizado pelo Instituto dos Advogados Brasileiros em 1908, comemorativo do centenário da abertura dos portos, relataria a tese: "Respeitados os princípios constitucionais em que termos e sobre que bases se pode estabelecer a unidade do processo".

Com estilo conciso, que seria sempre característica de sua produção doutrinária, Castro Nunes se manifestaria firmemente adepto da solução unitária, mostrando a compatibilidade com o regime federativo.

Em relação ao título de Castro Nunes, *Do Estado Federado e sua Organização Municipal*, Levi Carneiro apontou certa impropriedade, pois, segundo ele, pouco trata do Estado Federado propriamente dito, sendo assim um estudo sobre a organização do município de modo genérico, e concluía:

38 *Problemas de Direito Público*, p. 324.
39 *Os Donos do Poder*, p. 656.

o que recomenda, principalmente, o livro é a sua minúcia, a sua exatidão, a sua fidelidade, referindo todos os documentos publicados entre nós – mesmo os que lhe contrariaram as teses, analisando e criticando inteligentemente, segundo o método histórico e comparativo, peculiar aos estudos jurídicos mais adiantados. Constitui, pois, subsídio precioso ao estudo, até agora mal orientado, dos problemas municipais entre nós; enquadra-os devidamente na organização geral do Estado, confrontando-os com as normas constitucionais e as mais recentes legislações estrangeiras; discute, compendia, sumariza todas as questões fundamentais[40].

A síntese de Levi Carneiro constitui, de fato, apresentação exata do trabalho de Castro Nunes, cumprindo, apenas, editar um comentário sobre a originalidade, no sentido de examinar em extensão o problema do município, sem cair nos extremos de uma autonomia extremada, incompatível com o caráter de nossa federação, mas justificando o comentário de Victor Nunes Leal de que "Castro Nunes nunca morreu de amores pela autonomia municipal"[41].

Castro Nunes confessa, modestamente, que o trabalho nasceu de um arrazoado forense, em causa submetida ao Supremo Tribunal Federal, vindo daí a ideia de ampliar o estudo, dando-se a forma de monografia. Diria ele:

os problemas da organização municipal são os que oferecem maior interesse nessa ordem de estudos. Demarcam a região tormentosa, a mais agitada das controvérsias, sem dúvida a mais difícil entre nós, a mais fértil em soluções judiciais, na esfera do direito público dos estados[42].

Diria, ademais, que

o autor não teve para guiá-lo nenhum modo, socorrendo-se das obras americanas, francesas e italianas e dos comentadores argentinos, sobre os diversos aspectos da matéria, sem todavia perder de vista que era indispensável fazer obra nacional fiel às nossas peculiaridades do método, na doutrina e nas soluções[43].

---

40 *Problemas Municipais*, p. 12.
41 *Problemas de Direito Público*, p.324.
42 J. de C. Nunes, *Do Estado Federado e Sua Organização Municipal*, p. 17.
43 Idem, ibidem.

O livro, em sua introdução, parte de um estudo geral do estado e do município, mostrando a evolução histórica do município brasileiro, para destacar o equívoco de pretenderem dar-lhe uma autonomia jamais havida, e conclui que: "No Brasil Colônia como no Brasil Reino, a constituição municipal era planta exótica que nunca chegou a criar sólidas raízes no solo brasileiro"[44].

Na primeira parte é discutido o problema da autonomia municipal e sua relação com o regime federativo, detendo-se especialmente nos trabalhos da Constituinte de 1891, e na elaboração do artigo 68, que reservara ao município a autonomia nos assuntos de seu peculiar interesse. A parte segunda é dedicada ao estudo do estado federado, examinando-se, especialmente, se a autonomia municipal seria um daqueles princípios constitucionais da União; a parte terceira é dedicada ao estudo da organização municipal, concluindo com um estudo de direito comparado sobre o regime local em vários países.

O trabalho de Castro Nunes é assim um judicioso estudo da nossa organização constitucional e um importante texto do pensamento político da República. De 1920 aos nossos dias, o regime federativo sofreu profundas transformações, passando daquela estrutura dual para um tipo de federalismo cooperativo, sobre o qual escreveu páginas de extrema atualidade um jovem jurista, Márcio de Carvalho Bergstrom Lourenço Filho, no livro *Do Fundo Rodoviário como Padrão do Federalismo Cooperativo*. A própria obra jurídica de Castro Nunes se enriqueceu e se ampliou. Em 1922 publicava *As Condições Estaduais do Brasil* e em 1926 ganhava o prêmio do Instituto dos Advogados Brasileiros com o trabalho *A Jornada Revisionista*, obra extremamente importante no processo de reforma da Constituição de 1891. Juiz Federal, em 1931, foi um dos artífices da interpretação das novas leis de intervenção do estado no domínio econômico, para a qual deu uma contribuição de excepcional valia.

Nomeado ministro do Supremo Tribunal Federal em 1940, exerceu a mais alta judicatura por nove anos, prosseguindo trabalho pretoriano do qual é exemplo significativo o voto proferido

[44] Idem, ibidem.

no *Habeas corpus* nº 30.235, de 21 de julho de 1948, em que a matéria da delegação de poderes é examinada com rara proficiência.

A sua obra doutrinária se orientou mais para os problemas do direito processual, publicando, em 1937, *Do Mandado de Segurança e de Outros Meios de Defesa contra Atos do Poder Público*; *Teoria e Prática do Poder Judiciário*, em 1943; e *Da Fazenda Pública em Juízo*, em 1950; e reunindo alguns de seus votos no Supremo Tribunal em *Soluções de Direito Aplicado*, em 1953.

Essas obras foram, muitas delas, reeditadas, ao contrário do volume de 1920, sobre o qual o próprio autor dizia que era "antes um ensaio do que uma obra definitiva"[45] e apontava que "a colaboração da crítica e posteriores aquisições que venhamos a realizar, prosseguindo nos nossos estudos, dar-nos-ão elementos para na edição seguinte apresentar trabalho mais completo"[46].

A atualização do livro, passados quase noventa anos, é perfeitamente dispensável, na medida em que *Do Estado Federado e sua Organização Municipal* retrata um momento da nossa evolução política e constitucional, e no momento em que já expandiu as teses de uma autonomia municipal extremada, quando julgava ele necessário colocar a justa medida do problema. O trabalho de Castro Nunes se coloca como uma das afirmações mais expressivas do nosso pensamento político, produzido por jurista de excepcional valor, que não se limitou ao puro exegetismo do texto legal, mas armando-se de outros instrumentos, entre os quais, no caso uma sólida base histórica, procurou entender a estrutura da nossa formação constitucional, numa base republicana e federativa, como processo adequado para a solidez de um regime político que atenda às necessidades do povo brasileiro.

---

45 J. de C. Nunes, op. cit., p. 18.
46 Idem, ibidem.

3. O Apogeu da República

CARLOS PEIXOTO E O "JARDIM DA INFÂNCIA"

1. Nascimento e Formação Cultural

No dia 1º de junho de 1871 nascia na cidade de Ubá, na Zona da Mata, estado de Minas Gerais, um grande brasileiro. Recebeu na pia batismal o nome de Carlos Peixoto de Melo Filho. Mas a posteridade conservou o nome reduzidamente, a fim de não diminuir a projeção da vida luminosa desse brasileiro.

Ao comemorar em 1959, no Instituto Histórico e Geográfico Brasileiro, o centenário de Pedro Lessa, o professor Edgardo de Castro Rebelo fazia o elogio da formação de grande jurista:

Cindida a sociedade pela escravidão, era entre os filhos de antigos senhores, ou de sua progênie imediata ou distante, entre os filhos de proprietários rurais, na própria burguesia das cidades, que as Academias tinham sua reduzida clientela. Ainda oito anos depois da chamada Lei de Emancipação, em 1879, quando verdadeiramente começa a "campanha abolicionista", há no país, em uma população inferior a três milhões de habitantes, dois milhões de escravos, não computados os ingênuos, descendentes seus que, praticamente, viviam, também, no cativeiro.

Não é, assim, de admirar-se que, ainda nesse tempo, as faculdades de ensino superior, particularmente as de direito, fossem, para muitos, antessalas do parlamento. O brasileiro que lograva concluir o curso de humanidades, transposta a adolescência, passava, quase infalivelmente, a uma das quatro escolas civis de ensino superior, ou às militares, de onde sairia, em grande parte, para a carreira política ou o serviço do Estado. Rico ou remediado, se vinha de longe, e trouxesse ou não da casa dos seus pais para a república, onde havia de alojar-se, o pé-de-meia recheado, recebido entre os soluços e bênçãos da despedida, achava na hospedagem de parentes, de amigos, que o acolhiam, ou mesmo na do correspondente, a continuação da vida de família em que fora criado. Seu caso era, em regra, o mesmo dos outros, em companhia dos quais teria de frequentar a Academia. De "academia" podia-se realmente falar. De academia era a atmosfera das pugnas intelectuais em que se havia de empenhar, ainda quando de natureza política o vivo debate que dividia os lutadores. Estes mesmos diziam-se "acadêmicos", e o nome perdura, a despeito do contrassenso que hoje exprime[1].

Essas expressões aplicam-se à perfeição a Carlos Peixoto, porque na verdade o que fez o autor de *Mauá: Restaurando a Verdade* foi traçar o perfil da juventude acadêmica da época de ambos, e o quadro da formação jurídica da elite política no *Ocaso do Império*.

O ensino jurídico no Império era, no dizer de Joaquim Nabuco, a "antecâmara do Parlamento", mas ninguém atentou para o fato de que o eventual aprendizado não se fazia nas salas dos cursos jurídicos de São Paulo e de Olinda, e depois Recife, e sim nas academias literárias, nos jornais e panfletos políticos, e nas todas boêmias, o que Rui Barbosa definiu com extrema propriedade de "vida acadêmica". Também os observadores não se deram conta de que esse regime só poderia funcionar numa sociedade patriarcal de caráter escravocrata e latifundiária, onde os filhos-família permaneciam numa elevada posição social, não por força de uma educação do tipo superior ou pela aquisição de um diploma de nível profissional, mas pelo próprio condicionamento econômico de classes

---

1 "Pedro Lessa", conferência pronunciada em 25 de setembro de 1959 e publicada na *Revista do Instituto Histórico e Geográfico Brasileiro*, Rio de Janeiro, v. 245, out./dez. 1959, p. 300-301.

privilegiadas, a que o canudo invejado oferecia o instrumento adicional à permanência na posição de elevado *status* social.

Carlos Peixoto não escapou na formação cultural a essa trajetória comum aos jovens de sua época. Filho de Carlos Peixoto de Melo, que fora senador do Império, e de dona Agostina Brandão Peixoto de Melo, pertencentes a tradicionais famílias do estado, fez seus estudos iniciais no Ateneu Mineiro, em Juiz de Fora, concluindo-os com brilhantismo aos treze anos de idade, razão pela qual necessitou de autorização especial do ministro da Justiça para se matricular na Academia de Direito de São Paulo em 1885. A turma nas Arcadas foi das mais brilhantes. Dela participavam João Luís Alves, Edmundo Lins, Mendes Pimentel, Herculano de Freitas, Paulo Prado, Emiliano Perneta, Camilo Soares de Moura, Afonso Arinos, entre outros.

Da vida acadêmica de Carlos Peixoto, como de regra, pouco se sabe, uma vez que então o ensino jurídico em São Paulo se mantinha na linha de marasmo. Comentando o período, destaca Gontijo de Carvalho[2] que Herculano de Freitas e João Luís Alves se ocupavam da imprensa acadêmica nos folhetins literários, e Mendes Pimentel e Edmundo Lins ensaiavam os voos nos domínios da ciência e do direito e eram dos raros que manuseavam as Ordenações do Reino. Em relação aos professores, menciona o ilustre biógrafo João Monteiro, "a vaidade que se fez homem", verboso orador, ídolo dos estudantes, Dutra Rodrigues, Sá e Benevides, Leite de Morais – avô do escritor Mário de Andrade –, Dino Bueno, Mamede e o cônego Andrade, "os dois últimos símbolos de uma geração pretérita"[3].

Sá e Benevides é o professor de direito romano cujas apostilas estão transcritas nos pareceres de Rui Barbosa, como um amontoado de frases sem nexo, no melhor estilo ultramontano[4], e se João Monteiro era o ídolo dos estudantes, provavelmente não repetiria em classe as lições magistrais do seu livro. A definição de Mamede e do cônego Andrade dão bem a medida do que era o corpo docente das Arcadas na época, e

---

2 A. G. de Carvalho, *Estadistas da República*, p. 67.
3 Idem, ibidem.
4 A. Venâncio Filho, O Ensino Jurídico nos Pareceres de Rui Barbosa, *Estudos Universitários*, v. 9, n. 1.

quanto a Dino Bueno, chamado por Gontijo de Carvalho de "didata por excelência", as opiniões são contraditórias.

Na verdade, o ensino do direito nunca alcançou no século XIX altos voos, desde sua criação em 1827 e assim se tem mantido.

11. Passagem pela Vida Municipal e pela Câmara Estadual

Foi assim, com os modestos cabedais hauridos nas Arcadas de São Paulo que Carlos Peixoto retornou à cidade natal. Vivia-se uma fase extremamente significativa para as pequenas comunas de todo o Brasil, que durante o período imperial encontravam-se amordaçadas pela mão poderosa do poder central, e que agora retomavam a sua autonomia e as gloriosas tradições locais.

"Se o federalismo tem como plano básico a descentralização (política e administrativa), seria perfeitamente lógico estender a descentralização à esfera municipal. Não faltaria, aliás, na Constituinte, quem sugerisse que o município está para o estado na mesma relação em que se encontra para a União"[5]. Essa nova situação irá representar, aliás, a transformação do *cursus honorum* da política republicana. No Império, a carreira política se fazia, via de regra, pelo exercício das presidências das províncias as mais diversas, não importando as condições diferentes e que os problemas não guardassem entre si nenhuma relação, provindo os ocupantes de regiões com situações completamente distintas; findo o período, entretanto, estava o político em perspectiva apto a galgar as posições ministeriais, das quais geralmente saía para o Conselho de Estado ou para a vitaliciedade do Senado.

O regime republicano teve, assim, o alto sentido de restabelecer a vinculação da classe política com a terra natal, e era pelo prestígio conquistado nas pequenas comunas, com Minas Gerais pelas suas origens tendo especial importância, que se preparavam os políticos para as funções no âmbito estadual e, mais tarde, no cenário federal.

5 V. Nunes Leal, *Coronelismo, Enxada e Voto*, p. 51.

Assim, Carlos Peixoto recebeu dessa experiência, felizmente, um influxo benéfico, com um período de amadurecimento e consolidação da personalidade, pois uma vez deixada a comuna natal, a sua vida política se processou numa rapidez extraordinária, quatro meses da Câmara Estadual, um curto período de deputação federal, para ser alçado à liderança da Câmara, e dessa posição exercer a presidência da Câmara, em 1907, onde permaneceu até 17 de maio de 1909, tudo isso num espaço de seis anos.

Em Ubá, exerceu a advocacia durante dois anos, adquirindo logo a fama de grande orador, inclusive participando do júri que o colocou diante da rivalidade, na cidade, entre as famílias Soares de Moura e Peixoto de Melo. As lutas de família ainda eram, naquela época, um dado básico de ambiência municipal, provocando ódios e ressentimentos, originados de questões pessoais, e que transtornavam a vida política, acarretando rivalidades profundas, transmitidas de geração em geração. Em 1915, por ocasião de uma viagem de Carlos Peixoto à Europa, novo júri se realizou, envolvendo as duas famílias. É chamado para defender o grupo Peixoto de Melo o famoso criminalista Evaristo de Morais, que retratou, no livro *Reminiscências de um Rábula Criminalista*, o ambiente de tensão que provocara a sua presença na cidade, de onde foi forçado a retirar-se, em face do clima de paixões e de ódios[6].

Após essa experiência de advogado, ingressou Carlos Peixoto na magistratura, como juiz municipal de Pomba e Ubá. Antonio Carlos, por ocasião de sua morte, prestou depoimento a respeito dessa fase:

> Tive a ventura e a honra de iniciar minha carreira política ao lado do nosso saudosíssimo colega de Ubá, ele, juiz municipal, eu, promotor de Justiça e, desde logo, ele afirmou-se, muito embora sua mocidade, um dos mais distintos juízes do estado de Minas Gerais pelo seu talento, pela sua grande cultura jurídica, pela sua extraordinária retidão de espírito[7].

---

6 Cf. p. 259.
7 Câmara dos Deputados, *Anais da Câmara dos Deputados* (daqui por diante referidos por ACD), v. V, p. 1.041.

Em 1895 retorna à banca de advogado e vem participar das lutas políticas, com a eleição para agente executivo do município. Foi assim, com um aprendizado variado nas diferentes funções da vida pública municipal, que Peixoto se preparou para assumir a deputação estadual, numa carreira cujo símbolo mais adequado se encontra na imagem do meteoro.

A quarta legislatura da Câmara Estadual Mineira em 1903 veria trazer a seu seio o jovem representante do 2º Distrito, oriundo da cidade de Ubá. Afonso Arinos expôs com agudeza o conflito que se acentua no início do século entre as duas grandes zonas econômicas do Estado, a Mata e o Sul, em plena florescência e expansão, em decorrência da cultura do café, e as zonas do Centro e do Norte, dedicadas à mineração, que já sentiam os efeitos de um longo período de declínio. Enquanto os homens da zona de mineração se caracterizavam por um temperamento mais retraído, cauteloso e cheio de cuidados, os homens da Zona da Mata eram personalidades afirmativas, com um certo laivo de autoritarismo, e iriam pouco a pouco predominar no cenário político.

Foi para a Assembleia Mineira, o "parlamento em miniatura", que ingressou Carlos Peixoto, fazendo como lídimo representante da Zona da Mata, nas expressões de Gontijo de Carvalho, o seu "noviciado na tribuna parlamentar". Em pouco tempo ascendeu à posição de líder do Governo Francisco Sales, e no dizer de Afonso Arinos, "exercia sobre a Assembleia uma pequena ditadura"[8].

A permanência de Carlos Peixoto na Câmara Estadual foi de apenas quatro meses, mas ali deixou a marca de seu talento e de sua cultura. Ficaram famosos os debates sobre o Projeto nº 134, apresentado em 1902, relativo à reforma constitucional e sobre a criação de Tribunais Superiores se defrontaram duas grandes personalidades: ele e o deputado Afrânio de Melo Franco. Em relação à reforma eleitoral, que também foi discutida naquela casa nesse período e, em particular, sobre a exigência do alistamento de próprio punho, com o reconhecimento da letra e dos alistandos pelo escrivão dos distritos, Carlos Peixoto se pronunciou de forma incisiva, com aquela

---

8 *Um Estadista da República*, p. 230.

objetividade e realismo que o iriam singularizar na política republicana: "Povo", diz ele, "são as classes medianas e instruídas, e não apenas a massa amorfa, quase inconsciente, que recebe nas eleições a cédula fechada e lhe ignora o conteúdo"[9].

E ante os protestos provocados pela assertiva, tocou no fundo do problema: "Teorismo, meus colegas, é esse de só considerarmos povo essa massa inconsciente e iletrada, da qual cada um julga poder dispor a seu talento, fazendo-lhe crer hipocritamente (perdoem o termo) que é ela quem governa"[10].

III. A Vinda para a Câmara Federal

Com a passagem de Carlos Vaz de Melo para o Senado Federal, Carlos Peixoto é eleito na quinta legislatura, ascendendo ao Parlamento em 3 de agosto de 1903, com o reconhecimento em setembro do mesmo ano. O ingresso ao cenário federal, que teria o ponto alto na presidência de Afonso Pena, e na atuação brilhante como chefe do "Jardim da Infância", corresponde ao período de hegemonia da política mineira. O Partido Republicano Mineiro apresentava-se no cenário federal como um grupo monolítico, a famosa "carneirada", comandada por mão-de-ferro pela Comissão Executiva, a "Tarasca", na qual pontificava como secretario o coronel Francisco Bressane. Com a bancada mais numerosa, 37 deputados, enquanto a bancada paulista se limitava a 22 deputados, tinha peso ponderável nas decisões do Poder Legislativo numa época em que já se consolidara a política dos governadores, ou, na expressão preferida de Campos Sales, a política dos estados.

Por outro lado, a presidência Rodrigues Alves vinha abrindo novos horizontes para a vida nacional, com um grande programa de obras públicas, e com a realização de importantes empreendimentos. O Parlamento tinha também uma posição de excepcional destaque, e a sua voz repercutia em todos os rincões do país, ressoando nele não somente as precauções estritas dos interesses individuais, mas as grandes reivindicações nacionais.

9 Idem, p. 374.
10 Idem, p. 313.

A estreia de Carlos Peixoto na Câmara Federal daria a justa medida da nova figura que ali se projetava, e que em pouco tempo assumiria papel de primeira plana. Um incidente de rua, de caráter corriqueiro, ocorrido após manifestação popular ao deputado Alfredo Varela, um dos mais aguerridos adversários do Governo, levou um grupo de exaltados a invadir uma delegacia de polícia para retirar um dos manifestantes, detido pouco antes. O caso ganha grande repercussão e é instaurado processo contra o deputado por desacato à autoridade. Encaminhado à Câmara o pedido de licença, extremam-se os ânimos entre os correligionários do governo e amigos do representante rio-grandense.

Barbosa Lima levanta-se na defesa do colega, combatendo o pedido, e termina com uma peroração em que convoca a bancada mineira com a divisa famosa dos conjurados. Em nome de seus companheiros de representação, ergue-se Carlos Peixoto, e o movimento de curiosidade é geral, dado o sentido da discussão e o valor do adversário a enfrentar. Carlos Peixoto não dá impressão de estreante, manifestando um completo domínio da tribuna e analisando o caso com rara precisão e sólidos argumentos. Com o espírito de objetividade que sempre o caracterizou, afirma que

o caso não nos parece a nós outros que possa ser encarado e decidido sob o critério único de coleguismo.

Emprego determinadamente esse vocábulo, pois não vejo outras razões ponderosas que nos forcem a recusar a licença para levar um deputado aos tribunais de direito comum, negando-lhe isso que se não pode reputar uma humilhação, como foi dito nesta Câmara, que vem a ser o direito de se defender desde que está convencido de ter agido bem[11].

Esmiuçando o caso em todos os seus aspectos, Carlos Peixoto rebate o desafio de Barbosa Lima ao afirmar, encerrando o seu discurso, que é a sua consagração: "Mineiros, não esqueçamos o amor à liberdade, mas queremo-la sempre e indefectivelmente a lei – *sub lege libertas*"[12].

11 ACD, op. cit., p. 230.
12 Idem, p. 236.

Desde esse momento, Carlos Peixoto se torna uma das figuras de primeiro plano da Câmara dos Deputados e, logo em seguida, é elevado à posição de líder da maioria, ainda no governo Rodrigues Alves. É dessa época o estreito contato com João Pinheiro, eleito para o Senado Federal, e que, possuindo família numerosa, desloca-se para o Rio de Janeiro sozinho, morando inicialmente no Grande Hotel da Lapa, indo residir junto com Carlos Peixoto numa casa da rua Francisco Muratori.

IV. *A Candidatura Afonso Pena*

As sucessões presidenciais sempre foram na Primeira República fatos marcantes na composição das forças políticas e da articulação dos governos estaduais. O final da presidência Rodrigues Alves não destoou dessa norma, querendo o presidente paulista que um conterrâneo, Bernardino de Campos, o sucedesse. A entrevista dada por esse último, ao retornar da Europa, com críticas à política financeira do governo, leva ao abandono da ideia, voltando-se então as cogitações para o nome de Campos Sales. Entrou, entretanto, logo em ação a figura de Pinheiro Machado procurando lançar um nome mineiro e as atenções se voltam então para o presidente Francisco Sales, articulações em que se envolvem também Rui Barbosa e Carlos Peixoto. A recusa terminante do presidente mineiro conduz à escolha de Afonso Pena, estabelecendo-se a partir daí um rodízio de presidentes paulistas e mineiros, a política do "café com leite". O nono agrupamento político é "O Bloc", relembrando, como informa Afonso Arinos, o *Bloc des gauches* da política francesa[13].

Afonso Pena, entretanto, iria mostrar desde logo que não se adaptaria a um modelo convencional de presidente dócil às forças políticas. Estabelece desde logo um procedimento inusitado, ao fazer uma viagem pelos estados do Brasil, que se prolonga por várias regiões do país, presenciando o espetáculo da miséria e do subdesenvolvimento brasileiro. Augusto Tavares de Lira, em memórias inéditas, *Dias que Passaram*, nos relata

---

13 A. A. de Melo Franco, op. cit., p. 1.546.

a passagem por Natal, e transcreve o discurso em que saudou o presidente eleito, retratando a expectativa nacional:

> A excursão que V. Exª. então em boa hora empreendeu e que com tanto proveito para a Nação vai realizando é a garantia seguríssima de que V. Exª. está seriamente empenhado em estudar e conhecer o país para subordinar a uma intuição superior de nossas necessidades a ação do governo que será iniciado em 15 de novembro vindouro. No Rio Grande do Norte V. Exª. não poderia ver e examinar tudo que era para desejar; mas ao espírito clarividente de V. Exª. não escaparão por certo as causas do atraso e pobreza em que vivemos. O nosso problema por excelência é como o de todos os estados, o problema econômico cuja solução mais difícil se torna pela inconstância das estações, pelas crises climáticas periódicas que nos torturam e flagelam. Sujeita a oscilações e alternativas de toda ordem, nossa situação é embaraçosa e delicada[14].

E em Porto Alegre seria Afonso Pena saudado por um jovem acadêmico de direito, cujo nome também passou à História do Brasil, Getúlio Dorneles Vargas, que o encararia como um "conservador progressista"[15]. No lançamento de sua plataforma, Afonso Pena já se pronuncia de forma direta e contundente:

> O regime federativo e presidencial é maquinismo delicado que exige tato, experiência e habilidade para ser manejado convenientemente e essas qualidades não se improvisam nos homens de governo. Sucedendo de chofre à centralização característica do regime imperial, a federação não podia deixar de provocar atritos no seu funcionamento. Tolerante e moderado por índole e educação no julgamento dos homens, sei, entretanto, empregar a energia e firmeza necessárias na condução e defesa dos interesses públicos quando confiados à minha guarda. Depositando inabalável confiança no futuro das instituições republicanas às quais se prende o destino de nossa pátria, procurarei praticá-las sem desfalecimentos, para que produzam todo o benefício de que são capazes[16].

Apenas voltando ao Rio comparece a 7 de setembro ao banquete da posse de João Pinheiro e, após o discurso de Pinheiro

---

14 Manuscrito de *Dias que Passaram*, p. 81.
15 J. N. da Fontoura, *Memórias*, p. 196.
16 J. da Costa Porto, *Pinheiro Machado e Seu Tempo*, p. 125.

Machado, cheio de malícias e indiretas, falando dos homens audaciosos, rebate as provocações com afirmações ao dizer de seu propósito de "cumprir rigorosamente os seus deveres sempre em harmonia com as virtudes do povo mineiro, mormente no que se refere à tolerância com as opiniões alheias que é condição sem a qual não se pode exigir tolerância pelas ideias nossas"[17].

A escolha do Ministério é nova demonstração do desejo de independência, selecionando um grupo de políticos, porém sem se vincular à escolha de grupos ou situações estaduais; surge, então, o primeiro conflito com a indicação de Miguel Calmon, jovem político de 27 anos, para a pasta da Viação, quando Pinheiro Machado e o próprio Rui Barbosa se inclinavam para o nome de Augusto de Freitas. Carlos Peixoto é o portador das cartas de convites e a situação da pasta da Viação só se compõe quando o próprio Miguel Calmon entrega a decisão de aceitar à aprovação de Rui Barbosa. Escrevendo a este, assim se expressou Afonso Pena:

> Na distribuição das pastas não me preocupei com a política, pois que essa direção me cabe segundo as boas normas do regime. Os ministros executarão meu pensamento. Os escolhidos são nomes vantajosamente conhecidos e amigos nossos de reconhecida lealdade[18].

Conta o embaixador Miguel Gastão da Cunha em diário ainda inédito, que Carlos Peixoto lhe relatara que Afonso Pena o teria convidado para a pasta da Justiça, afirmando, inclusive, não haver inconvenientes na presença de dois mineiros no ministério, mas que Carlos Peixoto recusara o convite. Ao lado de Miguel Calmon, estariam ainda dois outros jovens políticos: na pasta da Justiça, o governador do Rio Grande do Norte, que saudara o presidente eleito, Tavares de Lira, e na pasta da Fazenda, David Campista, permanecendo o Barão do Rio Branco na pasta do Exterior. Para as pastas militares dois oficiais de alto prestígio: Hermes da Fonseca, para a pasta da Guerra, e teriam chamado Alexandrino de Alencar, para a pasta da Marinha.

---

17 Idem, p. 130.
18 M. M. L. de Souza, *Rui Barbosa e José Marcelino*, p. 129.

v. A Presidência Afonso Pena e o "Jardim da Infância"

A presidência Afonso Pena vai representar o apogeu do predomínio de Minas no cenário político, o que se manifesta, entre outros fatos, pela importância predominante que tem o movimento do "Jardim da Infância". No discurso em que concretiza o seu programa de governo, assumia Afonso Pena uma orientação econômica intervencionista e protecionista, esquecidos os velhos preconceitos da economia liberal. Não tinha mais sentido, expunha ele, a teoria do Estado gendarme, a sua alta missão abrangia também cuidar do bem-estar e melhorar a condição de vida do povo, exercendo sua ação benéfica em razão da atividade social, desde que a iniciativa se mostrasse impotente ou insuficiente. Estimularia e ampararia o governo as atividades econômicas pela proteção alfandegária, introdução de imigrantes estrangeiros, desenvolvimento dos meios internos de comunicação etc. Em resumo, a política construtiva do Brasil deveria definir-se por três aspectos principais: povoamento do solo, criação de parques industriais e reforma do sistema monetário.

No esquema de forças da situação federal, dispunha de excepcional prestígio a figura de João Pinheiro, republicano histórico que, após atividade política no início da República, se recolhera ao refúgio de Caeté. De lá sai em 1903, indicado para a presidência do estado natal por Francisco Sales, realizando, no governo de Minas, obra de excepcional valor. A ele se ligava, por laços de grande amizade e mútuo respeito, o nome de Carlos Peixoto, que fora seu companheiro de residência quando morara no Rio de Janeiro, e com quem sempre permanecera em contato.

Compreendera, aliás, muito bem Afonso Pena que para que seu programa tivesse maiores possibilidade de êxito, indispensável era que na chefia da Câmara dos Deputados estivesse um nome a ele ligado, uma vez que o Senado Federal obedecia docilmente à batuta de Pinheiro Machado. Com esse propósito, o reconhecimento das bancadas para a sessão de 1907 obedecera já ao firme propósito de assegurar uma firme maioria governamental e, a 15 de março de 1907, Carlos Peixoto era eleito, por larga maioria, presidente da Câmara dos Deputados. Em seu discurso, manifestava com firmeza os propósitos que pretendia alcançar:

> Acredito que a sessão possa ser fecunda. Evidentemente o país atravessa uma tese de verdadeiro ressurgimento econômico.
> Inquestionavelmente, a experiência de tempos anteriores vai servindo à legislatura como ao governo federal para a correção de antigos erros que de chofre não podiam ser corrigidos.
> A Câmara seguramente vai colaborar com eficácia para que tais erros se extirpem de vez; mas especialmente acredito que durante esta sessão vamos ter oportunidade de estudar e resolver problemas graves que desafiam toda a nossa atividade, quais dentre outros os que dizem respeito à instrução pública, às questões do trabalho no Brasil, como seja enfim o desenvolvimento das medidas já iniciadas pela Câmara relativas ao povoamento do nosso solo[19].

A ênfase dada a esses três pontos, ao contrário do hábito de exame de questões meramente políticas, estava a demonstrar que uma diretiva nova se apresentava ao cenário político nacional. E as situações tradicionais, sentindo que suas posições estavam ameaçadas, lançam logo as suas setas para o movimento, tentando atingir-lhe no que para eles lhes parecia frágil, ou seja, a extrema juventude de seus membros.

Na sessão de 20 de maio de 1907, Augusto de Freitas, por certo guardando ainda os ressentimentos da preterição por Miguel Calmon na pasta da Viação, assim comentava a situação vigente:

> O chefe do Partido Republicano [referia-se a Pinheiro Machado], de quem nesse momento nos despedimos saudosos, é um prisioneiro e o disse, prisioneiro de políticos de nova raça, aparecidos como de improviso na representação dos poderes públicos, convertendo este país em um verdadeiro "Jardim de Infância"[20].

A resposta vem pronta depois, dias após, na palavra de Leovigildo Filgueiras, também da bancada baiana: "antes converte-se este país num Jardim da Infância do que num mostruário de velharia".

---

19 J. M. Belo, *História da República*, p. 255.
20 ACD, v. V, p. 963.

A expressão, pelo caráter altamente significativo do exemplo, demonstrava, aliás, a repercussão que tinha já entre nós essa nova instituição educacional, criada na Holanda, em 1770, e vulgarizada por Fröbel na Alemanha, em 1840, mas cujo primeiro exemplo no Brasil era de 1894, em São Paulo, no estabelecimento fundado por dona Maria Guilhermina Loureiro, e que treze anos depois já alcançava penetração, a servir de alcunha a movimento de caráter político.

vi. *A Presença de Carlos Peixoto e do "Jardim da Infância" no Cenário Nacional*

O "Jardim da Infância", movimento sob a égide de Carlos Peixoto, pretendia ser assim o suporte de um programa de renovação no cenário político e de grandes realizações. Com todo o respeito e admiração votado à figura de Afonso Pena, compreendia que não seria possível ainda nesse quadriênio a execução de um plano com a amplitude e a extensão por ele sonhados e que se limitavam ao lançamento de algumas iniciativas. Ainda que se possa vincular a atividade executiva dos ministros civis de Afonso Pena ao mesmo ideário que inspirava o "Jardim da Infância", a atuação do movimento exerce-se sobretudo no plano legislativo, nas tentativas de discussão na Câmara dos Deputados de vários programas de interesse nacional, no propósito de estabelecer novas situações estaduais favoráveis. Pois ele reconhecia que estava numa situação de puro "vicariato político", sem deter nas mãos o comando efetivo do sistema político, o que provavelmente seria alcançado na sucessão de Afonso Pena com a eleição de João Pinheiro, cujo nome alcançava cada vez maior prestígio no cenário nacional e se impunha por unanimidade como candidato de todas as forças políticas. Na sucessão, na Bahia, de José Marcelino, o movimento se manifesta a favor da escolha de Araújo Pinho em contraposição ao nome do tradicional chefe local, Severino Vieira, apoiado por Pinheiro Machado. E no estado do Rio contra o candidato de Nilo Peçanha, vice-presidente da República, coloca-se o nome de Alfredo Backer.

Não se pode entretanto deixar de acentuar que entre os ministros civis de Afonso Pena esboçava-se programas de alto sentido nacional. Tavares de Lira assinala a extrema liberdade que o presidente deixava aos seus auxiliares:

> No que se fez [a presidência Afonso Pena] é às vezes difícil determinar até onde foi a ação do chefe do Estado e a dos ministros que ele nunca considerou meros secretários, e sim operosos colaboradores. Não os tolhia em seus movimentos e iniciativas: dentro do programa que adotara e sem abdicar de sua autoridade, concedia--lhes a maior liberdade em suas pastas[21].

É na Pasta das Finanças que se encontra o grande programa governamental, com a aprovação, ainda em dezembro de 1906, da lei que instituiu a Caixa de Conversão, programa que foi posto em execução com grande sucesso. Miguel Calmon, particularmente ligado ao grupo e que trouxera a experiência da Secretaria da Agricultura do Estado da Bahia, empreende grandes programas de ação como o prolongamento dos trilhos da Central na direção de São Francisco, o término das ligações São Paulo-Rio Grande do Sul e Rio de Janeiro-Espírito Santo, acelera-se a construção da Estrada de Ferro Noroeste, contratam-se obras dos grandes portos do Norte – Bahia, Recife e Belém –, cria-se o Departamento de Povoamento do Solo com a instituição, na Europa, de serviços especiais de imigração, que cresce em proporção avultada, passando de 34 mil imigrantes em 1903, para 100 mil em 1908, enquanto o coronel Rondon é encarregado de estabelecer as ligações telegráficas para Mato Grosso, dando início ao seu benemérito trabalho de catequese[22].

O "Jardim da Infância" atinge afinal o seu auge e a influência dos seus líderes mais a projeção de seus nomes alcança proporções até então raramente alcançadas. Começa a declinar o prestígio de Pinheiro Machado e comenta-se com malícia que, ao invés do Morro da Graça, é para a rua das Laranjeiras 294, residência de Carlos Peixoto, que afluíam os políticos. Falava--se mesmo ironicamente que os bondes, recém-inaugurados,

---

21 A. Tavares de Lira, op. cit.
22 Idem.

já paravam obrigatoriamente em frente à casa do líder mineiro, tal a certeza de que ali desceriam ou subiriam passageiros. No plano político, junto com a posição de Carlos Peixoto colocava-se na liderança da maioria outro jovem, James Darcy, discípulo dileto de Júlio de Castilhos e que, embora vinculado ao grupo de Pinheiro Machado, privava da maior intimidade com Carlos Peixoto.

No processo de estudo das gerações políticas na vida brasileira, não haverá exemplo mais significativo numa tentativa, embora frustrada, de renovação dos quadros políticos do que esta representada pelo Jardim da Infância. San Tiago filiou o movimento do Jardim da Infância ao do Partido Republicano Federal, de Francisco Glicério, ambos como tentativas infrutíferas de restabelecimento de partidos nacionais na República[23]. Exatamente por não ter alcançado resultados favoráveis é que Elói de Souza, um dos ilustres participantes do grupo, escreveu, em depoimento, que o Jardim da Infância "não chegou a ser propriamente um partido político. Não teve sede nem comissão executiva, nem estatutos, nem tampouco deu publicidade a um programa a executar"[24].

Julgando apenas pelas exterioridades da vida partidária, não se deu conta, em seu depoimento, do ideário que o alimentava e que, mais do que aspectos formais, caracteriza a essência de uma agremiação partidária, como aliás descreve em trechos posteriores. A ligação com ilustres intelectuais da época, como Euclides da Cunha, Manuel Bonfim e Afrânio Peixoto era já uma demonstração do interesse para transcender a pura luta pelo poder. A esse respeito é o próprio Elói de Souza quem nos conta que:

as ideias tão seguras de Afrânio Peixoto a respeito dos problemas educacionais ele as teria possivelmente realizado com a responsabilidade de ministro da Educação e Saúde Pública, posto a ser criado conforme pensamento de Carlos Peixoto no governo esperado, e para o qual ele, Afrânio Peixoto, tinha credenciais indispensáveis[25].

---

23 F. C. de San Tiago Dantas, História Política do Brasil, em A. A. de Melo Franco, *Síntese da História Econômica do Brasil*, p. 14.
24 Apud L. Ribeiro, *Afrânio Peixoto*, p. 147.
25 Idem, ibidem.

E em suas memórias, o ilustre baiano também nos dá o seu testemunho: "Vi o homem mais poderoso do meu tempo, Carlos Peixoto, líder nacional, não poder fazer uma reforma da educação que muito quisera porque compromissos com Rio Grande, Minas e São Paulo logo fizeram do plano um monstrinho". Elói de Souza nos descreve ademais a preocupação permanente pelos grandes problemas nacionais por parte do grupo, quando relata que:

pondo de parte iniciativas que a outros caberia concretizar em projetos, resultou de nossas frequentes conversas na casa das Laranjeiras que a mim caberia procurar solução para o problema das secas já esboçado no discurso que a esse respeito pronunciei em 1906 na Câmara dos Deputados e igualmente sugerir medidas que incrementassem a nossa questão naval, libertando a marinha mercante de ônus fiscais e vários empecilhos a ela tão detrimentosos[26].

VII. *Carlos Peixoto e Pinheiro Machado, Duas Gerações em Confronto*

A vida política, entretanto, não se faz apenas dos projetos e sonhos, mas do exercício cotidiano e constante da conquista do poder e da sua manutenção, e, diante de si naquele momento, tinha Carlos Peixoto o confronto e a oposição de Pinheiro Machado.

Tavares de Lira retratou com bastante felicidade esse conflito que colocou em conta Carlos Peixoto e Pinheiro Machado desde o início da presidência Afonso Pena:

Ao assumir a Pasta da Justiça, a situação se me apresentou nítida e clara. Pinheiro Machado e Carlos Peixoto não podiam se entender a contento... [Carlos Peixoto] ainda sem as tradições e o prestígio do general gaúcho, mas possuindo, como ele, positivas qualidades de comando – disputaria para seu estado a continuação da hegemonia que conquistara, apoiando-se numa bancada numerosa e tendo por bandeira o nome prestigioso e querido de João Pinheiro. Inevitável o choque entre os dois, e consequentemente entre as correntes que chefiavam.

26 Idem, p. 151.

Surgiram as desinteligências e atritos, cada qual mais sintomático: os incidentes sobre a eleição de Carlos Peixoto para presidente da Câmara dos Deputados, a tentativa fracassada de reforma do regimento deste ramo do Poder Legislativo; as divergências quanto às medidas de caráter político que vinham a debate no Parlamento; as cisões partidárias em alguns estados, notadamente no Rio de Janeiro e na Bahia; os ataques ao núcleo de batalhadores jovens que Augusto de Freitas, num lance de sua flamejante oratória, chamaria maliciosamente de "Jardim da Infância"; a renúncia do mandato de James Darcy, um dos valores mais autênticos da geração política da época; tantos outros fatos, que geravam dúvidas e incertezas, desconfianças e apreensões[27].

No estudo "Política e Letras", publicado em 1922 no volume *À Margem da História da República*, Tristão de Ataíde, analisando as políticas e as letras, lançou perfil do caudilho gaúcho:

> Pinheiro Machado foi o compromisso do caudilhismo. Conservando viva em sua alma de bárbaro toda a nostalgia dos instintos atávicos de liberdade e de aventura, sabia corrigir essa tendência ao nomadismo pela intuição, pelo conforto da ordem social. De pequena cultura, cheio de ambição do poder, vaidoso, com meia dúzia de ideias vulgares e frases feitas, possuindo todos os bons e maus instintos do chefe. Nada de teórico, nada de abstrato em sua intuição de dominador. Profundamente conhecedor dos homens e do meio em que se movia, não se deixava prender pelos preconceitos do jurisdicismo que geralmente dominava os nossos homens públicos desde o período áureo do Império. Foi um realista político. Possuía apenas a cultura da experiência, da intuição e da coragem[28].

Extremando tal perfil com o de Rui Barbosa, Tristão de Ataíde estava na verdade comparando dois extremos, cuidando do político convencional apenas como um idealista, um romântico acima de tudo. A nosso ver, caberia com mais razão nessa época o contraste entre o político gaúcho e o político mineiro, ambos dotados de um alto sentido de *Realpolitik*; contudo, enquanto o político gaúcho aspirava a um mero gozo da

---

27 A. Tavares de Lira, "Afonso Pena", *Revista do Instituto Histórico e Geográfico Brasileiro*, v. 174, p. 905.
28 Tristão de Ataíde, Política e Letras, em V. L. Cardoso (org.), *À Margem da História da República*, p. 256.

vida política pelo poder em si, Carlos Peixoto e o grupo do "Jardim da Infância" aspiravam a novos rumos para a vida brasileira. Entendia, entretanto, Carlos Peixoto, a necessidade da disciplina na vida política, do mesmo modo que seu adversário, e conduzia-se num clima de bastante autoridade, Pedro Calmon, a falar na tentativa de transformar o país num "acampamento espartano"[29]. O ano de 1907 vê assim o confronto entre esses dois polos, permanecendo Pinheiro Machado como político matreiro, recolhido, à espera de uma oportunidade para lançar o contra-ataque. Carlos Peixoto vê cada vez mais aumentar o seu prestígio. De volta ao Rio, após uma breve estada em Belo Horizonte, fato banal naqueles tempos, recebeu uma manifestação estrondosa, saudado que é por Barbosa Lima. O primeiro lance, porém, não tarda, e é objeto dele a figura de James Darcy, o líder da maioria na Câmara, mas proveniente do mesmo reduto de Pinheiro Machado. O porta-voz deste último na Câmara, Germano Hasslocher, desferiu o primeiro golpe, censurando publicamente James Darcy por se mostrar indiferente aos ataques vibrados contra o chefe rio-grandense. O motivo fútil surtiria, entretanto, os efeitos desejados. James Darcy jamais se permitiria ficar numa situação dúbia e indefinida e renuncia à liderança da Câmara e ao mandato, abandonando de vez a vida política, frustrando, assim, uma bela vocação de homem público. Conta-se que Pinheiro Machado, ao ter conhecimento na cidade do Rio Grande em viagem para Porto Alegre, do gesto do seu conterrâneo, exclamara para o amigo que o acompanhava: "Despencou o primeiro galho do Jardim da Infância, agora vai a árvore"[30].

A reeleição de Carlos Peixoto é nova fonte de atrito, desejando Pinheiro Machado impedir a reeleição, e propondo, ainda, a reforma do regimento com a diminuição dos poderes do presidente, chegando-se afinal a uma fórmula de compromisso. Tavares de Lira relata com detalhes os episódios delicados dessas negociações, das quais participaram Rui Barbosa e Rio Branco, não faltando ataques de jornal a Carlos Peixoto, e afinal a publicação de uma vária no *Jornal do Comércio*, encerrando a questão, e constando ser de autoria do próprio

---

29 *História do Brasil*, p. 105.
30 L. Ribeiro, op. cit., p. 145.

presidente da República[31]. Não será, entretanto, inoportuno transcrever na íntegra uma carta, até hoje inédita, do Barão do Rio Branco dirigida a Carlos Peixoto em 28 de fevereiro de 1908, e que, vinda do eminente chanceler, nos termos em que está vazada, dá bem a medida do seu prestígio:

Ilmº. amigo e dr. Carlos Peixoto.

A minha perna direita, que reclama imobilidade, me impede de ir vê-lo esta noite e provavelmente amanhã. Aqui no Itamarati, poderíamos conversar à vontade, um pouco sem o perigo de publicarem logo os repórteres que tivemos uma conferência política. Por que é, não transforme numa derrota a transação honrosa a que o presidente da República chegou em bem da pacificação dos espíritos num momento de intrigas e agitações. Os que concorrem para decidir um político aceitar o posto de sacrifício que é a presidência da República entre nós não o devem abandonar ou deixar mal, sobretudo em ocasião de sérias dificuldades. Mineiro, V. Exª. não deve dar esse golpe no presidente mineiro. A reeleição de V. Exª. para presidente da Câmara, e por unanimidade de votos, é uma concessão importante dos seus adversários de ocasião. A modificação de que falamos no regimento da Câmara não tem a mesma significação e importância: será apenas a volta ao regime normal anterior à presidência Campos Sales e anterior à proclamação da República, observada em França e creio que em todas as Câmaras de Deputados. Quando o atual presidente em 1903 ia entrar no exercício das funções de presidente do Senado foram cerceadas as suas atribuições, mas, como sabe, ele não criou dificuldades ao presidente Rodrigues Alves, nem se deu por ofendido, preferindo prestar como prestou na direção daquela Câmara serviços do mais alto valor. Agora também na posição de presidente da Câmara dos Deputados V. Exª. pode e conto que há de prestar ainda grandes serviços ao seu estado, ao Brasil e à política de nosso presidente.

Rogo-lhe que não torne conhecida a primeira impressão que anunciou hoje, e espero que me conceda alguns minutos de atenção amanhã. Sabe que sou sempre seu muito afetuoso amigo e obrigado.

Rio Branco[32].

Entretanto, o golpe fatal e inesperado viria em 26 de junho de 1908, com a morte de João Pinheiro, fato já considerado

31 A. Tavares de Lira, *Dias que Passaram*, p. 126.
32 Carta Inédita, Arquivo Histórico do Itamarati.

como data que mudou a história do Brasil e que iria por certo modificar de forma radical a política republicana. Com ele o "Jardim da Infância" perde um dos seus principais esteios, tentando-se ainda, desenganadamente, manter-se a situação através do lançamento da candidatura de David Campista. O nome do jovem ministro da Fazenda não consegue reunir a unanimidade das opiniões e recebe desde logo o veto frontal de Rui Barbosa por meio de carta a Afonso Pena em termos bastante duros. Enquanto isso, as forças de combate à política do presidente Afonso Pena, e que viam no "Jardim da Infância" o seu grande adversário, procuram levantar a candidatura do ministro da Guerra, despertando antigos sentimentos militaristas.

VIII. *A Renúncia de Carlos Peixoto
e a Candidatura Civilista*

Em março de 1909, Carlos Peixoto é reeleito pela segunda vez presidente da Câmara dos Deputados. O seu discurso de posse, no meio dos acirrados debates que então se travavam, é uma nova demonstração de independência e autoridade e de afirmação dos lídimos princípios republicanos. Conta Elói de Souza que o discurso foi a ele ditado na presença de Afrânio Peixoto, que tentou demover Carlos Peixoto do propósito de fazer discurso tão incisivo. Após afirmações protocolares, Carlos Peixoto tem o pronunciamento que causou verdadeiro furor:

> Iniciando nós os trabalhos de uma nova legislatura no momento em que a República entrou em seu vigésimo ano, não seria talvez arriscado tentar um retrospecto deste já não pequeno período de vida democrática na qual temos pelo menos demonstrado que somos capazes de praticar a liberdade civil, impedindo que ela degenerasse na demagogia inconsciente que conduz à anarquia, e assim abrir caminho fácil a perigosas aventuras de violência, fonte e matriz do cesarismo e da tirania[33].

Afonso Arinos filia essa alusão à reminiscência da proclamação do conde de Paris à Câmara Francesa em 1875, pedindo

---

33 ACD, *1902*, v. 2, p. 47-48.

a união de "todos os verdadeiros conservadores, de todos os adversários sinceros de cesarismo[34]. O discurso tinha assim endereço certo e verberava de forma frontal a tentativa dos políticos descontentes e fora do poder em utilizar o nome do ministro da Guerra. Nove dias depois, Carlos Peixoto comparece ao Catete com João Luís Alves para tentar uma última forma de apoio ao nome de David Campista. Mas, enquanto os entendimentos se sucedem, dá-se o lançamento público da candidatura do ministro da Guerra. Na Câmara dos Deputados esse ambiente se reflete no reconhecimento da bancada goiana, em que o interesse do Governo era pelo reconhecimento de três candidatos do grupo de Xavier de Almeida, e um da facção Bulhões. Alcino Guanabara, por instruções de Pinheiro Machado, oferece emenda reconhecendo dois candidatos de cada grupo, e vários deputados da bancada governamental, inclusive da bancada mineira, votam contra o parecer. Carlos Peixoto se sente desprestigiado e só vê um caminho, a renúncia.

José Vieira relata com vivacidade o episódio ruidoso e inesperado:

> Carlos Peixoto entrou e parou junto à mesa. Cassiano [Nascimento] chegou-se, bateu-lhe no ombro:
> – Carlos.
> – Cassiano.
> – Como vai?
> – Como vais tu, Cassiano?
>
> Chamaram Cassiano. Outro o substituiu junto a Carlos Peixoto, que se pôs a conversar com extrema naturalidade. Defronte se falava que Carlos Peixoto ia renunciar à presidência da Câmara.
>
> Contestou-se a notícia. Mas quem abriu a sessão foi o segundo secretário Torquato Moreira, apesar de Carlos Peixoto continuar junto à mesa. Quantos o viam caminhavam para cumprimentar, ele retribuía os cumprimentos com afabilidade, sorrindo, pilheriando, como nos outros dias. Finda a leitura da ata, caminhou para a bancada mineira e de uma poltrona da ponta pediu a palavra. Imediatamente levantaram-se deputados e repórteres afluindo apressados para o ponto onde ele já falava[35].

---

34 A. A. de Melo Franco, *Um Estadista da República*, v. II, p. 596.
35 J. Vieira, *A Cadeia Velha*, p. 108.

O discurso, que José Vieira chama de sereno, é realmente um modelo de pronunciamento:

> Sr. presidente, meus senhores.
>
> Relevará V. Ex.ª que não ocupe a tribuna: não consegui enquanto presidente desta casa que os meus colegas tomassem esse hábito; a tribuna ficou reservada para as ocasiões solenes e eu não venho dizer senão quatro palavras à Câmara.
>
> Disse que não o consegui, quando fui presidente, porque só ocupo a atenção dos meus colegas, neste momento, para lhes comunicar a propósito deliberado de renunciar o lugar de presidente da Câmara, devolvendo-lhes, assim, a liberdade na escolha de quem me substitua.
>
> Tive a honra de ser durante largo tempo o líder e diretor desta bancada de republicanos, deparando-me mesmo, não há muito, a oportunidade de, agradecendo a minha eleição para presidente desta casa, acentuar que atribuía principalmente a essa minha qualidade de líder da bancada mineira a honra da escolha que a Câmara fazia do meu nome.
>
> Por outro lado, não há quem, me conhecendo, não saiba que não sou um acomodatício e que jamais pude ou poderia conservar-me em uma situação simulada, por um momento sequer. Dou esta explicação à Câmara porque seria um desprimor negá-la, dizendo secamente que renuncio o meu lugar.
>
> Tendo deixado de dirigir a bancada de Minas e havendo já publicamente declarado que, também como seu diretor, tinha merecido a escolha para presidente da Câmara, renuncio igualmente este alto posto.
>
> Poderia ir ao encontro de qualquer curiosidade ou crítica indiscreta que indagasse por que, ao mesmo tempo, não renuncio o mandato de deputado.
>
> Responderia, desde logo, antecipando que o não faço porque é ao eleitorado que me elegeu que devo contas e é isso ato de exclusiva iniciativa minha. Só me resta, não devendo alongar-me, declarar à Câmara que, voltando a ocupar a cadeira que me cabe como deputado eleito e reconhecido pelo estado de Minas, hei de procurar, como até aqui, manter-me sempre na mesma linha reta e firme de altiva dignidade e de honra, a serviço da República[36].

A candidatura militar se fortalece, o ministro da Guerra é exonerado, e o presidente Afonso Pena subitamente morre,

---

36 Idem, p. 110.

segundo comentário na época, de um traumatismo moral. O movimento do "Jardim da Infância" praticamente se extingue e Carlos Peixoto se recolhe a uma posição de ostracismo, vivendo entre o seu círculo íntimo de amigos, exercendo até a morte, entretanto, o mandato de deputado, tendo, ainda, uma atuação extraordinária como relator da Receita de 1914 a 1917.

Mas não abandona de chofre a vida política, tendo ainda uma atuação ativa na campanha civilista de Rui Barbosa. Na convenção de 22 de agosto, realizada no Teatro Lírico, ocupa a primeira plana dos acontecimentos. Ante as objeções de Assis Brasil para que se procurasse um programa para o candidato, e diante das objeções recusadas de Brício Filho, Carlos Peixoto grita do centro do salão: "Contra isso é que me revolto" e, ascendendo à tribuna, reafirma: "Um partido já se formou, o da resistência à invasão da caudilhagem". E, ante o aparte de Assis Brasil de que em toda coligação há um programa, responde incisivamente: "Quem se coliga cede. Estamos aqui reunidos para salvar a Pátria"[37].

IX. A Figura de Carlos Peixoto

A figura de Carlos Peixoto oferece facetas variadas e corresponde a uma peculiaridade bastante significativa de, assim como Pinheiro Machado, um político que jamais ocupou funções executivas, a não ser por um período muito curto na vida municipal.

Realmente, como deputado Carlos Peixoto se destacou, sendo sua trajetória na Câmara dos Deputados um dos pontos altos da vida parlamentar da primeira República. A sua ação se desdobra nos vários campos de atuação. Seja no plenário, seja nas Comissões, onde o seu papel avulta como membro da Comissão de Finanças e relator da Receita, seja como líder da maioria e presidente da Câmara, nas duas sessões em que exerceu esse cargo. Como orador, foi sempre considerado um dos maiores oradores parlamentares de todas as épocas, merecendo sempre os elogios dos seus pares e da imprensa em geral. Num

---

37 A. G. de Carvalho, op. cit., p. 89.

artigo de tocante sensibilidade, Afrânio Peixoto lembra a hipótese de se extrair do marasmo da vida parlamentar brasileira um livro curioso, com raras surpresas, e, enumerando algumas figuras do Império, continua:

> Na República, talvez a única surpresa fosse, em quarenta anos, Carlos Peixoto. O regime presidencial dispensa a tribuna, hoje quase ridícula. Aí falam os que se dirigem à popularidade das capitais ou os que se vangloriam, ainda assim, das páginas publicadas, e entretanto inéditas, do *Diário Oficial*.
> Por isso, os oradores desapareceram. Um retardatário porém apareceu, opondo-se ao Governo. Foi mister suscitar-lhe um defensor. Ao formidável Barbosa Lima opuseram um estreante Carlos Peixoto. Quem era?
> Apenas outro David. Foi um reencontro rápido, mas decisivo. Nesse dia o Parlamento contou com um grande orador, o último talvez dos nossos, pois que o regime não os comporta mais.
> Grande, não na extensão: na réplica pronta, exata, irretorquível. Mas decisivo. Mas tamanho, que armado apenas cavaleiro, foi logo conde, duque, condutor de homens e de ideias[38].

O perfil traçado pelo escritor baiano dá bem a medida do que foi a presença de Carlos Peixoto na tribuna parlamentar, e ainda hoje a leitura dos seus discursos nos faz pressentir o que teria sido no ambiente do início do século um orador com os dotes naturais que possuía, voltado, entretanto, dentro de uma objetividade exemplar, para a análise dos problemas brasileiros.

Gilberto Freyre aponta Carlos Peixoto como um orador de um novo tipo, que então surgia no cenário nacional, "a expressar-se de modo por assim dizer antioratório, e com certeza antibarroco", isto é, sem a adjetivação da oratória brasileira tradicional. Nos discursos proferidos em festa oferecida a João Luís Alves, quando de sua eleição para a Academia Brasileira de Letras, James Darcy falou do "magnetismo da palavra breve, nervosa, cortante de Peixoto, voz de intimativo comando", enquanto João Luís Alves se referiu à "eloquência hierática de Carlos Peixoto".

Também como advogado Carlos Peixoto marcou o seu nome e, embora só exercendo efetivamente a profissão quando

---

38 *Marta e Maria*, p. 434.

passou ao ostracismo, após a renúncia como presidente da Câmara, patrocinou causas de importância, como a da questão de limites do estado do Pará e a regularização da situação de importante empresa de navegação.

Os predicados pessoais de Carlos Peixoto, porém, só podem ser explicados por força de uma cultura geral privilegiada e do espírito de um verdadeiro humanista. Referindo-se a ele, diz José Maria Belo que se tratava de

um evolucionista agnóstico, spenceriano, que conseguiria imunizar-se contra o romantismo jurídico das gerações anteriores, evitando igualmente a tentação do dogmatismo positivista. Certo ceticismo literário de afeiçoado de Renan corrigia-lhe as possíveis tendências aos exageros do materialismo de Spencer e do rígido de Taine: a atração pelos estudos econômicos e financeiros permitia-lhe visão mais exata das realidades nacionais[39].

Afrânio Peixoto é muito mais incisivo, dando-nos um depoimento exemplar:

A inteligência lhe era de fato astral. A vida não me deu a conhecer ninguém mais inteligente, e tenho convivido com grandes homens, mestres e artistas, peregrinos e compatriotas de leitura e de oração.
A inteligência e cultura. Cultura geral, jurídica, filosófica. Na sua estante lia-se de Platão a Bergson passando por Goethe e Renan, e mais do que lidos estavam os Spencer e o Summer Maine, contra as leis fictícias e regularizações inúteis e processo crime das democracias medíocres[40].

Para Gontijo de Carvalho, Carlos Peixoto conhecia como poucos a Platão e a Bergson, e foi um dos maiores entusiastas de Alberto Torres, cujas ideias estavam em voga. O objeto de suas reflexões estava contido em numerosos cadernos que infelizmente desapareceram, acrescentando este último que tivera em preparo um livro de análise social sobre o Brasil do qual já tinha o prefácio "Natureza e Cultura"[41].

---

39 *História da República*, p. 256.
40 Op. cit., p. 436.
41 Op. cit., p. 105.

Pode-se afirmar que a feição mais importante de Carlos Peixoto foi sem dúvida a de pensador político. Se analisarmos com atenção os seus discursos na Câmara dos Deputados, teremos, sem sombra de dúvida, um ideário atual e vivo de um homem fiel às suas convicções, que sustentava com sinceridade e sem temores o regime, numa época em que cresciam os adversários desse regime, e que soube com fidelidade compreender onde estavam as virtudes do sistema e onde se encontravam as deturpações daqueles que queriam dele se utilizar em benefício próprio.

Por ocasião de sua morte, fazendo-lhe o necrológio na Câmara dos Deputados, Barbosa Lima, o adversário do discurso de estreia, assinalava que

quando os velhos constituintes da Assembleia Republicana começavam a se deixar possuir de certo ceticismo, desfalecimento moral em relação à obra proclamada, no cenário político do Brasil surgiu em 15 de novembro nesta tribuna alguém que levantou tão alto como ninguém o fizera até então a bandeira dos ideais republicanos.

Carlos Peixoto Filho veio trazer àqueles velhos constituintes, muitos deles esmorecidos, o melhor de todos os alentos em relação à superioridade política desses ideais.

Os mais altos ideais republicanos em que afervorávamos, os velhos constituintes da Assembleia de 1891, encontraram o mais completo, o mais perfeito de seus intérpretes no vulto excelso de Carlos Peixoto Filho[42].

Manuel Duarte pôde escrever um livro analisando justamente a posição de Carlos Peixoto em face do presidencialismo de onde resulta em pensamento cristalino de defesa das instituições republicanas. A sua posição contra os partidos, tão apregoada, resultava claramente de uma percepção profunda da incapacidade dessas instituições, no regime republicano presidencialista, de desempenharem a contento a função de transmissoras de ideias e programas, convertendo-se em simples instrumentos de interesses pessoais já anematizados no regime imperial por Joaquim Nabuco[43].

---

42 ACD, v. V, p. 1.043.
43 M. Duarte, *Carlos Peixoto e o Seu Presidencialismo*, p. 142.

No momento em que Carlos Peixoto renuncia à presidência da Câmara e retorna à sua condição de simples deputado, seu interesse se volta cada vez mais para os assuntos econômicos e financeiros, que atinge sua plenitude quando, como membro de Comissão de Finanças da Câmara, relata durante três exercícios o orçamento da Receita.

Gilberto Amado descreve sua atuação naqueles debates falando da "dialética constante e ágil que tornavam um encanto até a um homem de arte o prazer de assistir a uma sessão na Comissão de Finanças", e destacava com rara precisão numa adjetivação perfeita o "patriotismo raivoso" de Carlos Peixoto. O conhecimento dos documentos dos Relatórios da Receita constituem páginas admiráveis e brilhantes da história republicana, e da análise de nossas instituições políticas republicanas[44].

Vivia Carlos Peixoto curtindo com estoicismo o ostracismo a que fora conduzido a partir de 1909, convivendo apenas com círculo pequeno de amigos, restrito e selecionado, quando adveio, no ano de 1917, doença insidiosa. Morava em Jacarepaguá, isolado, só recebendo a visita de uns poucos fiéis, quando lhe sobreveio, em 28 de agosto, o desenlace fatal. Carlos Peixoto não contém um grito de dor: "Está tudo perdido!"

O CÓDIGO DAS ÁGUAS NA REPÚBLICA

Ao assumir a Presidência da República em 15 de novembro de 1906 para exercer o quadriênio presidencial, encontrava o presidente Afonso Pena a República no apogeu das grandes presidências civis.

Coubera a Campos Sales realizar um programa de reconstrução financeira, compondo-se com credores estrangeiros e, sob o comando de Joaquim Murtinho, realizara um esforço de saneamento financeiro. Em seguida o conselheiro Rodrigues Alves iria realizar iniciativas importantes, entre as quais se destacava o saneamento da cidade do Rio de Janeiro por Oswaldo Cruz, a modernização da metrópole com o engenheiro Pereira

---

44 ACD, v. V, p. 1.045.

Passos, e com a atividade de Rio Branco na pasta das Relações Exteriores, uma maior presença internacional no país.

O espírito renovador de Afonso Pena já se antevia, entretanto, em várias iniciativas pioneiras, das quais a mais importante foi a transferência da capital do Estado da velha cidade de Ouro Preto para Belo Horizonte. A sua ascensão à Presidência da República iria dar início a uma série de grandes programas modernizadores. José Maria Belo retratou muito bem esse quadro, ao dizer que Afonso Pena era um temperamento desejoso de inovar e de afirmar-se. Procurou cercar-se de homens novos, capazes de agir com audácia, dir-se-ia que esperava contrariar a velha cautela dos dirigentes mineiros. Sonhava com o Brasil industrializado, rico e militarmente forte.

No discurso em que expôs o programa de governo, frisava uma orientação econômica intervencionista e protecionista. Estimularia e apoiaria o governo nas atividades econômicas pela proteção alfandegária, introdução de imigrantes estrangeiros, desenvolvimento dos meios internos de comunicação.

A sua política definir-se-ia por três aspectos principais: povoamento do solo, criação de parques industriais e reformas do sistema monetário[45].

Dando provas desse espírito novo, Afonso Pena realizou como presidente eleito uma viagem por todo o país, fato inédito até então, conhecendo a nação em todos os seus aspectos, e sobretudo a extrema pobreza do Nordeste e do Norte, como expôs na saudação feita em Natal ao então presidente do Estado, Tavares de Lira, posteriormente chamado para a Pasta da Justiça; no Rio Grande do Sul, um jovem acadêmico de direito, Getúlio Dorneles Vargas, o chamaria de conservador progressista[46]. Nenhum ato retrata melhor esses propósitos de renovação do que a escolha dos seus ministros. Mantendo o Barão do Rio Branco na Pasta das Relações Exteriores, se conservava fiel ao propósito de apoiar o grande chanceler na sua política de fortalecimento do poder nacional e de engrandecimento do país no exterior. Chamando para as pastas da Guerra e da Marinha dois grandes militares, o marechal Hermes da Fonseca e o almirante Alexandrino de Alencar, manifestava-se o presidente

[45] J. M. Belo, *História da República*.
[46] J. N. da Fontoura. *Memórias*, p. 71.

da República de acordo com o desejo de empreender um programa de reorganização de nossas forças armadas.

Mas foi nas pastas civis que melhor se manifestou esse espírito inovador. Na Justiça era escolhido Tavares de Lira, do grupo político do senador Pedro Velho e que iria se destacar na República como político excepcional. Na pasta da Fazenda, buscaria no seu próprio estado David Campista, secretário das Finanças do Estado, inteligência de escol, especialista em questões financeiras e professor de economia política da Faculdade Livre de Direito de Minas Gerais. E para a Viação, chamaria da Bahia um jovem engenheiro de 26 anos, Miguel Calmon, que já se singularizara como secretário da Agricultura da Bahia, e que trazia com a sua própria juventude a marca de um temperamento renovador.

Era para a realização de um grande programa de governo que Afonso Pena organizara equipe tão expressiva e dentre os problemas que teria de enfrentar um dos mais importantes era o problema das águas e da energia elétrica.

Na verdade, após a experiência, em grande parte frustrada, de Mauá, o Brasil dava os primeiros passos para um surto de desenvolvimento industrial, localizado na região centro-sul, e decorrente em grande parte do incremento que tivera a economia cafeeira.

Para esse fenômeno teve a atenção voltada o legislador em 1903, quando na Lei de Orçamento dispôs, no artigo 23, que o governo promoveria o aperfeiçoamento da força hidráulica para a transformação em energia elétrica aplicada a serviços federais, podendo autorizar o excesso da força no desenvolvimento da lavoura, das indústrias e outros quaisquer fins. O Decreto 5.407, de 27.12.1904, autorizou o Governo a promover, diretamente ou por concessão, o aproveitamento da força hidráulica para transformação em energia elétrica, fixando os requisitos a que obedeceriam as referidas concessões.

Logo em seguida, a Lei de Orçamento de 1904 previa a concessão da isenção de direitos aduaneiros e desapropriação às empresas de eletricidade gerada por força hidráulica que se constituíssem para fins de utilidade ou conveniência pública, e o Decreto 5.646, de 22 de agosto de 1905, regulava a concessão desses favores.

No início do século, no Rio e em São Paulo, eram deferidas as primeiras concessões para energia, seja à Light de São Paulo, seja à Light do Rio, e a legislação existente, inclusive a acima citada, oferecia poucas condições para regular assunto tão importante para o progresso do país.

Foi por certo em virtude dessa situação que a Lei Orçamentária de 1906 incluiu na sua cauda, por emenda do deputado baiano Inácio Tosta, autorização ao presidente da República para mandar organizar as bases do Código de Águas da República, bem como do Código Rural e Florestal e do de Mineração, submetendo-os à aprovação do Congresso na próxima sessão.

O presidente Afonso Pena e o ministro da Viação, Miguel Calmon, encontrariam, para desincumbir-se da tarefa de organizar as bases do projeto do Código de Águas da República, um jovem jurista de 33 anos, que dois anos antes publicara uma monografia sobre a matéria – *Dos Rios Públicos e Particulares* –, *Alfredo Vilhena Valadão*.

Alfredo Valadão formara-se pelas Arcadas de São Paulo, em 1894, em ciências jurídicas e em 1895 em ciências sociais, poucos dados se guardando da sua passagem por aquela escola. Embora os professores da época incluíssem alguns dos maiores juristas do tempo como João Mendes, João Monteiro, Pedro Lessa e Brasílio Machado, as referências bibliográficas anotam apenas a colaboração na imprensa acadêmica e os discursos feitos nas saudações a Sarah Bernard, de passagem por São Paulo, e a José Joaquim Seabra, demitido por Floriano Peixoto do cargo de professor da Faculdade de Direito do Recife. Formado, exerceu advocacia em comarcas do sul de Minas e por três vezes inscreveu-se em concursos para lente substituto da Faculdade na qual se formara[47].

A obtenção de uma função docente só viria mais tarde, quando em Belo Horizonte é indicado pelo conselheiro Afonso Pena, em 1904, para professor de direito público constitucional, substituindo Sabino Barroso, que estava em exercício do mandato de deputado federal.

No ano anterior, Francisco Sales, presidente do estado de Minas Gerais, promovia em Belo Horizonte o Congresso Industrial,

---

47 S. Vampré, *Memórias para a História da Academia de São Paulo*, p. 644-646.

Comercial e Agrícola, chamando para a sua presidência a figura de João Pinheiro, que, retirado da política, a ela retorna para galgar as mais altas posições. João Pinheiro convidou Alfredo Valadão para contribuir com um estudo de ordem geral sobre o objeto do Congresso, que visava ao engrandecimento econômico de Minas Gerais, o que fez com a publicação de alguns artigos a que deu o expressivo título de *Política Econômica*[48].

Um ano depois, em 1904, publicava o livro *Dos Rios Públicos e Particulares*. Pode-se estabelecer, sem dúvida, um nexo de ligação entre o trabalho apresentado ao Congresso Industrial, Comercial e Agrícola e a publicação da monografia jurídica. O próprio Alfredo Valadão declarou que, terminado o Congresso, deteve-se em examinar que

a obscuridade da legislação vigente obstava a exploração do ouro depositado no leito dos rios e que o ferro só poderia ser explorado por meio da hulha branca; por ambos esses motivos, como ainda e principalmente pelo problema da hulha branca em si mesmo, na imensidade da sua grandeza, consagrei-me então ao estudo do Direito das Águas, de que foi início aquele trabalho ali publicado – *Dos Rios Públicos e Particulares*[49].

Fica também bem claro esse vínculo na introdução de *Dos Rios Públicos e Particulares*, com a declaração de que "é do maior interesse para o estado de Minas Gerais a elucidação a que nos abalançamos do importante tema dos rios públicos e particulares"[50]. Surpreendentemente para uma monografia jurídica, a introdução de sete páginas está repleta de dados econômicos sobre a siderurgia, sobre a eletrometalúrgica do ferro, sobre a mineração e sobre o emprego das dragas para a manipulação do cascalho aurífero.

Numa matéria ainda presa aos dispositivos legais da Ordenação e do Alvará de 17 de novembro de 1804, colocado em vigor entre nós pelo Alvará de 4 de março de 1819, e que, salvo algumas referências esparsas dos autores brasileiros do século XIX, tinha como livro básico o *Tratado*, de Lobão, Alfredo Valadão apresentava uma síntese segura, com um pleno domínio da

---

48 A. A. de Melo Franco, *Um Estadista da República*, p. 329-332.
49 *Dos Rios Públicos e Particulares*, p. 112. Daqui por diante denominado RPP.
50 *Direito das Águas*, p. XXIV. Daqui por diante denominado DA.

doutrina e da jurisprudência, haurindo os seus conhecimentos tanto no direito romano como nas modernas legislações francesa e italiana.

A formação do constitucionalista se revela claramente na discussão do regime dos rios públicos, adotando o autor uma tese favorável ao domínio dos estados. Ainda que considerasse o predomínio da União essencial na matéria, tinha que se cingir aos dispositivos constitucionais então vigentes. Esse pensamento se releva ao afirmar:

em todo caso, o Estado Federal é uma combinação política destinada a conciliar a unidade e o poder nacional com a manutenção dos poderes dos estados.

É princípio constitucional, pois, entre nós, que a esfera de ação do Estado tem por único limite a competência explícita ou implicitamente conferida à União nas cláusulas expressas da Constituição; em um caso concreto não há, por conseguinte, como a todo momento erradamente se faz, o argumento de que, ao contrário do que se verifica na América, em nosso país deve ser restrita a competência dos estados, por isso mesmo que ali a confederação procedeu à federação, ao passo que nós viemos de um regime unitário.

A federação é um meio igualmente eficaz para estender um laço preexistente.

A soberania nacional é quem institui: assim sucede na América em que o povo e não os estados – a estabelece por seus legítimos representantes; assim sucede entre nós ao que se presume. E, destarte, aquele princípio expressamente consagrado na Constituição há de ser cumprido à risca como expressão de que se supõe ser a vontade da nação.

O seu não cumprimento importa em evidente infração da letra expressa da Constituição e do espírito do nosso regime, que é de poderes limitados[51].

A presença do estado natal se encontrava também patente quando se estende na análise do problema das minas situadas nos leitos dos rios. E, finalizando, apresentava de antemão uma justificativa às críticas que poderiam lhe ser apresentadas:

E não chegamos a estas conclusões, bem como às outras deste trabalho, por um preconcebido espírito de defesa dos estados.

51 *RPP*, p. 5.

Ao contrário, reputamos urgente necessidade a reforma da Constituição.

É mister, quando possível, retomar o fio da prosperidade, da grandeza nacional, tal como ela se ia esboçando na prudente e inspirada obra legislativa de nossos maiores.

É mister que novamente se unifiquem os grandes interesses nacionais, que volte à União grande parte do patrimônio nacional, muitas vezes esbanjado pelos estados.

Enquanto, porém, isto não se fizer, respeite-se a lei tal como ela é no seu espírito e no seu texto[52].

A obra de Alfredo Valadão sobre a matéria era, assim, pioneira e só encontraria parelha na literatura jurídica brasileira no livro de Manoel Inácio Carvalho de Mendonça, *Rios e Águas Correntes*, publicado em 1909. Não cabe aqui fazer o estudo comparativo entre as duas obras, uma publicada um lustro após a primeira. Ambas honram a literatura jurídica nacional e exaltam a figura dos seus autores. Mas não será despiciendo um comentário de natureza geral sobre o caráter de um e outro trabalho. Em primeiro lugar, no que se refere ao estilo; no caso de Alfredo Valadão, um estilo conciso, enxuto e direto, com citações limitadas, como nos jurisconsultos brasileiros do século passado, no qual se destaca a figura inexcedível de Lafayete; noutro, o *stil nuovo*, de caráter ruiano, como caracterizou San Tiago Dantas de frases longas e períodos extensos, apoiando-se no bordão dos livros estrangeiros. Mas é na substância do trabalho que melhor se revelam as diferenças no sentido em que ambos os juristas davam à norma legal. Foi, aliás, Temístocles Cavalcanti, na introdução com que apresenta a segunda edição de *Rios e Águas Correntes*, que destaca essa distinção:

ambos com a sólida cultura jurídica que não mais precisa ser proclamada mas com tendências doutrinárias diferentes; o primeiro, individualista discutindo dentro do quadro doutrinário do seu sistema, o segundo, mais avançado, desde os seus primeiros estudos sobre as águas, tendo a presciência das transformações políticas e jurídicas que o mundo viria a sofrer[53].

52 Idem, p. 65.
53 M. I. Carvalho de Mendonça, *Rios e Águas Correntes em Suas Relações Jurídicas*, p. 5.

Nesse passo, cabe mencionar que já na época Alfredo Valadão demonstrava conhecer a doutrina norte-americana, atualizando mais tarde esse conhecimento com os autores da doutrina e da jurisprudência das *public utilities*. No livro *Dos Rios Públicos e Particulares*, a doutrina constitucionalista americana já é citada no original, com referências a Story, Walker e Hare e aos autores ingleses como Bryce e Dicey.

Um comentário porém se torna indispensável no sentido de considerar o livro de Carvalho de Mendonça uma resposta à monografia de Alfredo Valadão. A primeira indicação encontra-se no prefácio da obra, quando Carvalho de Mendonça diz:

o nosso intuito é neste pequeno trabalho reunir o que entre nós vigora acerca da especialidade tratada, formulando ardentes votos para que nossos legisladores não se tomem do desejo de imitações externas para garfarem enxertos excêntricos no tronco das nossas tradições e remodelar o piso que temos perlustrado até aqui com segurança.

Ninguém até hoje estudou melhor esse assunto do que Lobão[54].

E essa afirmativa se reforça quando se verifica que na extensa obra de Carvalho de Mendonça são frequentes as referências a Lafaiete, Ribas, Carlos de Carvalho, dentre os juristas brasileiros, mas só por seis vezes é citado Alfredo Valadão e apenas três referências haja ao projeto do Código das Águas da República, publicado mais de um ano antes da obra de Carvalho de Mendonça. No volume *Direito das Águas*, Alfredo Valadão consagra um capítulo à crítica de Carvalho de Mendonça, pois que, no dizer da réplica, o "objetivo fora de Carvalho de Mendonça publicando em 1909 o seu trabalho – *Rios e Águas Correntes* – combater a expansão do domínio público levada a efeito no Projeto, o espírito socializador que o anima"[55].

A monografia de Alfredo Valadão é o fundamento no qual se apoia o primoroso projeto do Código das Águas da República em que, para cumprir o dispositivo da Lei Orçamentária de 1906, um nome se destacava entre todos, o do jurista mineiro. Na determinação de quem tenha sido a ideia da escolha de Alfredo Valadão, pode-se pensar no próprio presidente da

54 Idem, p. 12.
55 *DA*, p. 19.

República que o chamara para a Faculdade de Direito de Belo Horizonte, mas nos arquivos do presidente Afonso Pena, hoje entregues à guarda do Arquivo Nacional, nada encontramos a respeito. Pedro Calmon, em elogio proferido na sessão do Conselho Federal de Cultura, esclareceu que a iniciativa partira de seu tio, Miguel Calmon, ministro da Viação, interessado no problema do aproveitamento das águas desde quando exercia a Secretaria da Agricultura da Bahia. A viagem feita depois ao Oriente dera-lhe a medida da utilização que se poderia obter desse recurso natural. É certo também que a iniciativa do ministro da Viação recebeu a melhor acolhida do presidente Afonso Pena. O fato incontestável é que, tendo sido o Governo autorizado a organizar o projeto do Código das Águas da República em 30 de dezembro de 1906, já em 24 de novembro de 1907 o *Diário Oficial* publicava um projeto de 198 artigos, queixando-se Alfredo Valadão, logo de início, da celeridade em que teve de elaborar o trabalho, dado o empenho do Governo em cumprir prontamente o preceito legislativo[56].

Compreendeu bem Alfredo Valadão que não seria possível lançar à opinião pública um documento de tamanha importância e com tantas feições renovadoras, senão respaldado num documento de apresentação que não fosse uma simples formalidade de acompanhamento, mas sim a justificação ampla das novidades introduzidas, seus fundamentos e motivações. Logo de início, limita de plano o âmbito do trabalho, excluindo as águas marítimas, pois dizia:

> Pareceu-me que o pensamento do legislador foi providenciar, apenas, sobre as águas terrestres pois é aí que a nossa lei é atrasada e omissa, é aí que reina a controvérsia, é aí que os altos interesses econômicos do país estão clamando pela necessidade da norma jurídica reguladora[57].

Justifica, logo em seguida, por que razão se fez um código e não uma consolidação:

---

56 Ver relatório do ministro da Indústria, Viação e Obras Públicas apresentado ao presidente da República em 1906, Rio de Janeiro: Imprensa Nacional, [s.d.], v. I, fls. 473-474.
57 A. Valadão, *Bases para o Código de Águas da República*, daqui por diante denominado BCAR.

De fato; consolidar o quê? O que possa existir no direito romano? O que possa existir nas Ordenações? O que possa existir na pobreza de nossa legislação? Certo que não.

Mais: nem a respigar entre nós na doutrina e na jurisprudência.

A doutrina ainda é a obra de Lobão!

A jurisprudência está por se fazer.

Assim, é mister que se constitua o nosso direito das águas; a obra legislativa tem que ser de criação desse direito.

E, para tanto, indispensável é o exame do assunto na legislação dos países cultos, onde modernamente o regime das águas tem estado em ativa elaboração.

Foi trabalho que me impus.

Hauri nesta fonte quanto me parece conveniente, para adaptar a tradição de nosso direito, organizando as bases de um código que correspondesse às necessidades econômicas e sociais do momento[58].

As duas questões principais que o codificador teve de enfrentar referiam-se à caracterização das águas públicas e particulares, e, dentre as primeiras, a definição das que se referiam ao domínio da União, dos estados e dos municípios.

A matéria é versada, tanto na exposição de motivos como no código, no estilo enxuto e sucinto que é apanágio dos grandes juristas e em cujas fileiras se encarreirava Alfredo Valadão.

Do exame da matéria, entretanto, se reflete claro o nítido sentido publicístico, que é uma das marcas mais expressivas do seu pensamento e que se refere no tema da ampliação do domínio público: "Realmente", diz ele, "essa doutrina tende a se expandir".

"Os interesses da indústria e da agricultura não mais encontram solução nas fórmulas da lei antiga"[59].

E logo em seguida examina o desdobramento do domínio público para a solução dos "grandes interesses ligados hoje ao regime das águas", afirmando peremptoriamente:

> O Código não deve se constituir um obstáculo a que esse domínio se dilate com o desenvolvimento que a ciência hidráulica possa dar ao regime do transporte.

---

58 BCAR, p. 6.
59 Idem, p. 11.

Conhecido o espírito do Código, a sua aplicação se fará segura e a oposição dos particulares terá, na opinião dos peritos e nas sentenças dos tribunais, a garantia do seu direito.

E para caracterizar exatamente a matéria do domínio público, tem esse conceito lapidar:

Qual agora a providência a tomar em relação aos cursos de água que não se compreendem no princípio estabelecidos? Deixá-los no domínio privado? Trazê-los para o domínio público?

Eis a questão que, no momento, se debate em todos os países cultos, em virtude, principalmente, dos interesses que se prendem ao caso da energia elétrica.

Uma solução intermédia, parece, resolve a questão.

Deixar no domínio privado as correntes que só a ele interessam; trazer para o domínio público aquilo que realmente é de interesse público.

Esse interesse culmina quanto à indústria no caso da hulha branca, quanto à agricultura, no caso da irrigação[60].

Aprofundando a matéria, mantém-se fiel aos seus princípios doutrinários:

O domínio [privado] no atual estado de evolução do direito já não se apresenta com arestas que possam magoar o interesse coletivo.

Passou o momento romano; e com ele o individualismo do direito[61].

E, aplicando a lei de Cimbali, exposta no livro *La Nuova Fase del Diritto Civile*, examina a evolução do direito privado da forma primitiva de confusão e absorção do instrumento individual no elemento social à forma secundária de indistinção do elemento individual do elemento social para alcançar a forma última de reconciliação e reintegração do elemento individual no elemento social.

Alfredo Valadão já se preocupava, naqueles anos remotos de 1907, com o problema do não aproveitamento dos cursos

---

60 Idem, p. 15.
61 Idem, p. 16.

d'água, e combatia o obstáculo formidável da especulação da indústria dos *barreurs*, os atravessadores, que adquiriram uma pequena parcela de domínio sobre os cursos d'água, impondo mais tarde aos industriais a sua aquisição por preço exorbitante. Discute a esse respeito os três principais sistemas criados com o objetivo de arredar o obstáculo, o sistema das concessões, da licitação e o das associações sindicais. O das concessões é combatido pelo fato de que se baseia na desapropriação, e que portanto dá ao proprietário particular atribuições de poder público. Parecia, ao autor da exposição de motivos, mais aceitável o sistema da licitação apresentado por Michoud, professor de direito adminsitrativo da Universidade de Grenoble. Mas Alfredo Valadão acaba se inclinando para o regime das associações sindicais, o regime do consórcio lembrado por Hauriou e Ader, engenheiro de pontes.

Discute o problema do destino das águas das correntes particulares e da conciliação dos interesses da agricultura com os da indústria, regulando nas Bases o problema das águas nocivas, levantando já naquela época o problema da poluição. De fato, dispunha o artigo 143: "A ninguém é lícito conspurcar ou contaminar as águas que não consome com prejuízo de terceiros".

Logo em seguida examina o problema da desapropriação das correntes, quer relativas à hulha branca, quer ligadas à irrigação para tratar do domínio público de uso comum, que deve se estender às águas de qualquer espécie nas zonas assoladas pelas secas periódicas; "assim o exige, mais do que o interesse da indústria e da agricultura, o próprio interesse da alimentação e da higiene". E depois de cuidar do problema da desapropriação, da acessão, da servidão legal do aqueduto, conclui a exposição de motivos:

> Traduzindo o momento da evolução jurídica, procurei conciliar quanto possível o interesse privado com o interesse coletivo.
> Mas as bases do Código versam sobre assunto em que, mais aceleradamente se opera a transformação do fenômeno econômico. O regime das águas é hoje, sob o ponto de vista econômico, o próprio regime da energia elétrica. E esta se multiplica a todo momento em suas prodigiosas aplicações. Assim, o direito das águas há de ter um movimento correlato.

Procurei, destarte, generalizar a norma jurídica, para que a obra legislativa não viesse a se malograr no dia seguinte ao da sua promulgação[62].

O Projeto com 198 artigos, obedecendo a uma técnica precisa, traduzia bem o espírito doutrinário que Alfredo Valadão expôs na exposição de motivos. Está sempre presente nele a ideia do predomínio do interesse público, cuidando o projeto das grandes linhas da regulação da matéria, e deixando para os regulamentos administrativos, constantemente referidos em numerosos artigos, o detalhamento desses princípios. Esta proeminência do interesse público, entretanto, se revela a todo momento, cabendo apenas citar o artigo 83 que trata das correntes, que é do seguinte teor:

Se o prédio é simplesmente banhado pela corrente e as águas não são sobejas, far-se-á a divisão entre o dono ou possuidor dele e o prédio fronteiro, proporcionalmente à extensão do prédio e às suas precisões. Parágrafo único: Devem-se harmonizar, quanto possível, nessa partilha, os interesses da agricultura; e o juiz terá a faculdade de decidir *ex bono et aequo*[63].

Encaminhado ao presidente da República as Bases do Código das Águas da República, não se desinteressou Alfredo Valadão da sua tramitação legislativa, que foi bastante lenta, sem se chegar à votação final pelo Poder Legislativo.

Em 20 de dezembro de 1906 o presidente da República encaminhou ao congresso o projeto; distribuído à Comissão de Constituição e Justiça. Ali permaneceu até 1911[64], quando o deputado Homero Batista, contando com o apoio dos seus colegas do Rio Grande do Sul, propôs que tivessem força de lei os dispositivos do projeto que passa desde logo a ser chamado de Projeto Valadão, e cuja adoção era da maior conveniência para o direito pátrio. Mas a Comissão de Constituição e Justiça deliberou remeter o projeto ao Senado, entendendo que a matéria deveria ser tratada no Código Civil, cujo projeto no momento se achava em estudo nessa casa do Congresso.

62 Idem, p. 20.
63 Idem, p. 25.
64 Para a tramitação legislativa, *DA*, p. 19.

Em parecer de 31 de agosto de 1912, a Comissão do Código Civil julgou que o projeto deveria ter existência autônoma e, em face disso, Miguel Calmon, já agora no exercício do mandato de deputado como representante da Bahia, requereu que fosse nomeada uma comissão incumbida de dar parecer sobre as Bases do Código das Águas da República. A comissão foi constituída sob a sua presidência, dela fazendo parte entre outros Carlos Maximiliano, Celso Bayma e Bueno de Andrada. Alfredo Valadão comparece a todas as reuniões da comissão, oferecendo, inclusive, réplica aos relatórios parciais escritos de alguns de seus membros. Sem ter andamento, em 15 de maio de 1916 o deputado por Minas Gerais, Álvaro Botelho, pede a nomeação de nova comissão, uma vez que fora promulgado o Código Civil e era preciso terminar o Código das Águas a fim de "dotar a nossa legislação desse complemento necessário no Código Civil".

Nova Comissão foi nomeada, presidida por Álvaro Botelho e composta dos deputados Alberto Sarmento, Agapito Pereira, Ildefonso Pinto, Celso Bayma, Veríssimo de Melo e Maximiliano Figueiredo. Alfredo Valadão novamente comparece a todas as reuniões da comissão, tomando parte nos debates e respondendo oralmente a impugnações, tendo sido igualmente convidados para dela participar Manoel Inácio Carvalho de Mendonça e Miguel Calmon.

Na sessão de 27 de junho de 1917, o deputado Veríssimo de Melo requereu que fosse nomeada outra comissão, que prosseguiu no exame do projeto até 1920, quando se deliberou dar vistas ao autor dos trabalhos remetidos pelos governos dos estados, inclusive do estado do Paraná, encaminhado pelo governador Afonso Camargo, seu colega das Arcadas, bem como das emendas apresentadas pela Câmara.

Encerrada a legislatura de 1918 a 1920, o deputado Veríssimo de Melo requeria, em 24 de junho de 1921, que a Câmara nomeasse nova comissão, que foi constituída sob a presidência de Carlos Maximiliano, do autor da iniciativa, Camilo Prates, Celso Bayma, João Cabral, Manoel Vilaboim, Miguel Calmon, Raimundo de Miranda e Vicente Piragibe. Debatido o projeto, em 18 de dezembro de 1923, era o parecer lido em sessão da Câmara, nunca mais reaparecendo na ordem do dia dessa casa.

Com a Revolução de 1930 foram constituídas comissões legislativas e uma delas, a Subcomissão do Direito das Águas, composta de Alfredo Valadão, Castro Nunes e Veríssimo de Melo, refaz, perante a Câmara, as Bases do Projeto do Código das Águas da República, apresentando capítulo novo sobre a regulamentação das forças hidráulicas, inspirado na mais moderna doutrina e jurisprudência norte-americana.

Divulgando em 1931 o volume *Direito das Águas*, no qual eram republicadas as exposições de motivos e as Bases do Código das Águas da República, Alfredo Valadão incluía um importante capítulo sob o título "Composição e Espírito do Projeto", que era por assim dizer uma nova exposição de motivos feita vinte e quatro anos depois, rebatendo as críticas que o projeto recebera. E dizia logo no início:

> Acabei de falar da composição do projeto quanto à classificação das suas matérias para a qual nenhum subsídio me apresentava a legislação dos diversos países. Agora direi da mesma composição quanto aos dispositivos do projeto.
>
> Sobre o aproveitamento das águas para a produção da energia elétrica ainda quase nenhum subsídio me apresentava a mesma legislação; por toda parte estava a informação e o direito a respeito.
>
> Não encontrei nela, pode-se dizer, dispositivo para transplantar no projeto; tive de formulá-los quase todos, como melhor me pareceu, ou segundo o que colhi nos projetos da hulha branca e nos projetos então em estudo dos parlamentos[65].

O seu pensamento foi o de socializar o quanto possível o direito das águas, acolhendo, nas suas próprias palavras, vários princípios renovadores.

Nesse importante documento, Alfredo Valadão reconhece que, embora adiantado para a época em que foi preparado, o projeto já necessitava, em 1931, de algumas alterações com referência à concessão das águas particulares, abandonando portanto a preferência pelo sistema das associações sindicais, e no sentido da nacionalização, quando estuda com rara proficiência toda a evolução do constitucionalismo mundial a partir de 1919. Concluía dizendo que já em 1907

---

65 *DA*.

fazia votos para que se reformasse a Constituição a respeito.

E são votos que continuo a fazer.

Só de fato com a reforma da Constituição o problema está em causa – o da produção e distribuição da energia elétrica – poderia ter, hoje, sob seus diversos aspectos, político, econômico e social, completa e perfeita solução.

Com semelhante reforma no sentido de se transferir para a União o domínio sobre as quedas d'água, ficando apenas uma competência subsidiária para os estados a respeito[66].

Alfredo Valadão voltaria a dizer do livro *Dos Rios Públicos e Particulares*, que o publicara

com o espírito voltado para o Direito das águas, mercê sobretudo de quanto importava para o progresso do Brasil a produção da energia hidrelétrica com esses formidáveis potenciais de uma Sete Quedas, de uma Iguaçu, de uma Paulo Afonso, e de tantas outras massas d'água que se despencam fragorosas por aí afora, ou esses outros formidáveis potenciais que a obra humana pode conseguir pelas condições tão especialmente favoráveis do país; desde que aquilo aconteceu, pôde observar a pobreza de nossa legislação, de nossa jurisprudência, de nossa doutrina, sobre o mesmo Direito, e relativamente a todos os problemas que no quadro deste se compreendem, que não apenas relativamente a esse problema da energia hidrelétrica, que, fique significado, naquele momento ainda vinha desafiando a competência dos legisladores e dos jurisconsultos dos diversos países[67].

Após os trabalhos de Alfredo Valadão, cessara, graças a seus esforços, a pobreza de nossa legislação, de nossa jurisprudência e de nossa doutrina sobre o mesmo Direito.

Quase um século após a sua elaboração, a análise e o exame das Bases para o Código das Águas da República é tarefa que deve se impor ao jurista brasileiro. Numa fase em que cresce avassaladoramente a intervenção dos Estados no domínio econômico, aumenta a importância de se estudar o projeto de lei que, no início do século, numa fase em que a sociedade escravocrata e patriarcal mal se extinguira, e onde apenas se esboçavam os prenúncios da industrialização, com tanta clareza

---

66 A. Valadão, *DA*, p. 371.
67 *RPP*, p. 29

examinou os benefícios do que se chamava na época hulha branca, que é a grande mola propulsora do desenvolvimento econômico do Brasil.

A evolução jurídica da nação se processa num movimento pendular em que se contrapõem tradição e modernidade. Nas fases de transformação intensa, o espírito da modernização não deve suplantar integralmente as tradições jurídicas que formam o substrato intelectual de uma nação. Alfredo Valadão conciliou com admirável precisão o espírito de tradição e o espírito de modernidade, legando ao país no campo do direito econômico um pensamento doutrinário e legal que não tem sido alcançado em nenhum outro ramo.

A HISTORIOGRAFIA REPUBLICANA DE AFONSO ARINOS

A historiografia republicana tem sofrido da posição incômoda de encontrar-se imprensada entre os estudos tradicionais da história colonial e imperial e os novos estudos de história contemporânea, que ganharam vulto nos últimos tempos, sobretudo nos departamentos de história das universidades brasileiras e estrangeiras, em especial norte-americanas.

Embora não se possa considerar que a história colonial e imperial tenha sido de todo estudada e explorada – e a massa de arquivos ainda a pesquisar é enorme –, é inegável que se tem claramente um quadro nítido das nossas instituições imperiais. No campo da história do Primeiro Reinado, vale ressaltar a obra fundamental de Otávio Tarquínio de Souza, em vários estudos biográficos e monográficos, que, publicados isoladamente, guardavam tal unidade que foram reunidos sob o título de *História dos Fundadores do Império do Brasil*.

De outro lado, em nenhum outro período se encontra obra tão completa e inteiriça como *Um Estadista do Império*, de Joaquim Nabuco. Falando dos livros de sua predileção, disse a respeito dessa obra o professor Edgardo de Castro Rebelo:

O que maior sedução exerceu sobre mim, *Um Estadista do Império* é também o que mais tenho lido. Tudo em qualquer de seus volumes concorre para que a inspiração pessoal do autor aparentemente se confunda com a própria verdade histórica e esta adquira a expressão que melhor lhe convém: a nobreza literária de algumas de suas páginas, o poder evocativo de quase todas, o relevo das figuras evocadas, o traço quase sempre rápido, embora firme, em geral incompleto, mas sempre exato, a que devemos esse relevo. Nabuco, entretanto, não o tinha pelo mais feliz de seus livros[68].

Em dedicatória a Domício da Gama no livro *Minha Formação*, considera Nabuco ser esta última a sua obra mais importante, e conclui Castro Rebelo:

Ilusão. A sorte não foi mais generosa para com ele quando, tomando-lhe a pena, lhe ditou o capítulo sobre Bagehot e o governo de gabinete, a recordação da missa ouvida na Sistina, ou o fez traçar o retrato do Barão de Tautphoeus, do que ao inspirar-lhe o do Marquês de Paraná ou o de cada um dos companheiros deste no ministério de 1853 e, depois de Teófilo Otoni, o de Zacarias ou o de Silveira Martins: nem mais generosa, quando lhe deu a paleta de que tirou o painel de Massangana, do que, na evolução da Câmara de 1864, ao inspirar-lhe o quadro com que perpetuou suas figuras mais expressivas[69].

No campo das biografias do Império, cabe mencionar a que Otávio Tarquínio de Souza escreveu sobre Pedro I, e as de Pedro Calmon e Heitor Lyra sobre Pedro II. Não é possível omitir também a biografia escrita por Otávio Tarquínio de Souza sobre Bernardo Pereira de Vasconcelos, que Afonso Arinos considerava a figura mais importante da política imperial, e a quem se referiu várias vezes durante as atividades de parlamentar. Quando da publicação do volume, Afonso Arinos, amigo de Otávio Tarquínio de Souza, apesar da diferença de idade entre ambos, não deixou de fazer alguns reparos ao caráter da biografia; sobretudo, lamentava que tivesse sido escrita por um pernambucano e não por um mineiro.

Não foram os estudos realizados no internato do Colégio Pedro II que despertaram em Afonso Arinos o interesse pela história. O professor de história do Brasil era João Ribeiro, mas

---

68 *Mauá e Outros Estudos*, p. 300.
69 Idem, p. 201.

as lembranças se referem mais ao interesse pelas obras literárias e à recomendação feliz que o fez aproximar-se da poesia de Ribeiro Couto, de quem se tornou um dos maiores amigos. É importante ressaltar que nas memórias de Pedro Nava, a mesma falta de interesse existe em relação às aulas de história do autor de *Fabordão*, muito mais voltadas para questões de história da cultura geral do que para o estudo específico da história.

Na faculdade de direito a referência aos estudos é bastante limitada, padrão que se verifica em todos os memorialistas e biógrafos, confirmando a expressão de um aluno de São Paulo no final do século, de que "se ia à Academia como se ia a um clube". Para Afonso Arinos, esse período foi entremeado por estadas na Suíça, onde, entretanto, fez estudos regulares de forma individual com o professor Séchaye.

A chave do enigma está no próprio volume de memórias de Afonso Arinos, quando fala dos estudos secundários no Colégio Melo e Souza, dirigido pela família Melo e Souza, onde foi aluno do professor João Batista de Melo e Souza: "A matéria que mais me encantava era a história do Brasil, dada pelo mesmo". E em seguida uma frase reveladora: "Creio que toda a minha inclinação posterior pelos estudos históricos data desse fecundo aprendizado inicial".

Descreve a didática da época:

> Ao lado dos compêndios usuais, o meu professor fez-me preparar um caderno de minha própria redação sobre os pontos capitais da história pátria. Era um caderno grosso, de capa dura, e manuscrito, com uma caligrafia cuidada. Cada capítulo era encimado por iniciais desenhadas em cores, que o próprio João Batista executava com esmero. Nas páginas colocávamos gravuras que tirava de livros e revistas, aqueles sacrificados sem pena pelo professor, que cortava seus próprios volumes para ornar o meu caderno. Nas minhas mudanças e viagens sucessivas extraviou-se aquele cuidadoso trabalho infantil, que eu bem desejaria recuperar, não pelo que nele houvesse escrito, que era nada, mas pelo testemunho que ele conteria do pertinaz esforço de aluno e um estilo superior de um notável ensino primário[70].

E conclui:

[70] A. A. de Melo Franco, *A Alma do Tempo*, p. 53.

João Batista foi professor dos meus filhos, depois de ser o meu, e, ao pensar no velho mestre, hoje retirado, mais preceptor do que mestre no verdadeiro e melhor sentido da palavra, lembro-me das reflexões de Montaigne a respeito daquele que o educou no colégio[71].

Decifra-se, assim, o enigma, ao verificar-se que dessa boa e sólida formação inicial surgiu o interesse do homem pelo estudo da história, o que o levaria a dedicar-se à especialidade com o maior empenho.

Os livros iniciais de Afonso Arinos não poderiam ser considerados na especialidade. O primeiro, *A Responsabilidade Penal das Pessoas Jurídicas*, era tese de concurso para cátedra, no início da carreira profissional, quando exercia as funções de promotor público na cidade de Belo Horizonte. O tríptico formado por *Introdução à Realidade Brasileira*, *Preparação do Nacionalismo* e *Conceito de Civilização Brasileira*, do período de 1933 a 1936, está incluído na epígrafe *política*, sendo bem nítida essa marca nos dois primeiros livros, mas apresentando-se menos clara no terceiro, onde a presença da cogitação histórica já é expressiva. Esta influência, aliás, é explicável, pois, exercendo as funções de advogado na consultoria jurídica do Banco do Brasil, então chefiada por Afonso Pena Júnior, a afinidade que entre ambos havia em torno da figura de Montaigne se estabelece também no campo da história. Quando Afonso Pena Júnior assume a reitoria da Universidade do Distrito Federal, convoca Afonso Arinos para reger a cadeira de Civilização Brasileira. O último livro deriva claramente das aulas sobre a matéria que proferiu naquele importante centro de estudos, infelizmente de efêmera duração.

Afonso Arinos se empolga pelo estudo da história, e para isso certamente muito terá contribuído a presença dos professores franceses de alto nível na universidade, como, entre outros, Henri Hauser na história econômica e Eugene Albertini na história romana. Esse interesse era tão grande que, quando a Constituição de 1937 proibiu a acumulação dos cargos públicos, pretendeu Afonso Arinos permanecer na cátedra de história e deixar o cargo de advogado do Banco do Brasil, mas acabou

---

71 Idem, p. 55.

optando pelo último, atendendo a um sábio conselho do amigo Edmundo da Luz Pinto.

É desse período também o livro *O Índio Brasileiro e a Revolução Francesa*, com o subtítulo *As Origens Brasileiras da Teoria da Bondade Natural*. Nos estudos que fizera em Genebra com o professor Séchaye, Afonso Arinos se dedicara às obras de Michel de Montaigne, e se detivera em particular na análise da presença de índios brasileiros na França após o descobrimento. Os estudos em Genebra, não apenas sobre Montaigne, mas também sobre Rousseau e os enciclopedistas, foram a origem do interesse que o levou a escrever a obra, que constitui estudo interdisciplinar de história das ideias, relacionando a história, a sociologia, o direito e a filosofia.

É preciso acentuar que o livro resultou de uma longa elaboração, iniciada ainda em Belo Horizonte, no final da década de 1920, em que Afonso Arinos se socorreria de fontes existentes no Brasil. Relata ele que, ainda em Belo Horizonte, Gustavo Capanema mandou adquirir as *Obras Completas* de Rousseau, e que no Rio, graças à generosidade de Rodolfo Garcia, a consulta ao acervo da Biblioteca Nacional foi facilitada o que permitiu o acesso às melhores fontes.

As obras que se seguem cronologicamente são todas monográficas, feitas ao sabor das circunstâncias e no interesse, sobretudo, do período colonial e imperial, ou ainda sínteses que abrangem toda a história do Brasil, mas nas quais o período republicano é apresentado com menor destaque. O volume *Síntese da História Econômica do Brasil*, de 1938, resultou do curso ministrado no Uruguai, no âmbito do acordo cultural entre os dois países. As palestras foram pronunciadas conjuntamente com San Tiago Dantas, que tratou da *história política do Brasil*, mas de cujas conferências há apenas sucinto sumário. Afonso Arinos desenvolve nesse livro a ideia dos ciclos, que já tinha sido esboçada em outros autores, dando-lhe um tratamento especial; o período republicano aparece com pequena contribuição.

Terra do Brasil (1939) inclui conferências e o importante trabalho apresentado no III Congresso de História Nacional, promovido pelo Instituto Histórico e Geográfico Brasileiro, sobre *As Idéias da Inconfidência*, dividido em ideias políticas e ideias administrativas. *Um Soldado do Reino e do Império: A Vida do*

Marechal Calado (1942), premiado pela Biblioteca do Exército, trata da vida desse militar, no Reino e no Império, e que era seu antepassado. *Homens e Temas do Brasil* (1944) reúne trabalhos esparsos, a maioria estudos históricos.

Síntese do Desenvolvimento da Civilização Material do Brasil (1944) resultou de uma série de conferências pronunciadas no Serviço do Patrimônio Histórico e Artístico Nacional (SPHAN) a convite do diretor, seu primo e grande amigo Rodrigo M. F. de Andrade. O trabalho analisa com rara propriedade e farta documentação essa questão mal estudada da história do Brasil.

No exercício das funções de advogado da consultoria do Banco do Brasil, já agora exercida por João Neves da Fontoura, Afonso Arinos é indicado por seu chefe, o presidente Marques dos Reis, para escrever a *História do Banco do Brasil*. Prepara apenas o primeiro volume (1808-1835), pois é demitido ao assinar o *Manifesto dos Mineiros*.

É nesse momento que se altera substancialmente a sua produção intelectual. Na mesma época (1º de janeiro de 1943), interrompendo a seção de crítica literária que mantinha no *Diário de Notícias*, explica: "Serei forçado a me dedicar a um trabalho cujo compromisso assumi não apenas comigo, mas também com outros e, sobretudo, para com alguém a quem não posso faltar..." Explica, aliás, que, desde moço, em Genebra, tivera a ideia de escrever a vida de seu pai e que essa lembrança ocorrera com a leitura de *Um Estadista do Império*, de Joaquim Nabuco. A ideia foi esboçada ainda em vida de seu pai, a quem nada revelara e que dela só tomou conhecimento através da inconfidência de um amigo. O título do livro pareceu a alguns "escolha ambiciosa, quando não pretensiosa". Amigos como Otávio Tarquínio de Souza e Rodrigo M. F. de Andrade preferiam que fosse outro, chegando o primeiro a sugerir o título *Um Estadista Republicano*. Afonso Arinos explica que o livro nasceu com o nome que tem, *Um Estadista da República*, mas não houve a pretensão de compará-lo à obra de Joaquim Nabuco. O livro tem feição bem nítida e característica, a cada qual correspondendo uma fase da vida de Afrânio de Melo Franco – a fase provincial, a fase nacional e a fase internacional.

É preciso fazer ainda uma referência a livros posteriores no campo da história, como *Episódios da História Contemporânea*, de 1956, que é praticamente uma crônica política de fatos do período. Há ainda uma síntese histórica de nossa Câmara Baixa em *A Câmara de Deputados*, de 1976, lançada por ocasião do sesquicentenário dessa instituição. *Jean Baptiste Debret* e *O Palacete do Caminho Novo* são dois estudos de alto valor histórico e artístico.

Mas a presença da história se encontra em toda a atividade intelectual de Afonso Arinos: ela se revela nítida nos livros de memórias, como no singular e excepcional *Amor a Roma*, e também na obra do cultor do direito constitucional, sempre preocupado com a análise histórica das instituições políticas. A tese de concurso para a Faculdade Nacional de Direito é também livro de história – *História e Teoria do Partido Político no Direito Constitucional Brasileiro*, de 1948, com o volume do curso de direito constitucional, *Formação Constitucional do Brasil*, de 1960. No livro *Estudos de Direito Constitucional*, de 1957, o capítulo "O constitucionalismo brasileiro na primeira metade do século XIX" é também análise da história do direito.

Nas obras de história de Afonso Arinos não se encontra uma preocupação maior em caracterizar a filiação às correntes da historiografia. O que é patente no seu espírito é a preocupação com os fatos, com a procura dos documentos e sua análise. E nesse ponto, as grandes obras sobre o período republicano foram muito facilitadas pelo acesso às fontes de que dispôs. No caso de *Um Estadista da República*, os próprios arquivos do pai, que estavam sob sua guarda; no caso de *Rodrigues Alves*, o arquivo do grande presidente, que em grande parte estava em suas mãos, uma vez que sua mulher, dona Annah, era neta do político paulista. Mas nesse segundo caso, vários outros arquivos lhe foram facultados graças à amizade invulgar de Gontijo de Carvalho, como os arquivos de Rubião Júnior e Altino Arantes. Afonso Arinos podia repetir a frase de Henri Irénée Marrou: *L'Histoire se fait avec les documents* (A história se faz com os documentos).

De fato, a grande preocupação do historiador era chegar aos documentos, obter as fontes autênticas, e só a partir daí alçar-se para as hipóteses, análises e linhas de interpretação. Entretanto, há um documento que talvez possa revelar as tendências historiográficas de Afonso Arinos. É a apresentação da série *História do Povo Brasileiro*, que é assinada pelos vários autores colaboradores, ficando difícil caracterizar a autoria. Segundo o depoimento autorizado de Antônio Houaiss ao autor, o trabalho foi feito a várias mãos, mas é certo que nele há nitidamente a marca de Afonso Arinos. O trabalho de Von Martius encaminhado ao Instituto Histórico e Geográfico Brasileiro em 1843, sob o título *Como se Deve Escrever a História do Brasil*, deve ter sido incluído por sua iniciativa, bem como a síntese feita sobre os grandes autores da história da política, da história econômica, da história social, da história da literatura e das artes, e da história diplomática. A citação final, também de Henri Irénée Marrou, seria por certo de sua inspiração:

> A pesquisa foi levada mais avante: esforça-se por encontrar, além das motivações conscientes, os móveis secretos que impeliam os heróis e, sobretudo, procurou identificar as realidades da ordem coletiva, das quais esses autores da história eram porta-vozes, testemunhas ou, algumas vezes, joguetes; forças sociais e estruturas econômicas.

Antes de analisar as duas grandes biografias do período republicano, uma referência se impõe: a contribuição de Afonso Arinos à já citada *História do Povo Brasileiro*, organizada pelo ex-presidente Jânio Quadros, na qual ficou responsável pelos períodos imperial e republicano. A tarefa era grande, e diante do prazo exíguo, Afonso Arinos se socorreu da colaboração dos grandes amigos e discípulos Antônio Houaiss e Francisco de Assis Barbosa, com a divisão dos capítulos entre os três colaboradores. Tratava-se de uma obra didática de divulgação, sem os rigores do aparato historiográfico, mas mesmo assim é nítido o desnível entre essa contribuição e a referente ao período colonial.

É singular que o capítulo sobre a presidência de Rodrigues Alves ficasse a cargo de Francisco de Assis Barbosa e não de Afonso Arinos. A escolha, porém, se explica, pois Francisco de Assis Barbosa, nascido em Guaratinguetá, conterrâneo de Rodrigues Alves, era estudioso do período e pretendia mesmo escrever uma obra a respeito do grande presidente, tendo mais tarde colaborado de forma decisiva no livro de Afonso Arinos sobre o ex-presidente.

No volume v – *A República, as Oligarquias Estaduais* – Afonso Arinos trata dos governos do marechal Deodoro e do marechal Floriano, das presidências de Afonso Pena, Venceslau Brás e Delfim Moreira, e do fim da República oligárquica, com a presidência de Washington Luís. No volume seguinte, cabem a Afonso Arinos os capítulos referentes à vitória da Revolução de 1930 até o impedimento do presidente Café Filho, e da renúncia de Jânio Quadros até a visão do Brasil contemporâneo, o planejamento e a ação futura. Coube a Antônio Houaiss escrever sobre a presidência Jânio Quadros, revelando o que até agora tem sido considerada a versão autêntica da renúncia.

Outro trabalho que não pode ser omitido é o opúsculo *As Idéias Políticas no Brasil*, série de conferências pronunciadas em curso de extensão universitária realizado na Faculdade de Direito da Pontifícia Universidade Católica do Rio Grande do Sul em 1971 e cuja última aula, dedicada às ideias políticas da República, constitui síntese expressiva do pensamento político brasileiro. Esses estudos foram posteriormente incluídos no volume *O Som do Outro Sino*[72].

É importante destacar que nesse trabalho Afonso Arinos dá uma visão inteiramente nova da matéria, preocupando-se com uma ideia que está presente em muitos dos seus estudos, que é a distinção entre o juridicismo e o legismo, incluindo Rui Barbosa nessa última categoria. Mas dá importância, ao lado do legismo deste último, ao sociologismo de Alberto Torres, ao realismo político de Campos Sales, para afinal se deter na linha da ciência política, representada por Assis Brasil, que considera "de fato o principal cientista político do princípio da República até 1930 e mesmo depois de 1930".

A análise das duas grandes obras de Afonso Arinos sobre o período republicano, *Um Estadista da República: Afrânio de Melo Franco e seu tempo* e *Rodrigues Alves: Apogeu e Declínio do Presidencialismo*, não poderá ser feita nesta breve nota historiográfica, pois exigiria estudos mais profundos e exame dos arquivos que ele compulsou, bem como dos jornais e revistas da época.

Anote-se, à guisa de introdução, que ambas foram obras altamente meditadas, sedimentadas através de conhecimento prévio e fortalecidas no decorrer da própria elaboração. A elaboração de *Um Estadista da República* inicia-se de fato com a

---

[72] Cf. p. 175 e s.

morte de Afrânio de Melo Franco em 1943 e termina no ano de sua edição, em 1955. Conta Afonso Arinos no prefácio que o editor José Olympio começou a imprimir os dois primeiros volumes enquanto ele terminava o terceiro. Não há indicações precisas sobre o início da segunda obra além da declaração de que "algum tempo depois da publicação da biografia de meu pai comecei a cogitar no preparo de um longo estudo sobre a vida de Rodrigues Alves". Também aqui razões sentimentais foram preponderantes: o fato de Afonso Arinos ser casado com dona Annah Pereira de Melo Franco, neta do grande presidente paulista, e de ter ficado depositário de grande parte de seu arquivo.

Afonso Arinos reconhece, com sinceridade, que não é possível comparar em importância a vida de Rodrigues Alves com a de Afrânio de Melo Franco. Pretendia, com esse segundo estudo, constituir uma espécie de história da Primeira República, "estudada através de duas longas vidas de homens que fizeram da ação política a razão principal de suas existências". Pode-se ainda adiantar que a feitura desse último livro ocorreu em prazo muito mais curto, pois nela não pesaram as interferências da atividade política.

A comparação muitas vezes feita entre *Um Estadista da República* e *Um Estadista do Império*, mencionada na introdução do primeiro, é comentário fácil que impressiona à primeira vista, mas que não pode ser repetido sem melhor análise. No prefácio para a edição da Aguilar (1975) de *Um Estadista do Império*, Afonso Arinos dá o exemplo, ao comparar o livro sobre Balmaceda, de Bañados de Espinosa com o de Nabuco. Depois de fazer várias comparações, Afonso Arinos afirma: "É óbvio que a obra de Joaquim Nabuco é muito superior à de Bañados de Espinosa, esta, diga-se de passagem, muito lida no Brasil, quando apareceu".

Afonso Arinos transcreve no prefácio o comentário de Nabuco de que "não há nele (Bañados), é certo, em algum ponto, o traço profundo que caracteriza o biógrafo; não há nenhuma dessas adivinhações como gênero de uma nação ou do amálgama de uma sociedade". E comentando a inexistência na América do Sul de um historiador de peso, acrescentava Nabuco: "Essa lacuna sensível da literatura histórica moderna há de ser, porém, preenchida mais cedo talvez do que se pensa". Acrescenta Afonso Arinos:

Preenchida por ele, que, lido Balmaceda, de Bañados de Espinosa, começou logo a dar vida, no estilo plácido e admirável, a todo o enorme acervo reunido, estudado e classificado, para a ereção do que ele próprio chamou, antecipadamente e com toda a justiça, o monumento e a estátua[73].

Este comentário final certamente se aplicaria, também com toda justiça, ao trabalho feito por Afonso Arinos nas duas grandes biografias.

Afonso Arinos transcreve os comentários de Gilberto Freyre, para quem *Um Estadista da República* era um livro barroco e *Um Estadista do Império* parecia predominantemente clássico, estando a razão do contraste na diferença entre as técnicas da historiografia nas duas épocas:

Uma, a história grandiosa, dramática, fixadora das culminâncias entre os fatos e os homens, drapejada de reminiscências antigas, com personagens solenes, e togados como heróis racinianos. Outra, a história mais copiosa que grandiosa, cuja força está na solidariedade dos pequenos fatos e não na emoção isolada dos grandes; história que é rio e não montanha, história mais interpretativa que julgadora. Diferença parecida com a que os historiadores literários fazem entre a época ciceroniana e a pós-ciceroniana, idade do ouro e da prata[74].

Afonso Arinos acrescenta ao comentário de Gilberto Freyre que "para ele o Império era clássico e a República barroca". Logo ajunta: "Os dois livros não podiam ser diferentes do que são".

Adita ainda Afonso Arinos que seu livro não podia deixar de ser parcial em dois sentidos: na valorização do personagem e na apreciação, em função dele, de apenas uma parte da época estudada. E interroga:

Mas haverá biografia imparcial? Essa ideia em si mesma me parece absurda. Há, naturalmente, biografias destrutivas, hostis, mas isso não quer dizer imparcialidade. Pelo contrário, o ódio é o sentimento mais absorvente e mais transviador do que o afeto. Reconheço que, dentro da parcialidade inerente ao gênero biográfico,

---

73 A. A. de Melo Franco, Prefácio, em J. Nabuco, *Um Estadista do Império*, p. 29.
74 Idem, p. 31.

há gradações e mais parcial será o livro sobre um conhecido, sobre um amigo e especialmente sobre um pai[75].

E termina por transcrever a frase da Vida de Samuel Johnson, de James Boswell: *Nobody can write the life of a man but those have eaten and drunk and lived in social intercourse with him**.

A existência das duas biografias coloca uma indagação, relembrando os melhores torneios escolares de outros tempos: quem foi maior, César ou Aníbal? Cícero ou Demóstenes? E comparações parecidas. A resposta não pode ser dada de pronto, e certamente exigirá a análise e os comentários dos doutos. Mas certamente a vida de Rodrigues Alves é um desmentido cabal à frase de Boswell, pois a biografia guarda inteira parelha com a que Afonso Arinos escreveu sobre seu pai, e o autor nunca fez as refeições, bebeu ou viveu em contato social com o biografado.

As fontes históricas de Afonso Arinos não são fáceis de precisar, tão vasta era a sua cultura literária, tão extensa a leitura dos historiadores e tão amplo o seu interesse intelectual. Mas pode-se adiantar que dois autores clássicos marcaram a sua formação, pelas referências constantes encontradas no painel da sua vida intelectual que é *A Alma do Tempo*: Plutarco e Tácito.

Do primeiro as referências não são tão frequentes, antes mencionando episódios de simplicidade. Por ocasião da visita do presidente Eisenhower ao Brasil, comenta Afonso Arinos: "Não há aí qualquer trivialidade populesca, ao contrário, o que marca é uma grandeza autêntica que sentimos em certas páginas de Plutarco. É um misto de tradição religiosa, de respeito ao indivíduo, de confiança na lei, de instinto de solidariedade social"[76].

Referindo-se a artigo escrito em 1963, em face da turbulência com o título de "O Comício e o Senado", escreve: "Aproveitando uma passagem de Plutarco eu desvendava claramente o bonapartismo governamental, denunciava a técnica subversiva do 'apelo ao povo' e terminava aludindo à iminência da guerra

---

75 Idem, p 82.
* Ninguém pode escrever sobre a vida de um homem, a não ser aqueles que comeram, beberam e viveram em intercurso com ele (N. da E.).
76 *A Alma do Tempo*, p. 621.

civil". Falando em uma das passagens por Roma de uma discussão no Fórum em um dos seus monumentos mais comoventes, a pequena fonte de Ninfa diuturna, comenta: "E foi à beira da fonte que, segundo Plutarco, Castor e Pólux mostraram-se aos romanos, dessedentando os cavalos, de cujos flancos escorria ainda o suor do combate"[77].

De Tácito as referências são mais frequentes. Aparecem nas impressões de viagem, quando Afonso Arinos se remete ao historiador romano. Diz ele:

> Os encontros de Hitler com Mussolini, no paço de Brenner, de Roosevelt com Churchill, nas águas do Atlântico, de Eisenhower com Kruschov na cidade de Washington, podem ser lidos nas páginas de Homero ou de Tácito, no que toca ao intercâmbio desses homens[78].

Num momento de relaxamento, por ocasião da inauguração de Brasília, comenta: "O abril guanabarino está azul e tépido. Tenho dividido as minhas horas entre os *Anais* de Tácito e o *Rome, Naples, Florence*, de Stendhal. Sinto-me inteiramente satisfeito assim".

Em outro passo, escreve, referindo-se à cultura humanística de Afonso Pena Júnior:

> A poesia de Carlos Drummond de Andrade lhe interessa tanto quanto os arrazoados do Sáfaro Lobão, ou as páginas de Tácito, ou os mistérios da medicina, ou a técnica de cultivo das rosas e da escolha dos vinhos de França, assuntos esses últimos em que, de certa forma, se especializaria[79].

Visitando a Alemanha e descrevendo suas cidades e seu povo, assinala:

> Estranho povo, estranha civilização de permeio entre o oeste e leste, entre norte e Sul. Tácito sentiu-lhe a riqueza e o mistério. O seu contraste de doçura e brutalidade, de poesia e tecnocracia, da vetustez cultural e juventude política, de claridade latina e bruma tectônica, nunca será decifrado[80].

77 Idem, p. 931.
78 Idem, ibidem.
79 Idem, p. 328.
80 Idem, p. 1.194.

Comentando a influência que recebeu em certa fase de sua vida, afirma: "O gosto por Maurice Barrès me era incutido pelo irmão Virgílio, que amava a sua capacidade de tratar o cenário da Terceira República, ao jeito de Tácito retratando o Império Romano". Em Londres em companhia de Abgar Renault, descreveria: "Não há mocidade mais desafiadora do que aquela que ontem, em companhia de Abgar Renault, na tarde estival, eu vi desfilar por Oxford Street. Rapazes de cabelos longos sobre os ombros faziam lembrar os germanos ao pé do fogo, de que Tácito nos conta"[81]. Como em outro passo se referiria aos "bárbaros loiros de que Tácito falava com tamanha beleza"[82].

Essas citações indicam claramente o quanto deve ter sido forte a influência desses historiadores sobre a formação intelectual de Afonso Arinos: o autor de *Vidas Gloriosas*, traçando o perfil de grandes personagens romanas que inspirariam o retrato dos dois políticos republicanos, e ao autor dos *Anais*, dando-lhe o traço descritivo da história romana que seria adaptado ao relato da história republicana brasileira.

Nessa rápida síntese, não se poderá evidentemente fazer a análise completa e exaustiva que os dois volumes merecem, mas apenas traçar algumas indicações que sirvam de subsídio para trabalhos definitivos.

É importante assinalar que os dois livros conservam perfeita simetria, um paralelismo singular, e constituem certamente a melhor comprovação da existência da política do "café com leite". De fato, na medida em que predomina a política paulista no cenário republicano, é em *Rodrigues Alves* que encontramos a descrição desses feitos; no momento em que ascende a política mineira, é *Um Estadista da República* que nos fornece o fio condutor. Quando pela primeira vez Afrânio de Melo Franco chega à Câmara dos Deputados – na fase nacional descrita no livro – terminava a primeira presidência de Rodrigues Alves, relatada de forma abundante no primeiro volume. As fases da presidência Afonso Pena são assim um dos pontos altos de *Um Estadista da República*, cumprindo destacar em especial o estudo detalhado e minucioso que o livro fornece

---

81 Idem, p. 931.
82 A. A. de M. Franco, *Rodrigues Alves: Apogeu e Declínio do Presidencialismo*, v. II, p. 868.

sobre tema tão pouco estudado da história republicana como "O Jardim de Infância". A fase da presidência Hermes da Fonseca, na qual Rodrigues Alves ocupa a presidência de São Paulo, também é tratada com detalhe em *Um Estadista da República*.

Num ponto somente convergem os interesses: na Regência Republicana, quando, eleito Rodrigues Alves presidente da República, mas não podendo exercer o cargo por força de doença, assume a presidência o vice-presidente Delfim Moreira. Com a morte de Rodrigues Alves, ocorre o que descreve Afonso Arinos: "Em 16 de janeiro de 1919 morria com Rodrigues Alves a República de 15 de novembro de 1889".

É em *Um Estadista da República* que vemos a descrição minuciosa da presidência de Artur Bernardes, da presidência Washington Luís, do movimento da Aliança Liberal e da vitória da Revolução de 1930, quando então os acontecimentos nacionais passam para um segundo plano e se destaca na órbita internacional a figura de Afrânio de Melo Franco.

Aliás, no livro *Rodrigues Alves*, em vários momentos, para evitar a duplicação, Afonso Arinos se reporta à outra obra, em relação a determinados fatos.

Da análise das duas obras, alguns pontos merecem ser destacados, sem embargo de outros, que especialistas poderão examinar com mais propriedade. Embora nunca se arvorando em conhecedor dos problemas econômicos, declarando, ao final da sua vida, que os desconhecia por inteiro, é autor de uma *Síntese da História Econômica do Brasil*, que é entretanto muito mais um trabalho de história do que de economia, Afonso Arinos realizou análises sobre o Convênio de Taubaté, a defesa da política cafeeira nos Estados Unidos e a Caixa de Conversão, que são estudos importantes no âmbito da formação da economia brasileira.

Por outro lado, em *Rodrigues Alves* há um capítulo que merece destaque, o consagrado à Burschenschaft, a Bucha, a sociedade secreta fundada sob os auspícios de Júlio Frank, na Faculdade de Direito de São Paulo, que pelo seu próprio caráter nunca tinha sido estudada com seriedade, a não ser em trabalhos que mais se aproximavam das obras de ficção. Com material que lhe deve ter sido fornecido pelo grande amigo Gontijo de Carvalho, Afonso Arinos colocou uma luz nova sobre a matéria fundamental para a compreensão da história republicana. A Burschenschaft, na versão brasileira, ganha assim uma dimensão nova, à espera de que, com o tempo, a divulgação de seus arquivos permita traçar a evolução dessa sociedade de tanta repercussão na história republicana.

Outro tema fascinante do livro é o estudo das relações entre Rodrigues Alves e Rui Barbosa, revelando que o eminente brasileiro, jurista inexcedível, cultor das letras, grande parlamentar, era no trato da política republicana pessoa levada pelos impulsos, pelas instigações, e que sua emotividade acentuada não lhe abriu os caminhos à ascensão natural à presidência da República.

O mais importante é salientar a relevância desses dois livros no quadro da obra de Afonso Arinos, igualmente significativos e inspirando-se na frase que ele escreveu sobre *Um Estadista do Império*: "Monumentos e estátuas que vão durar para o largo futuro do Brasil, como modelos inexcedíveis no gênero". Monumentos e estátuas erguidos às memórias de Afrânio de Melo Franco, Rodrigues Alves e Afonso Arinos de Melo Franco.

OS BACHARÉIS NA REPÚBLICA

O título deste ensaio trai certa ambiguidade: a denominação escolhida, "Os Bacharéis na República", pode ser entendida como "Os Bacharéis da República", e poder-se-ia expressar uma outra denominação, também cabível, "A República dos Bacharéis". Qualquer que seja o título adotado, tem como universo examinar a presença dos bacharéis em um século de vida republicana.

Evidentemente, o tema já foi assunto de vários trabalhos, e o que se fará aqui é colocar determinada ênfase sobre certos aspectos para demonstrar essa presença. Sem esquecer, em rápida síntese, do papel dos bacharéis na organização institucional do país, procurar-se-á destacar atividades fora do plano estritamente jurídico e em aspectos outros que têm sido estudados.

Não é possível examinar esse tema, como qualquer outro de caráter histórico, sem partir dos antecedentes, pois a evolução histórica não se faz abruptamente, mas em movimentos graduais e, excepcionalmente, com algumas rupturas.

A tradição da presença do bacharel na vida brasileira encontra suas origens remotas em Portugal nos primórdios da vida no país, na figura de João das Regras, o formulador institucional da monarquia portuguesa, e o papel do doutor em lei, formado pela Universidade de Coimbra.

Entre nós, já no início da existência do país, revelava-se a existência do Bacharel de Cananeia, cuja origem ainda permanece controvertida, mas que sem dúvida era um formado em direito que se instalara na terra recém-descoberta.

A independência é realizada por um príncipe português, sob a égide de um notável brasileiro, que se destacara na Europa em vários setores e que, chegando ao Brasil, se empenhou em tornar a nova pátria independente, sendo curiosamente um doutor em mineralogia, José Bonifácio de Andrada e Silva.

A Independência conduz logo, em 11 de agosto de 1827, à criação de dois cursos jurídicos, um em Olinda, depois Recife, e outro em São Paulo, que seriam o viveiro da nova geração de advogados e políticos, substituindo a anterior, que se formara na Universidade de Coimbra. Essa geração dá o molde formador da elite política do Império, os estadistas que perpassam em cores vivas no livro de Joaquim Nabuco, *Um Estadista do Império*, e moldam a formação política do Brasil, desenvolvendo um arraigado perfeito à lei e à ordem jurídica.

À geração anterior, ainda formada em Coimbra, se deve a elaboração da Constituição de 1824 nos debates da Constituinte e na elaboração do Conselho de Estado, após a dissolução da Assembleia Constituinte, e que absorveu as ideias do moderno constitucionalismo europeu, o primado do direito, a garantia dos direitos individuais e, refletindo a ideologia burguesa, o direito absoluto da propriedade.

A geração formada em Olinda/Recife e São Paulo prossegue na mesma concepção ideológica, e esse molde institucional já deu margem a que se caracterizasse no Império um mandarinato político, através de um *cursum honorum*, que começava pelo exercício de funções na magistratura ou na promotoria, o acesso à Assembleia Provincial, o exercício do cargo de presidente de província em várias delas, com as quais o dirigente quase não tinha nenhuma vinculação, para afinal ascender à Assembleia Geral, ao ministério e, em alguns casos, à presidência do Conselho e, como ponto culminante, a vitaliciedade do Senado e o Conselho de Estado.

A essa geração, de méritos inegáveis, se tem acusado de um certo espírito verbalista, desligado das realidades do país. Mas esse molde era tão forte que mesmo figuras não egressas do direito, como o visconde de Rio Branco, formado pela Escola Naval e lente de matemática, e Inhomirim, egresso da Faculdade de Medicina, ajustavam-se a essa moldura e pareciam eles também serem bacharéis de Olinda e de São Paulo. Até mesmo Pedro II, cuja formação educacional extremamente precária Alberto Rangel traçou no livro *A Educação do Príncipe*, se amoldava a esse perfil.

Por isso, pode dizer José Maria Belo, embora com exagero, que

tão ou mais desenraizado do que Pedro II no verdadeiro Brasil foi a maioria dos políticos que o acompanharam, bacharéis e doutores, orgulhosos de sua educação clássica de latinistas, o que, aliás, não impedia que escrevessem sem elegância, estropiando diretamente a gramática da própria língua, viciados na pequena política de intrigas, pouco entusiasmados com as questões filosóficas, sociais e econômicas da época[83].

E concluía que "a herança do Império é, afinal, ao lado das sombras, a herança da escravidão e de cinquenta anos de hesitações, de timidez, de artifícios e tantas vezes de mau bacharelismo"[84].

O movimento republicano, sobretudo na sua feição militar, foi um movimento antibacharelista, pretendendo os militares que se substituísse o sofisma, a chicana e os artifícios da atuação do bacharel pela firmeza e retidão do elemento militar.

Mas aquela influência era tão grande que até os militares passaram a adotar a posição do "cidadão de farda", em que se nota a presença desses princípios e que foi analisada por Oliveira Viana no livro *O Ocaso do Império*. Tratava ele da

personalidade dúplice e contraditória dessa entidade híbrida, que é o cidadão de farda. Ele julga, como se vê, que a sua farda tem o

---

83 *História da República*, p. 26.
84 Idem, p. 44.

"direito incontestável ao respeito" – o que é indiscutível, mas quer, com sensível imprudência, ser cidadão no mundo da política civil, mundo em que o respeito pelos adversários e mesmo pelos próprios correligionários nunca existiu. Essa mentalidade contraditória é que torna o militar político um elemento perigosamente deflagrante[85].

Dizia Joaquim Nabuco, numa frase-síntese, que sem os exaltados não é possível fazer as revoluções, mas que com eles é impossível governar. Assim, a efervescência que, a partir de 1870, levantou a bandeira do movimento republicano só pôde realmente lograr êxito com a adesão do elemento militar. O *Manifesto Republicano*, incisivo na crítica ao poder pessoal do monarca e ao movimento da centralização política e administrativa, não apresentava um programa afirmativo de política e, tentando ser conciliador, contornou o problema da escravidão, e somente dezenove anos depois se processou a vitória do movimento.

Da mesma forma, vitorioso o movimento de 15 de novembro, haveria que repensar a reestruturação constitucional do país, e certamente os princípios legais da doutrina positivista que a geração militar da Praia Vermelha haurira eram insuficientes para essa tarefa. Foi aí que surgiu a figura do grande bacharel da República, a quem também se pode chamar com justiça o estadista da República, Rui Barbosa.

Seria difícil tentar em breves trechos analisar a atuação de Rui Barbosa como bacharel da República, pois há na sua extensa vida pública em relação à organização constitucional do país os dois grandes momentos, a elaboração da Constituição de 1891 e a batalha perante o Supremo Tribunal Federal pela garantia do *habeas corpus*. No primeiro aspecto, Rui Barbosa se torna a figura destacada na elaboração do anteprojeto e poder-se-ia quase mesmo dizer o principal autor. Forrado das melhores fontes bibliográficas do direito constitucional norte-americano, forneceu, ao estatuto legal que organizara a nova nação republicana, as características do presidencialismo e do federalismo.

A organização dada pela Constituição ao Supremo Tribunal Federal fugia dos moldes clássicos do Superior Tribunal

---

85 Cf. p. 122.

de Justiça do Império, mas a força da tradição fez com que os ministros, vindos do Império, interpretassem a nova constituição como se estivessem ainda na velha corte. Por isso mesmo no episódio da primeira impetração de *habeas corpus*, em 5 de outubro de 1892, o pedido de Rui Barbosa é denegado à quase unanimidade, com exceção de Piza e Almeida, egresso também do Tribunal Imperial, mas que entendera a importância do novo instituto, e a quem Rui Barbosa, num gesto de humildade, beijou-lhe a mão.

Outras batalhas se sucedem até que o Tribunal aceite a tese defendida por Rui Barbosa, que depois seria estendida de uma forma construtiva e ampla pelo grande ministro do Supremo Tribunal Federal, Pedro Lessa. Nascido no Serro, forrado das boas humanidades, ingressou na Faculdade de Direito de São Paulo, lá se formando e se doutorando para, em seguida, exercer o magistério de filosofia do direito nessa mesma faculdade. A sua atuação como professor deu-lhe logo grande e merecida reputação. Em 1907 é convidado pelo presidente Afonso Pena, seu contemporâneo dos bancos acadêmicos, para assumir uma cadeira do Supremo Tribunal Federal. Alegando motivos de vária ordem, Pedro Lessa escusou-se da função, e Afonso Pena lhe responde: "Cumpri o meu dever, escolhendo o senhor. O senhor que cumpra o seu"[86]. No Supremo Tribunal Federal, Pedro Lessa foi o grande formulador da doutrina brasileira do *habeas corpus*, estendendo-o toda vez que o direito escopo estivesse atingido.

Do ponto de vista da organização institucional, a evolução do constitucionalismo no Brasil se processa de forma satisfatória. Algumas das deficiências apontadas na Constituição de 1891 são corrigidas na reforma constitucional de 1926, devido em grande parte ao esforço de Herculano de Freitas, professor da Faculdade de Direito de São Paulo. Após a Revolução de 1930, com a redemocratização, se elaborou um novo texto constitucional em 1934, em que se tentam harmonizar várias influências díspares, mas de méritos inegáveis.

A Constituição de 1937, um curto interregno na nossa evolução democrática, de cunho autoritário e características

---

86 Apud L. B. Rodrigues, *História do Supremo Tribunal Federal*, v. II, p. 110.

fascistas, deve-se a um outro bacharel da República, Francisco Campos, cujo mérito será examinado ao se tratar da obra legislativa da República. A redemocratização de 1945 induz a um texto, como o de 1934, fruto das transações dos grupos políticos da época, mas também cujos méritos não podem ser negados. A Constituição de 1968, trazendo a marca do regime militar, procurou corresponder à nossa tradição constitucional, sobretudo no reconhecimento pelo governo, atendendo ao reclame da classe política, da necessidade de manter direitos e garantias individuais, autônomos e explícitos, e que é de autoria do senador Afonso Arinos de Melo Franco.

A Constituição de 5 de outubro de 1988, lembra, sob certos aspectos, a Constituição de 1934, nas tentativas de conciliação e, atendendo a uma tendência do tempo, se tornou bastante casuística e extensa, com falhas de técnica, relevando a falta de contribuição dos juristas, escassos na Assembleia e de pouca projeção.

Haveria que tratar agora da obra legislativa da República, sobretudo em relação ao direito privado. Em estudo intitulado *O Direito Privado Brasileiro, Aspectos Gerais da sua Evolução*, San Tiago Dantas distinguiu com propriedade dois períodos da evolução jurídica. O primeiro até 1930 e o segundo a partir de 1930. O primeiro permanece mais ligado à fase anterior, numa situação em que o Brasil tinha ainda uma economia agrária e que os interesses jurídicos eram de pouca complexidade. O grande momento desse período foi evidentemente a promulgação do Código Civil de 1916. Do projeto de Clóvis Beviláqua, solicitado pelo governo Campos Sales – por intermédio do ministro da Justiça, Epitácio Pessoa –, ao trabalho da Comissão Revisora, ainda no âmbito do Poder Executivo, aos trabalhos da Comissão dos 21 e à polêmica Rui Barbosa-Carneiro Ribeiro, todos esses episódios fazem jus ao prestígio da cultura jurídica brasileira. A escolha pelo governo de um jurista então pouco conhecido, professor no Recife, foi a fórmula com que o governo procurou vencer resistências e obter em prazo curto o projeto. É pensamento generalizado que, via de regra, as emendas apresentadas quase sempre comprometeram a clareza e precisão do projeto inicial, que de qualquer forma representa importante achega à cultura jurídica brasileira.

Da fase posterior a 1930, a grande contribuição que se pode assinalar é, em primeiro lugar, o aparecimento do direito do trabalho como ramo autônomo. Esse foi impulsionado pela criação do ministério para o qual a revolução chamou um dos seus líderes, Lindolfo Collor, e reuniu um grupo de bacharéis que se voltaram a esse novo ramo do direito, como Joaquim Pimenta, Evaristo de Morais, Agripino Nazaré e aquele que deu continuidade à obra, através de um trabalho doutrinário de grande porte, Oliveira Viana.

Outro aspecto seria o renascer dos estudos de direito administrativo nos nossos dias, que se destacaram, no Império, especialmente pela obra do visconde de Uruguai, e também pelos trabalhos de Themístocles Cavalcanti, Miguel Seabra Fagundes, Bilac Pinto, Carlos Medeiros Silva, Caio Tácito e Hely Lopes Meireles. No trabalho de elaboração legislativa, nas palavras de San Tiago Dantas:

pela sua influência decisiva no reformado direito positivo que se cumpriu de 1938 a 1942, sobressaía a individualidade de Francisco Campos, professor de filosofia de direito, primeiro em Minas Gerais e depois no Rio de Janeiro. A ele se deve a coordenação do mais impressionante movimento de reforma legislativa empreendido no país...[87]

Essa reforma compreende o Código de Processo Civil, o Código Penal, o Código de Processo Penal, a Lei de Sociedade por Ações, as leis sobre menores e inúmeras leis de direito administrativo, bem como o anteprojeto de Códigos e Obrigações, que não chegou a ser convertido em lei. A isso

levaram suas contribuições três civilistas de larga influência no foro e na academia: Philadelpho Azevedo, jurista de larga informação doutrinária e excepcional acuidade para os problemas; Orozimbo Nonato, em quem se reúnem, uma vez mais, as características de jurista de formação ruiana, pela combinação da profundeza do conhecimento, do apuro literário e da exuberância, às vezes excessiva, da exposição; e Hahnemann Guimarães, em cuja formação científica cumpre assinalar a contribuição do direito romano e o espírito científico definido pela dogmática moderna[88].

---

87 Cf. *O Direito Privado Brasileiro*.
88 Idem, ibidem.

Outro aspecto que não pode ser excluído da análise da atuação dos bacharéis da República é o problema do ensino jurídico, pois na verdade essa formação molda e caracteriza as gerações de advogados e juristas. Assim como tivemos as gerações formadas na Universidade de Coimbra, os cursos jurídicos de Olinda e São Paulo deram forma ao bacharel do Império, dando-lhes, numa academia e em outra, as características por muitos apontadas como importantes na consolidação da unidade nacional. O fato comum na época de um jovem começar os estudos numa academia e terminar em outra, como foi, por exemplo, o caso de Rui Barbosa e de Joaquim Nabuco, ainda mais contribuiu para essa situação.

Esse exclusivismo foi mantido por todo o Império, apesar de algumas tentativas de quebra desse monopólio. Com a República, a Reforma Benjamim Constant permite a criação de cursos livres de direito, e eles se fundam em vários estados da federação, de certa forma com a imitação do federalismo político pelo federalismo educacional. Parece que a essa altura não mais se romperia a unidade nacional e, na verdade, essas escolas transformaram-se, muitas delas, em centros importantes de ensino jurídico e de formação cultural. No Rio, com exagero, logo se criam duas faculdades de direito: a Faculdade Livre de Direito, organizada pelo conselheiro França Carvalho, e a Faculdade de Ciências Jurídicas e Sociais, criada pelos irmãos Mendes de Almeida. Como de regra, nessas e noutras faculdades, o professorado se constituía dos advogados proeminentes da comunidade, bastando citar, entre outros, Afonso Celso, Bulhões Carvalho, Inglês de Souza, Alfredo Bernardes. Conta-se que representantes das duas faculdades foram convidar, no refúgio da Gávea, o conselheiro Lafayette, para ocupar uma cadeira de direito civil, e a resposta dele foi surpreendente: "Como é que eu posso ser professor de direito civil, se Cujácio, que era Cujácio, levava quinze horas para preparar uma aula?"

Em Minas, na cidade de Ouro Preto, ainda capital do estado, Afonso Pena, que mais tarde se tornaria presidente do estado, organizava a faculdade local, tendo como professores Bernardo Monteiro, Gastão da Cunha, João Pinheiro, David Campista e outros. Eleito presidente do estado, Afonso Pena continuou no magistério e saía do Palácio do Governo, atravessava a pé a praça, para chegar à faculdade e ministrar as aulas. A mudança da capital levou também para Belo Horizonte a nova faculdade, que, aos professores de então, se engrandeceram posteriormente grandes vultos da cultura jurídica, como Saraiva, Tito Fulgêncio e Orozimbo Nonato.

Na Bahia, o mesmo movimento surge na faculdade local, caudatária da Faculdade de Direito do Recife, tendo como figura principal o vulto de Virgílio de Lemos.

O mesmo ocorre no Rio Grande do Sul, no Pará e no Ceará. Até então, e mesmo até a década de 1950, as faculdades de Direito se conservavam em número relativamente reduzido, adequado às necessidades da época, antes de que elas se proliferassem, num falso movimento de democratização e contribuindo para denegrir a imagem dos cursos jurídicos, até chegarmos às "escolas de fim de semana". É interessante ressaltar que, criadas logo no início da República, só em 1925 foi nomeado para o Supremo Tribunal Federal o primeiro bacharel oriundo de uma dessas faculdades, da Faculdade de Direito do Rio de Janeiro.

A evolução da República não se processou sem sobressaltos e sem controvérsias, e a feição idealista que muitos dos seus adeptos propugnaram encontraram logo a resistência das realidades locais, espelhadas na frase a muitos atribuída: "Esta não é a república dos meus sonhos". De fato, a República não correspondeu em muito às expectativas de seus adeptos e nela surgiram processos de ruptura e tentativas de modernização que vieram a culminar, em sua primeira fase, na Revolução de 1930.

Não caberia aqui uma análise pormenorizada do papel do bacharel na vida política e de sua atuação nos momentos de ruptura, mas apresentar algumas anotações a respeito de sua hegemonia.

Cessadas as presidências militares, é o predomínio do bacharel que se observa na Presidência da República Velha, todos eles egressos da Faculdade de São Paulo, salvo a exceção de Epitácio Pessoa, formado em Recife, e o interregno de um militar, Hermes da Fonseca. As quatro primeiras presidências civis dos bacharéis da Faculdade de São Paulo trazem a marca da "política dos conselheiros", mas, sobretudo, do fenômeno de companheirismo, cujas características de segredo têm impedido uma melhor análise. Trata-se da filiação dos bacharéis da Faculdade de São Paulo ao movimento secreto da Bucha, entidade de cunho misterioso, fundada em São Paulo por um expatriado alemão, Júlio Frank, no século passado, e que, por ser protestante, não pôde ser sepultado no cemitério católico, estando seu túmulo num dos pátios da Academia do Largo de São Francisco. As ligações que existem entre essa geração da Faculdade de São Paulo e o predomínio que alcançaram na vida pública permitiram indicar a importância que tiveram no final do Império e no início da República. Afonso Arinos de Melo Franco, no seu livro *Rodrigues Alves*, revela fatos e correspondências altamente indicativos. O Barão do Rio Branco, em 1906, conversando com amigos, fez referências à associação, que foram consideradas indiscretas pela direção. O chefe da comunhão geral interpelou-o severamente. E o todo-poderoso chanceler escreveu carta, se desculpando pela longa residência no estrangeiro e a perda de contato com as normas de segredo.

O final da presidência Afonso Pena, o último dos conselheiros presidentes, traz um processo extremamente interessante de tentativa de renovação dos quadros políticos. Ao predomínio avassalador de Pinheiro Machado como chefe da política republicana quis Afonso Pena, coadjuvado por João Pinheiro, então presidente de Minas, opor uma política nova, voltada para as reais necessidades do país. Assim, fez um ministério de jovens, todos bacharéis, como Tavares de Lira, David Campista e Miguel Calmon, este engenheiro, e reuniu à sua volta os nomes de Carlos Peixoto e James Darcy, para empreender essa política. A extrema mocidade de seus membros levou-os a serem chamados pejorativamente como "Jardim da Infância", e esse movimento se preparava para tentar levar à Presidência da República a figura austera e respeitada de João Pinheiro, quando de seu súbito falecimento. O plano não teve prosseguimento, mas a tentativa desse grupo de jovens é expressiva para o movimento de renovação que se fazia.

A respeito do predomínio do bacharel, Luís Martins, em livro curioso, *O Patriarca do Bacharel*, analisa-o de um ponto de vista psicanalítico, mostrando-o como portador de um complexo de Édipo, numa tentativa de rebeldia contra o pai. É de 1977 outro livro curioso, de Tobias Monteiro, com o título de *Funcionários e Doutores*. Tobias Monteiro, oriundo do Rio Grande do Norte, veio fazer jornalismo no Rio de Janeiro, se tornou secretário de Rui Barbosa e Campos Sales, e, mais tarde, se destacou como historiador, com importantes livros sobre a Independência e o Primeiro Reinado. Um analista malicioso poderia dizer que Tobias Monteiro, não sendo formado, se rebelava contra os formados, mas a sua análise refere-se, sobretudo, ao mecanismo pelo qual o serviço público passa a ser o escoadouro dos bacharéis sem emprego e sem atividade e que, por isso mesmo, engordam e aumentam o quadro do funcionalismo sem nenhum interesse prático, exigindo maiores recursos para o seu funcionamento.

A análise mais objetiva da República seria de dois bacharéis ilustres: Alberto Torres e Oliveira Viana. Alberto Torres, que chegou à presidência do estado do Rio de Janeiro e à cadeira de ministro do Supremo Tribunal Federal, em suas obras *O Problema Nacional Brasileiro* e *A Organização Nacional*, mostra a falta de estruturação que o sistema político então apresentava e a necessidade de rearticulá-lo em bases mais sólidas. As propostas concretas apresentadas padeciam talvez das mesmas deficiências apontadas nas existentes, mas é inegável o mérito de sua análise e a extrema contribuição à análise do pensamento republicano.

Já Oliveira Viana, após ter estudado, de um ponto de vista sociológico, as comunidades do centro-sul brasileiro, atacava, em seu livro *O Idealismo da Constituição*, com vários acréscimos em outras edições, o caráter utópico de que se revestia nosso pensamento constitucional, desligado das realidades do país e sem vinculação com os reclamos do povo brasileiro. A partir de 1930, Oliveira Viana volta-se para os estudos do direito do trabalho e, como consultor jurídico do Ministério do Trabalho, foi responsável pela elaboração de vários projetos dessa legislação. Muito solicitado nos primórdios da Revolução de 1930, foi um dia procurado por um militar, que lhe pedira as bases para um projeto constitucional. Ao receber o projeto, verificou o interessado que nele se proibia qualquer interferência dos militares na vida política. Então indagou do jurista: "Não será possível modificar o projeto nesta parte?" Respondeu-lhe Oliveira Viana: "Não. Isto é um ponto de honra do qual não posso abrir mão".

Cumpre ainda uma referência à atuação do bacharel na diplomacia, onde já no Império se destacara, sobretudo na política do Prata, bastando mencionar a atuação de Pimenta Bueno, marquês de São Vicente, na política com o Paraguai.

Um nome acentuaria esse destaque, simbolizando o que foi a política diplomática da República, o Barão do Rio Branco. Formado pela Faculdade de Direito do Recife e, tendo exercido por pouco tempo uma promotoria em Nova Friburgo, viveu a maior parte de sua vida no exterior, primeiro como cônsul do Brasil em Liverpool, nas missões especiais que lhe foram cometidas e, posteriormente, ministro em Berlim, quando é chamado em 1902 para o Ministério das Relações Exteriores. Fora do país a maior parte de seu tempo, Rio Branco manteve contato com seus colegas da Faculdade de Direito de São Paulo, como Graciano de Azambuja, Edmundo Veiga e Frederico Abranches. Não exercendo a profissão, Rio Branco foi um grande advogado, como demonstrou nas várias memórias preparadas, nas questões de limites, em que defendeu os interesses do Brasil. Ao saber histórico e geográfico, em que era mestre consumado, Rio Branco aliava o sentido jurídico. Ao assumir a tarefa de defender o Brasil na questão das Missões, teve o primeiro contato com o advogado americano Ivins, que fora contratado pelo antecessor, barão Aguiar de Andrada. Na primeira entrevista com o advogado americano, Rio Branco verifica que suas ideias eram confusas e declara ao governo com ênfase: "Não preciso de advogados", certamente porque ele seria o grande advogado dessa tarefa. Posteriormente foi contratado John Bassett Moore, famoso internacionalista, para consultor na questão das Missões, e escreveria sobre Rio Branco ter sido "a mais completa combinação de erudito e estadista que conheci". E não é possível esquecer que, quando vaga, em 1906, o lugar do consultor jurídico do Itamaraty, Rio Branco chama para essa função Clóvis Beviláqua.

Criado em 1843, sob a égide do poder imperial, o Instituto dos Advogados Brasileiros teve nesse período um grande florescimento, em grande parte graças ao apoio de dom Pedro II.

Com a República, portanto, essas relações foram consideradas suspeitas pelos governantes da época, e o Instituto passa por um período de relativo ostracismo. Era presidente Saldanha Marinho, aquele que mais longo tempo exerceu a presidência, republicano histórico e signatário no *Manifesto Republicano* de 1870. Em 1893 se reelege Saldanha Marinho, escolhido em seguida presidente honorário, eleito para presidente o advogado fluminense Rodrigo Torres. O cinquentenário do Instituto, ocorrido em 1893, só será comemorado em 1896, quando Sá Viana apresenta a sua famosa monografia *50 Anos de Existência*. E a partir daí o Instituto prossegue na sua brilhante carreira, instalado, em 1906, no Silogeu Brasileiro. Não há como fazer aqui a história do Instituto na República, mas cabe destacar apenas alguns momentos áureos, como: o Congresso Jurídico Interamericano, em 1908; a passagem de Rui Barbosa pela casa, através de memoráveis discursos de 1911, na admissão como sócio e em 1914 como presidente; a profícua presidência de Levi Carneiro, quando, com a ajuda da casa, se criou a Ordem dos Advogados do Brasil; o Congresso Jurídico Interamericano comemorativo do centenário, em 1943; a oposição desassombrada durante o Estado Novo, que se repetiria no período autoritário iniciado em 1964 do qual se destaca como símbolo exemplar o discurso "Pela Legalidade Democrática", proferido por Miguel Seabra Fagundes ao tomar posse nessa casa[89].

O CORONELISMO

Habent sua fata libelli. "Os livros têm o seu destino". O livro *Coronelismo, Enxada e Voto: O Município e o Regime Representativo no Brasil*, de Victor Nunes Leal, foi publicado pela primeira vez, em 1948, como tese universitária para provimento da cadeira de Política da Faculdade Nacional de Filosofia da Universidade do Brasil. Naquela ocasião levava o título *O Município e o Regime Representativo no Brasil: Contribuição ao Estudo do Coronelismo*. Em 1949 foi divulgado com o novo título,

---

89 M. S. Fagundes, A Legalidade Democrática, Separata da *Revista da Ordem dos Advogados do Brasil*, v. III, n. 2.

em edição comercial. Alcançando grande sucesso, só em 1975 foi reeditado, tendo ainda merecido, em 1977, uma edição em inglês pela Cambridge University Press, com o título de *Coronelismo: Municipality and Representative Government in Brazil*, e teve uma terceira edição em 1997.

O autor, para a nova edição, nada quis alterar, considerando que o livro descrevia com fidelidade um momento da vida política brasileira, e que poderia permanecer como exemplo desse momento. Em carta de 2 de agosto de 1974 a um amigo, diria: "É possível mesmo que eu me anime a reler meu livro, o que não fiz por inteiro, desde então, como não li até hoje a tradução inglesa".

A obra está ligada ao magistério de Victor Nunes Leal, professor de política da Faculdade Nacional de Filosofia, da então Universidade do Brasil, com atividade de 1949 até 1956. Nesse ano foi designado chefe da Casa Civil do presidente Juscelino Kubitschek, e nomeado, em 1960, ministro do Supremo Tribunal Federal, quando se transferiu para Brasília. Injustamente aposentado em 1969, voltou a exercer a advocacia até falecer, em 1985.

É necessário situar o livro no exato contexto, bem como mencionar as origens do autor e as circunstâncias que o levaram ao exercício da cadeira de Política, e à preparação da tese convertida em livro famoso.

Nascido em Carangola, Minas Gerais, em 1914, filho de agricultor tornado comerciante com ascendência na comuna, os episódios da infância devem ter sido um dos motivos da escolha do tema do livro.

Raul Machado Horta caracterizou bem essa circunstância:

> A atração de Victor Nunes Leal pelo coronelismo e a configuração sistemática de seu comportamento pode ser exemplificada por lembranças de infância na mata mineira, regime que desenvolveu o sistema do poder e os processos políticos do coronelismo. Lembranças que se fixaram no fundo da consciência para mais tarde, na idade adulta, adquirirem nitidez na análise objetiva do fenômeno político[90].

Veio a cursar a universidade no Rio, morando com um grande advogado, Pedro Batista Martins. Diplomou-se em direito em

---

90 *Discurso de Posse na Academia Mineira de Letras*, p. 23.

1936, ao mesmo tempo em que exercia o jornalismo; formado, continuaria a trabalhar com seu mentor. O anteprojeto do Código de Processo Civil de 1939, que unificou o processo civil, foi de autoria de Pedro Batista Martins, e Victor Nunes Leal colaborou nesse trabalho. Em volume do *Código Comentado*, publicado naquele mesmo ano, consta o nome de Victor Nunes Leal, jovem advogado de 25 anos, ao lado de Pedro Batista Martins.

No exercício do jornalismo, é indicado por Olímpio Guilherme para integrar a equipe do ministro Gustavo Capanema na pasta da Educação, cujo gabinete era dirigido por Carlos Drummond de Andrade e composto por intelectuais como Peregrino Júnior, Leal Costa, Flávio Miguez de Melo e João Neder, e tinha como frequentador assíduo Rodrigo M. F. de Andrade, responsável pelo Serviço do Patrimônio Histórico e Artístico Nacional.

Anos antes fora extinta a Universidade do Distrito Federal, incorporadas algumas das unidades à Faculdade Nacional de Filosofia da Universidade do Brasil. O ministro Capanema tinha interesse em desenvolver aquela unidade de ensino, que não possuía quadros fixos de professores, com professores visitantes franceses e catedráticos interinos. Por indicação do reitor Raul Leitão da Cunha, foi nomeado diretor da faculdade, em 1943, um jovem professor de direito civil, que se destacaria no cenário intelectual e político do país – Francisco Clementino San Tiago Dantas.

Regia a cadeira de Política o professor francês André Gros, que posteriormente teria brilhante carreira jurídica como juiz da Corte Internacional de Justiça de Haia. Com a guerra, e como muitos de seus colegas, André Gros foi participar do Movimento da França Livre. A cadeira deveria ser preenchida por um catedrático interino; não se conhecem bem os motivos pelos quais Victor Nunes Leal foi convidado para a função, mas o fato é que, nomeado, empenhou-se a fundo nas atividades docentes.

Conta que, inicialmente, os alunos o receberam com certa reserva; mas logo ele venceu essa resistência, dedicando-se ao estudo da disciplina e preparando a tese de concurso.

Ele comentaria:

Para iniciar meu curso na Faculdade Nacional de Filosofia, tive de abandonar a advocacia: urgia dar tempo integral ao preparo das aulas e dos trabalhos escolares. Foi um período de angústia verdadeira, que só à força de tenacidade eu pude transpor[91].

E diria em outro passo:

Outra fase de esforço mais intenso, em que a advocacia foi sacrificada, veio com os estudos para elaboração da tese de concurso. Eles me consumiram três anos, acrescidos de seis meses, a contar do edital de concurso, para redação, revisão e impressão do livro[92].

Victor Nunes Leal explicaria mais de uma vez a escolha do tema. Em primeiro lugar, preparando-se para o concurso, assistiu a várias arguições, e o impressionou o fato de os examinadores sempre questionarem as generalizações teóricas, quase sempre apressadas.
Assim disse:

Evitei na minha tese de concurso temas teóricos, procurando compreender com o máximo de objetividade as características de um fenômeno da nossa realidade política – o coronelismo – em suas conexões com o funcionamento da federação brasileira, com ênfase especial no relacionamento dos municípios com os estados[93].

A banca examinadora foi constituída de dois professores da casa, Djacir Menezes, de economia política, e Josué de Castro, de geografia humana, e três professores de fora, de direito, Pedro Calmon, Bilac Pinto e Oscar Tenório.

Na nova instituição de ensino, por influência dos professores de outras faculdades, especialmente as de direito, o concurso se ressentia ainda do velho estilo coimbrão, em que o examinador procurava destruir a tese para afinal lhe dar a nota máxima. O concurso não discrepou do sistema, em que mais aguerrido se mostrou Bilac Pinto, amigo e colega na redação da *Revista de Direito Administrativo*, manifestando dúvidas, so-

---

91 Apud, J. C. de Almeida Azevedo et al., *Homenagem a Victor Nunes Leal*, p. 72.
92 Idem, p. 33.
93 Carta inédita.

bretudo na metodologia e na utilização dos dados estatísticos. Mas, afinal, a banca conferiu o grau máximo.

Em carta ao amigo que lhe ofertara um volume do *Coronelismo*, encontrado em sebo com as anotações do examinador Oscar Tenório, comentaria:

> O seu achado me repõe, como numa fotografia esmaecida, num salão da velha Faculdade Nacional de Filosofia, com livros enfileirados à minha frente e ao lado uma ampla mala cheia de outros que então nem cheguei a consultar. Voltam-me os calafrios das críticas mais contundentes ou mais difíceis de responder.
> Ouço de novo as palavras iniciais de Pedro Calmon: "Disse Capistrano de Abreu de Pereira da Silva que ninguém poderia ignorar completamente a história do Brasil sem ter lido sua obra. Também lhe digo, professor Victor Nunes Leal, que ninguém poderá ignorar completamente o que seja o coronelismo sem ter lido sua tese".
> Quase afundei com a risada que sacudiu o auditório, mas, pronto, me preparei para pagar na mesma moeda, quando me coube responder: "Ilustríssimo professor Pedro Calmon. A admiração e o respeito de que é merecedor não me impedem de lhe devolver, com a devida vênia, o dito de Capistrano de Abreu. Ninguém poderá ignorar completamente o que seja a minha tese sem ter ouvido a arguição que V. Exª. acaba de fazer". Os risos da assistência compensaram meu desalento inicial, mas a chamada de cada um dos examinadores reabria minha ansiedade[94].

Exerceu até 1960 o ensino de política na Faculdade Nacional de Filosofia. Diria com modéstia:

> Nunca passei de um professor dedicado e sério, mas discreto e sem pretensões, pela minha própria condição de autodidata, pela pouquíssima familiaridade com as línguas estrangeiras, pela carência de bibliografia e pela nenhuma frequência a cursos de pós-graduação, seja no exterior, seja no Brasil.

Comentaria ainda:

> O penoso sacrifício quando acumulei a cátedra com as funções de chefe da Casa Civil da Presidência da República: eu precisava reunir dois salários para cobrir minhas despesas acrescidas, já que

---

94 Idem, ibidem.

a mordomia da época se limitava ao carro oficial com motorista e gasolina. Consegui na faculdade o primeiro horário, bem cedo, mas mesmo assim ao sair da classe frequentemente encontrava recados do infatigável madrugador que era o presidente Juscelino[95].

A tese de concurso, publicada em edição comercial, com o título sugerido por um amigo, o publicitário Emil Farhat, obteve grande êxito, por se tratar de um trabalho pioneiro que apresentava metodologia nova.

O historiador Francisco Iglesias foi o primeiro a destacar-lhe a importância, em resenha publicada na *Revista da Faculdade de Direito da Universidade de Minas Gerais*, em outubro de 1950. Embora acoimasse o título de um tanto sensacionalista, "sugerindo propaganda ou polêmica", comenta:

> Trata-se de obra objetiva feita de conformidade com o princípio que deve presidir a pesquisa social, sem qualquer intromissão de julgamento ou ponto de vista comprometido. O autor só se preocupou por compreender uma pequena parte de nossos males, "deixando a outros" a tarefa de dedicar o remédio, mas o ensaísta mostra nesse estudo a informação de que é dotado, ampla e sólida. Com boa linguagem, adota planos positivos e bons resultados e que se deve louvar sobretudo com clareza. O texto contém quase sempre apenas o essencial.

E conclui: "Com esse livro, Victor Nunes Leal enriquece a sua obra de jurista e cientista político, ao mesmo tempo que dá valiosa colaboração aos estudos de história de política entre nós".

Os comentários elogiosos se sucedem. Basílio de Magalhães, que colaborara com nota sobre a etimologia da palavra *coronelismo*, diria que "a sua contribuição ao estudo do coronelismo vai certamente marcar época em nossa escassa literatura histórico-judicial e político-social. Você aproveitou bem todo material que se lhe deparou, comentando muito apropositadamente e em muitas vezes com bastante originalidade".

Fernando de Azevedo afirmaria que

é um trabalho excelente sob todos os aspectos: bem construído, bem pensado e documentado. É trabalho que projetou luz viva com suas

---

[95] Idem, ibidem.

análises seguras e penetrantes, tratando-se de contribuição de primeira ordem para inteligência da vida política do país.

O livro obteve grande sucesso e repercussão nos meios universitários, sobretudo nos cursos de Ciências Sociais, por marcar um divisor de águas. Até a década de 1930 os estudos de política eram de autoria de autodidatas, alguns bastante importantes como, entre outros, Tavares Bastos, Alberto Torres e Oliveira Viana, mas que se ressentiam da falta de uma cultura sistemática e do convívio universitário com a literatura especializada. Provenientes das faculdades de direito, que naquele tempo monopolizavam os estudos sociais, essas obras se emparelhavam com outros livros de realce estritamente de direito público, como o *Poder Judiciário*, de Pedro Lessa, e *O Poder Executivo na República Brasileira*, de Aníbal Freire.

Na década de 1930 inicia-se, em bases universitárias, o ensino das ciências sociais, e as faculdades de Direito, tímidas e omissas, aferradas à tradição coimbrã, não tiveram condições de manter a hegemonia desses estudos, passando o bastão para outras instituições de ensino superior. Em São Paulo, Armando Sales de Oliveira, sob a inspiração de Júlio Mesquita Filho e Fernando Azevedo, criava, na Universidade de São Paulo, a Faculdade de Filosofia, Ciências e Letras. No então Distrito Federal, Anísio Teixeira organizava a Universidade do Distrito Federal, com as escolas de Filosofia e Letras e de Economia e Direito.

Para esses estudos, num esforço honesto e prudente, foram contratados professores estrangeiros, que vieram iniciar em bases sérias o ensino das ciências sociais no Brasil, tendo sido substituídos depois por professores brasileiros.

Victor Nunes Leal foi um desses substitutos; realizou o concurso, apresentou a tese transformada em livro.

Trata-se de livro modelar, com a visão dos problemas da organização municipal no país, com pleno domínio das fontes históricas, amplamente decantada por uma mente privilegiada, e que alia, com rara percuciência, o ponto de vista da ciência política e o ponto de vista jurídico. A inexistência nos departamentos de ciências sociais do estudo do direito pode ser apontada como uma das causas remotas de deficiências nos trabalhos produzidos por esses departamentos – mesmo nos mais importantes. A conjugação da análise da ciência política e do direito constitui um dos méritos principais dessa obra.

A atividade intensa de Victor Nunes Leal no ensino da ciência política não durou muito, pois em 1956 ascendeu à chefia da Casa Civil da Presidência da República, tarefa que o absorveria ao extremo. Em 1960 assumiu em Brasília o cargo de ministro do Supremo Tribunal Federal. Teve então função destacada na organização da Universidade de Brasília, coordenando o curso-tronco de Direito, Economia e Administração, embrião da futura Faculdade de Estudos Sociais Aplicados, lecionando inicialmente introdução à ciência política e, posteriormente, direito constitucional, mas sem a dedicação que os encargos da magistratura impunha.

Na década de 1950, escreveria importante conferência, *A Divisão de Poderes no Quadro Político da Burguesia*, onde analisa a concepção do Estado individualista e liberal, baseado na doutrina de Montesquieu, contrapondo-a à sociedade moderna, com os problemas de urbanização e da tecnologia. Exporia que

a teoria da divisão dos poderes está condenada no mundo contemporâneo pois nasceu para atender a um reclamo profundo da consciência humana, que é a proteção das liberdades do homem e do cidadão. O problema, pois, que se coloca nos dias de hoje é o de descobrir uma nova técnica em proteção das liberdades humanas.

E conclui: "Este o grande desafio a que nosso tempo lança os homens de estudo e de ação: o desafio a sua capacidade de organizar adequadamente a felicidade humana"[96].

Em 1958 proferia aula inaugural na Faculdade de Filosofia sob o título "Objeto da Ciência Política", que é síntese expressiva sobre a matéria.

Pode-se afirmar que o livro de Victor Nunes Leal foi responsável pelo interesse que o tema do coronelismo passou a desfrutar. Em 1965, dois jovens intelectuais pernambucanos, Marcos Vinicius Vilaça e Roberto de Albuquerque, publicavam o livro *Coronel, Coronéis*, análise do processo de ruptura da sociedade agropecuária do nordeste brasileiro feita através da pesquisa de quatro casos recentes de domínio econômico,

---

96 V. Nunes Leal, *Três Ensaios de Administração*, p. 55.

social e político do coronelismo, os coronéis Chico Romão, José Albino, Chico Heráclio e Veremundo Soares.

No ano seguinte, Eul-Soo Pang publicava em inglês o volume traduzido com o título *Coronelismo e Oligarquias (1889-1934)*, um estudo do fenômeno do coronelismo na Bahia na Primeira República. E Maria Isaura Pereira de Queiroz trataria do mandonismo na vida política no Brasil.

Entretanto, permanecia totalmente esgotado o livro e, quase contra sua vontade, exigindo um prefácio de Barbosa Lima Sobrinho, era reeditado em 1975 pela Editora Alfa-Omega na série Política, dirigida por Paulo Sérgio Pinheiro e com conselho editorial de vários elementos prestigiosos das ciências sociais. Nesse prefácio, dizia Barbosa Lima Sobrinho que

> o livro de Victor Nunes Leal desde o seu aparecimento passou a valer como um clássico de nossa literatura política. Não é um aglomerado de impressões pessoais, mas uma análise profunda de realidades que aprofundaram suas raízes na organização agrária como produto espontâneo do latifúndio (p. xiv).

Victor Nunes Leal, entretanto, foi sensível à publicação em inglês, solicitada pelo professor Malcom Deas para a Cambridge University Press na série Latin American Studies. No prefácio acentuava-se que o livro "representa um marco divisório dos estudos de ciência política no Brasil, constituindo o início da fase universitária desses estudos".

Na nota do editor, o professor Malcom Deas aponta que o livro

> era também um texto essencial para o estudo do caciquismo no mundo hispânico e mediterrâneo. O material de Victor Nunes Leal é a história do Brasil, as leis do Brasil, mas a investigação modelar oferece orientação e estímulo na área das relações entre os níveis superiores de governo e as localidades, as fronteiras do poder público e privado e sua interdependência em solos pouco férteis, seja no Brasil, seja no exterior[97].

As atividades da magistratura e posteriormente da advocacia não permitiriam que Victor Nunes Leal voltasse ao tema;

---

97 Editor's Note, em V. Nunes Leal, *Coronelismo, Enxada e Voto*, p. x.

assim, a segunda edição, bem como a edição inglesa, foi publicada sem nenhuma alteração em relação à edição original.

Em 1984, ao receber o título de professor emérito da Universidade de Brasília, declararia que

à medida que envelheceu o tema em termos acadêmicos, outros estudiosos se preocuparam com ele e de todos os lados vieram críticas. Até hoje não tive tempo nem disposição de as reunir e analisar, numa tentativa de me defender[98].

De fato, instado insistentemente, não aceitou convite em 1984 para escrever o verbete sobre coronelismo do *Dicionário Histórico-Biográfico Brasileiro* organizado pelo Centro de Pesquisa e Documentação de História Contemporânea do Brasil (CPDOC), em 1984, tarefa de que se desincumbiu com proficiência o professor José Murilo de Carvalho.

Em março de 1980, o Instituto Universitário de Pesquisas no Rio de Janeiro (Iuperj) promovera uma homenagem a Victor Nunes Leal. Na ocasião, o professor José Murilo de Carvalho, com o estudo *Em Louvor de Victor Nunes Leal*, homenageou o autor, na inauguração do programa de doutorado do Iuperj. A escolha se deu pelo consenso do corpo docente devido à contribuição do livro, como "o exemplo de integridade e coerência, de homem público e de profissional"[99].

Acentuava que o livro tornara-se clássico, o que tem a desvantagem de colocá-lo acima da crítica, impondo-se a leitura que teste novos conhecimentos. Apontava que o *Coronelismo* foi a primeira obra importante da moderna sociologia política brasileira, não pela temática, pois já fora abordado por vários autores desde o Império, mas pela abordagem e metodologia, e pela quebra do estilo de analisar os fenômenos brasileiros através do estilo dicotômico em polaridades. Por outro lado, avançava na maior integração entre a ciência política e a sociologia, e mesmo a economia, mostrando a estrutura agrária com o sistema de estratificação social e inserção na economia

---

98 J. C. de Almeida Azevedo et al., *Homenagem a Victor Nunes Leal*, p. 32.
99 V. Nunes Leal, O Coronelismo e o Coronelismo de Cada Um, *Dados: Revista de Ciências Sociais e Humanas*, v. 23, n. 1, p. 5.

primária. Um terceiro ponto de inovação era metodológico, com a integração da teoria e da pesquisa.

Naquela ocasião, Victor Nunes faria tentativa de explicação do livro, com o expressivo título de "O Coronelismo e o Coronelismo de Cada Um"[100]. Agradecendo as referências de José Murilo de Carvalho, que teria revelado compreensão mais profunda do que alguns outros especialistas do tema, procura mostrar que as críticas derivavam de diferença de enfoque do problema e de diferentes conceituações do que seja coronelismo. Mostra que a análise feita por Eul-Soo Pang difere profundamente da abordagem que utilizou e que

o coronel entrou na análise por ser parte do sistema; mas o que mais preocupava era o sistema, a estrutura e a maneira pelas quais as relações do poder se desenvolviam a partir do município, mostrando que na Primeira República a figura do senhor absoluto já desaparecera por completo.

E afirmaria mais adiante que se tivesse de reescrever o livro manteria suas linhas essenciais, embora corrigindo deficiências de informação e retificando pormenores[101].

Absorvido inteiramente pelas atividades forenses, Victor Nunes Leal não foi insensível aos apelos dos estudiosos das ciências sociais. Em 1976 prefaciava o livro de Maria do Carmo Campelo de Souza, *Estado e Partidos Políticos do Brasil (1930-1964)*. Ali deu mostra de sua competência no assunto, tecendo considerações extremamente relevantes sobre o processo político.

Em 1980 presidiria uma das sessões do seminário Direito, Cidadania e Participação, organizado pelo Centro de Estudos de Cultura Contemporânea - Cedec e pelo Centro Brasileiro de Análise e Planejamento - Cebrap, que foi uma das primeiras manifestações de análise, naqueles tempos perigosos. Presidiu a sessão de Direito e Economia, na qual foram expositores Clóvis Cavalcante e Pedro Sampaio Malam.

Participou, em 1981, da banca examinadora de doutorado da professora Maria Victoria de Mesquita Benevides sobre a tese *A UDN e o Udenismo*, junto com os professores Assis Simão,

---

100 Idem, p. 11.
101 Idem, p. 13.

Bolívar Lamounier, Maria do Carmo Campelo de Souza e Francisco Weffort. Victor Nunes Leal iniciou a arguição timidamente, alegando estar muito tempo afastado dos estudos políticos, mas na verdade realizou arguição excelente, com domínio completo dos problemas do sistema partidário tratados na tese.

No leito de morte, o último livro que estava lendo foi a obra de Lucia Hipólito sobre o PSD – *De Raposas a Reformistas*.

Concluindo o texto "O Coronelismo e o Coronelismo de Cada Um", Victor Nunes Leal falava da oportunidade de expressar-se "sobre o assunto que me custou na época vários anos de pesquisa e meditação" e concluiria: "o que me consola é pensar que quando estiver aposentado das atuais atividades, ainda me reste algum sopro de vida para voltar aos estudos políticos"[102].

Victor Nunes Leal faleceu cinco anos depois, em plena atividade de intensa advocacia, e não pôde realizar esse propósito.

Mas o *Coronelismo, Enxada e Voto*, publicado pela primeira vez há quase sessenta anos, constitui um marco fundamental dos estudos políticos entre nós. O coronelismo foi de fato estudado no livro de Victor Nunes Leal.

---

[102] Idem, p. 14.

4. A Crise da República

À MARGEM DA HISTÓRIA DA REPÚBLICA
(UMA GERAÇÃO REPUBLICANA)

O volume *À Margem da História da República*, organizado por Vicente Licínio Cardoso, com o subtítulo expressivo de "Ideias, Crenças e Afirmações" representou um importante documento do nosso pensamento político com a publicação, em 15 de novembro de 1924, pelo Anuário do Brasil.

Na folha de rosto se menciona que se tratava de um inquérito de escritores nascidos com a República, compreendendo um elenco de doze personalidades, o mais velho nascido em 1878, e o mais novo em 1895, com as idades extremas de 46 e de 29 anos.

Dos doze colaboradores, onze eram bacharéis em direito, mas é digno de destaque que o organizador do volume e, de fato, o responsável, era engenheiro civil, formado pela Escola Politécnica do Rio de Janeiro, e que se candidatara à cadeira de História da Arte da Escola de Belas Artes.

Os colaboradores, na ordem de apresentação do volume foram: A. Carneiro Leão; Celso Vieira; Gilberto Amado; Jonatas Serrano; José Antônio Nogueira; Nuno Pinheiro; Oliveira

Viana; Pontes de Miranda; Ronald de Carvalho; Tasso da Silveira; Tristão de Ataíde e Vicente Licínio Cardoso.

Em 1927, morreria o primeiro deles, Nuno Pinheiro; Vicente Licínio Cardoso desapareceu tragicamente em 1931 e Ronald de Carvalho faleceria em condições também trágicas, em desastre de automóvel, em 1935. Desde então faleceram já todos, e o último, em 1983, foi Alceu Amoroso Lima (Tristão de Ataíde). De 1924 até as datas de morte, realizaram todos eles trajetória importante nos setores e nas especialidades a que se dedicaram. A respeito, por exemplo, de Nuno Pinheiro de Andrade, dos menos conhecidos, mencionaria Otávio Gouveia de Bulhões, em depoimento prestado a jornal, o papel importante que desempenhou na administração do Ministério da Fazenda e os valiosos subsídios que recebeu da "excelente biblioteca de Nuno Pinheiro, também funcionário do Tesouro, conhecido jornalista e, por seus méritos, escolhido mais tarde diretor do Banco do Brasil".

Mas se essas trajetórias foram relevantes, e se o destaque que muitos deles alcançaram se revelou significativo, o fato que ressalta, como digno de nota, é a reunião, num único volume, em determinado momento, de um conjunto tão expressivo de "homens representativos".

Vários eventos se concentraram no ano de 1922: de um lado, a comemoração do centenário da independência do Brasil, dando margem a um movimento de estudos e de análises dos problemas brasileiros e a fundação do Partido Comunista Brasileiro. Outro, o movimento revolucionário de cinco de julho, que seria seguido de novo levante, dois anos depois – o mesmo da publicação do volume – revelava as fissuras sérias que abalavam o regime político da República Velha.

Pôde assim Alceu Amoroso Lima, em excelente depoimento posterior, dizer que "o espírito do centenário era o de uma revisão dos problemas brasileiros"[1].

Nesse depoimento, filiou o ilustre humanista a essa conjuntura o Movimento da Semana de Arte Moderna em São Paulo, também no mesmo ano. Parece-nos que de fato tanto a Semana de Arte Moderna como esses vários movimentos, inclusive o volume, revelam um espírito de renovação. A importância do

---

1 V. L. Cardoso (org.), *À Margem da História da República*, p. 113.

evento paulista no quadro da cultura brasileira, todavia, só se revelou muito mais tarde, quando a atuação dos membros da Semana se ampliou e se estendeu.

Assinalou também Alceu Amoroso Lima que o momento era preparatório à comemoração dos trinta e cinco anos de existência da República brasileira, outra data que iria provocar um debruçar sobre as deficiências que o sistema republicano trouxera para a vida brasileira[2].

Num arroubo de decepção, diria um republicano histórico, pouco tempo após a proclamação da República, que "esta não era a República dos meus sonhos", refletindo um momento de desencanto do idealismo jovem em face das lutas internas e dos conflitos que agiam sobre a República.

Após a fase inicial dos regimes militares, com a consolidação política de Prudente de Morais, a reconstrução financeira de Campos Sales e os planos de realizações de Rodrigues Alves e Afonso Pena, a República ainda tinha algo a oferecer como ideário político e como problema de realizações.

A grande fissura ocorreria, realmente, por ocasião da sucessão de Afonso Pena, agravada pela morte prematura e seguida da presidência Hermes da Fonseca, quando se refletem de corpo inteiro as falhas e as mazelas do regime.

A presidência Venceslau Braz ainda tenta recompor esse sistema, e a eleição de Rodrigues Alves, se de um lado implica o reconhecimento de que não havia novos grandes nomes para ocupar o supremo cargo de presidente da República, revelava o propósito de restabelecer os princípios maiores que informaram o regime presidencial.

Outro dado importante para situar o volume no seu devido momento histórico seria os efeitos no Brasil da Primeira Guerra Mundial. As repercussões trágicas do conflito de 1939-1945 fazem por vezes esquecer o que representou para aquele mundo, que ainda vivia o ambiente da *belle époque* do século XIX, a conflagração que abalou de forma significativa seus fundamentos sociais e políticos. Também no Brasil foram relevantes os efeitos do conflito, e ele colocou em primeiro plano problemas que até então estavam esquecidos.

2   Idem, ibidem.

Cabe agora assinalar os aspectos mais representativos do livro, em conjunto, para afinal destacar o que há de mais específico e significativo na colaboração de cada um dos autores.

Ressalte-se, ademais, que o livro traz presente a ideia de geração, já definida na folha de rosto como uma geração nascida com a República, e reiterada na nota introdutória, quando se fala "da geração de nossos avós, que realizou a campanha gloriosa da Independência"; "a geração de nossos pais realizou depois a Abolição e instituiu a República, libertou, destruiu e semeou", para concluir que "aos homens das gerações nascidas na República caberá provavelmente uma nova obra de construção difícil, mas fecunda"[3].

O prefácio, que deve ser de autoria de Vicente Licínio Cardoso, define desde logo o livro como "eminentemente honesto. Coletânea de escritos de autores diversos, ele não tem caráter nem de antologia, nem de polianteia. É um Inquérito sem perguntas e sem respostas. Um depoimento. Uma afirmação coletiva de ideias, crenças e almejos", "almejos" aí substituindo "afirmações da folha de rosto".

Mas ele representa também um compromisso sem compromissos, um juramento cívico tornado público, sem juramento; um juramento, em suma, levado a efeito (e novamente volta a expressão) por homens da geração nascida com a República.

Acrescenta, em seguida, não ter havido acaso na escolha do que escreveram no volume, embora pela exiguidade do tempo alguns não puderam estar presentes. Mas declara tratar-se de uma reunião de autores com livros publicados que se juntaram para compor um inquérito, a maioria vinda dos estados e, por esta razão, "representando uma seleção natural, espontânea, mas forçada". De fato, ali estão representadas duas figuras de Pernambuco, uma de Sergipe, uma de Alagoas, uma de Minas Gerais, uma do Paraná, uma do Rio de Janeiro e cinco do então Distrito Federal. Acrescenta, ademais, que o livro é original, pois cada um dos autores responde apenas pelo seu texto, não havendo chefes, diretores ou empresários.

E novamente volta ao refrão:

3 Idem, p. 13.

Reunidos representam, porém, uma geração de homens; a geração que nasceu com a República, pouco antes ou pouco depois; não viram o imperador, mas conheceram os escravos; não herdaram títulos, nem cargos, nem comissões. Conquistaram posições e tomaram atitudes por seus próprios esforços. São, pois, republicanos e democratas, na verdadeira acepção do termo: fizeram viver, em suma, as suas próprias ideias[4].

E retorna novamente ao mesmo tema:

As responsabilidades acumuladas sobre os ombros dos homens da geração nascida com a República são simplesmente formidáveis... Escrevem, porque não puderam ainda fazer outra coisa senão pensar; mas sentem com a própria obra que vai surgindo (no isolamento em que é composta) o irremediável da situação que vão criando; Prometeus acorrentados pela opinião pública que os esmaga com o maior dos castigos de homens livres: o silêncio horrível de uma nacionalidade sem consciência ainda, perdendo em atritos passivos, veementes, as poucas energias soerguidas sobre o "peso morto" aterrador dos milhões de analfabetos que os solapam.

E, para concluir, declara que o livro será no futuro um prefácio ou um epílogo, mas "marcará, porém, uma época, definirá uma geração ou fixará uma data da nossa história"[5].

As citações dessa pequena Introdução têm apenas o objetivo de destacar o fato que singulariza também o volume, a ideia de que havia de fato uma geração nascida com a República, que passara a infância e a juventude nos momentos ascensionais do regime republicano e que, chegando à maturidade, vendo o regime enfraquecer-se, debilitar-se, e em vias de esboroamento, sentiu-se, portanto, num sentimento misto de responsabilidade filial e fraternal, com a obrigação de se pronunciar.

Para aquele grupo de jovens intelectuais em plena maturidade, alguns deles, inclusive, já com posições de destaque, a contribuição que poderiam dar era a reflexão crítica, a tentativa de uma análise objetiva, o esforço de fornecer elementos para compreender os dilemas do regime republicano; encontrar os rumos que pudessem restabelecer o regime em melhores caminhos.

4 Idem, p. 15.
5 Idem, p. 17.

Compreender, entretanto, em sua completa extensão, como se colocara a geração, exigirá uma referência, ainda que sucinta, a alguns dados sobre os colaboradores do volume, a partir do organizador, Vicente Licínio Cardoso. Num conjunto onde predominavam, em quase totalidade, os bacharéis em direito, ele se apresentava como engenheiro civil, candidato a professor de história da arte da Escola de Belas Artes, mas com vivo pendor pelos movimentos sociais. Lourenço Filho, em estudo a respeito, salientaria com agudeza o aspecto de que a década de 1920 caracterizou-se por viva presença de engenheiros no domínio dos estudos sociais:

A era dos 1920 assinalou a presença de engenheiros, não chamados ainda a resolver problemas estritamente tecnológicos, como agora, mas atraídos pelo desejo de estudar e explicar os problemas sociais, em todo o seu conjunto.

É a época de um brilhante grupo de engenheiros educadores: Heitor Lira, Venâncio Filho, Everardo Backheuser, Azevedo Amaral, Fernando Labouriau, Tobias Moscoso, Dulcídio Pereira, Mario de Brito, Barbosa de Oliveira, Menezes de Oliveira...[6]

A esse grupo de educadores a que se refere a citação faziam parte os colaboradores do volume, A. Carneiro Leão e Jonatas Serrano, colaborador na administração de Fernando de Azevedo na diretoria de Instrução do Direito Federal, em 1926-1930, embora divergências filosóficas e religiosas o afastassem do movimento que afinal eclodiu no Manifesto dos Pioneiros da Educação Nova.

O interesse de Vicente Licínio Cardoso pelos estudos sociais era grande e, certa feita, aceitaria a função de prefeito do município de São Gonçalo, no estado do Rio de Janeiro, para ter a experiência prática da atividade político-administrativa. Morrendo cedo, deixou uma obra incompleta, mas ainda se pode perceber um pensamento vigoroso e um espírito privilegiado, seja examinando os problemas do Vale do São Francisco, seja nos vários estudos sociais reunidos depois em livro, que teve o título significativo de *À Margem da História do Brasil*,

---

6 M. B. Lourenço Filho, "Vicente Licínio Cardoso e os Estudos Sociais", *Educação e Ciências Sociais*, ano v, n. 15, p. 29.

como também em *Pensamentos Brasileiros*, nos quais o esforço por entender a sociedade brasileira em todos os seus aspectos é uma constante.

E aventuraríamos a hipótese de que tenha sido a perplexidade em face dos grandes problemas que o país enfrentava que levou Vicente Licínio Cardoso à ideia feliz de reunir em volume o que intelectuais como ele, de formação e origem diversas, mas irmanados pelo mesmo desejo de compreender a sociedade brasileira e traçar-lhe melhores rumos, desejariam dizer sobre a vida nacional.

No predomínio dos bacharéis em direito, vê-se, significativamente, três diplomados pela Faculdade de Direito do Recife: Antônio Carneiro Leão, Gilberto Amado e Pontes de Miranda. Mas, na diversidade de pontos de vista, na óptica singular que inspira cada um de seus trabalhos, na variedade de influências culturais recebidas, pode-se dizer que o coeficiente de informações e de conhecimentos recebidos no "pardieiro glorioso" lhes foram de pouca valia. Gilberto Amado, inclusive, no volume *Minha Formação do Recife*, traçou o perfil de sua formação intelectual, onde se verifica que o quinhão haurido nas salas de aula foi, de fato, mofino.

José Antônio Nogueira é egresso da Faculdade de Direito de São Paulo, onde foi companheiro de Monteiro Lobato, Godofredo Rangel e Ricardo Gonçalves, voltados na época do curso de Direito muito mais para as tentativas literárias, para as aventuras do Minarete, do que para os compêndios jurídicos. Os outros, Jonatas Serrano, Nuno Pinheiro, Oliveira Viana, Ronald de Carvalho, Tasso da Silveira e Alceu Amoroso Lima foram alunos das duas faculdades livres existentes no Distrito Federal. Este último já traçou, aliás, em *Memórias Improvisadas*, o elenco das influências recebidas, também extremamente reduzidas, salvo o papel desempenhado por Sílvio Romero.

Mas, de fato, no conjunto tão expressivo de bacharéis em direito, somente Pontes de Miranda e José Antônio Nogueira podem ser caracterizados como tendo desempenhado carreiras estritamente jurídicas. José Antônio Nogueira ingressaria na magistratura e chegaria ao cargo de presidente do Tribunal de Justiça do antigo Distrito Federal. Gilberto Amado, que se iniciou no jornalismo e na política, professor de direito e mais tarde consultor jurídico do Ministério das Relações Exteriores, ingressaria na carreira diplomática e ocuparia por vários anos o posto de representante do Brasil na Comissão de Direito Internacional da Organização das Nações Unidas, mas seria muito mais um intelectual e homem de letras do que um jurista propriamente dito. Antônio Carneiro Leão voltou-se para estudos de sociologia e educação; Celso Vieira encaminhou-se para a burocracia, mantendo uma prestigiosa atividade intelectual; Jonatas Serrano abraçou o magistério, destacando-se como historiador, e Oliveira Viana dedicaria sua vida aos estudos de sociologia.

Uma forte corrente estética está representada no volume, não apenas na análise de Tristão de Ataíde, cuidando de política e letras, mas ainda nos estudos de Ronald de Carvalho e Tasso da Silveira, os três compondo o grupo de bacharéis que se dedicaram à literatura, à crítica literária e à poesia.

Nessa diversidade de pontos de vista, nessa extrema abertura para as ideias de todas as índoles, em resumo, no caráter não dogmático e não sectário do volume, parece estar uma de suas maiores virtudes. Dizia, aliás, o prefácio que os autores "leram Spencer, Comte, Le Play, Karl Marx e outros, mas contrariamente aos predecessores da geração passada, não são ortodoxos". E, demonstrando a influência que Alberto Torres desempenhava, acrescenta:

leram e admiraram, por outro lado, o nosso Alberto Torres, mas nenhum se intitula seu discípulo; descobriram-se de *per se*, isoladamente, cada um a seu tempo. E quando se encontraram na vida verificaram todos que tinham um ascendente espiritual comum. Meditaram, em suma, sobre a obra daquele nosso pensador político que não havia sido nem mesmo lido com atenção pela geração que os precedera. São brasileiros, pensam pois como brasileiros: americanos, latinos e tropicais[7].

Dos estudos incluídos no volume, alguns são de cunho apenas narrativo. Assim, a contribuição de Celso Vieira – "Evolução do Pensamento Republicano no Brasil" – analisa as manifestações nativistas a partir da Colônia, com ênfase

---

7 À *Margem da História da República*, p 16.

sobretudo nas manifestações de Pernambuco, omitindo, surpreendentemente, os movimentos em Minas, para concluir que "o pecado mortal destas gerações é que o seu espírito sem ideias, atraiçoando o velho idealismo dos antepassados, não tinha sabido animar gloriosamente aquele texto [Constituição de 1891]".

O estudo de Jonatas Serrano, "O Clero e a República", procura, justamente, destacar o papel renovador da Igreja, a posição avançada que os clérigos tiveram em vários movimentos políticos, baseando-se nos estudos de Júlio Maria.

Nuno Pinheiro discute de forma técnica e adequada o problema das "Finanças Nacionais", numa época em que engatinhavam entre nós os estudos de economia e finanças, mostrando as dificuldades do câmbio, da dívida externa e interna, do papel-moeda, dos empréstimos estaduais, do comércio exterior e da política orçamentária.

Já nos estudos de Carneiro Leão, Gilberto Amado, José Antônio Nogueira, Oliveira Viana, Pontes de Miranda, Ronald de Carvalho, Tasso da Silveira, Tristão de Ataíde e Vicente Licínio Cardoso parecem estar as contribuições mais destacadas do volume, em termos de pensamento político e cultural novo. Carneiro Leão, ao tratar dos "Deveres das Novas Gerações Brasileiras", examina sobretudo o papel da educação como forma de estudar e conhecer a alma nacional, e se remete em particular aos estudos de Liberato Barroso e Tavares Bastos – o primeiro praticamente esquecido – para destacar a importância da instrução no país. É digno de nota que o estudo também cite com bastante frequência os pareceres sobre a reforma do ensino primário, emitidos por Rui Barbosa em 1882, dando a esse trabalho o devido destaque, e a indicação é especialmente importante, porque no resto do volume o sentimento anti-Rui Barbosa, típico do período, já se destaca com bastante firmeza.

José Antônio Nogueira estuda "O Ideal Brasileiro Desenvolvido na República", tratando sobretudo da organização de uma consciência coletiva de nacionalismo, dos males do pessimismo, do caminho da justiça distributiva e de um sonho gigante revelando leituras extensas, mas ainda no estilo beletrista da época anterior, linhas de estudo aliás que desenvolveria mais tarde no volume *Aspectos de um Ideal Jurídico*.

Ronald de Carvalho trata das "Bases da Nacionalidade Brasileira: Uma Síntese Histórica", acentuando os principais aspectos da formação nacional, em estilo agradável e leve, que é a marca dos seus trabalhos. Mas a parte final do trabalho ressente-se de um psicologismo exagerado, prosseguindo por filiar a alma brasileira a três grandes melancolias, para em seguida tratar de uma forma mais literária que objetiva do tema da adaptação, concluindo com os seguintes dizeres: "O Brasil é uma dádiva da terra, mas, como aquele arco pesado e belo, formidável e gracioso do velho Odisseu, exige dos seus pretendentes em disposição enérgica uma vontade sem desfalecimentos".

Tasso da Silveira se ocupa de "A Consciência Brasileira", destacando sobretudo o problema racial, para em seguida deter-se nos problemas da compreensão dos estudos filosóficos, com a análise das obras de Tobias Barreto e Farias Brito. E termina traçando uma curva do desenvolvimento da consciência brasileira, realizada em função

> de profundos fenômenos étnicos [e por isso mesmo de tardia cristalização]. Por um fato fundamental: o essencial, orgânico do idealismo de nossa alma, como manifestação instintiva desse idealismo, a sonhadora ideologia de nossos homens do Império e dos fundadores da República; o verdadeiro despertar da consciência nacional em Farias Brito e (inscrevemos agora o nome de um autor genial precursor) Alberto Torres e, finalmente, o tema que sempre volta, na geração mais nova, na geração dos que nasceram com a República: a formação de "um espírito que claramente vê, que profundamente sofre, porque a realidade é amarga, mas que sobretudo infinitamente espera porque confia na vitória da inteligência"[8].

Sem procurar desmerecer os demais trabalhos, cada qual em sua especialidade, são as contribuições de Gilberto Amado, Oliveira Viana, Pontes de Miranda, Tristão de Ataíde e Vicente Licínio Cardoso que marcam de uma forma mais nítida a importância fundamental do volume, como depoimento expressivo de um momento significativo do dilema do pensamento liberal, em face do regime republicano.

8 Idem, p. 45

O estudo de Gilberto Amado apresenta título significativo: "As Instituições Políticas e o Meio Social no Brasil". Trata-se de ampliação do discurso de estreia como deputado na Câmara dos Deputados, pronunciado em 11 de dezembro de 1916, e mais tarde incluído, com alterações, em *Grão de Areia*, de 1919. E a frase inicial, tantas vezes citada, é a súmula mais exata do nosso fenômeno social: "Atentai, senhores, aí está esboçada toda a história do Brasil no século XIX: senhores e escravos". Estuda a influência do regime escravocrata na vida política e faz análise segura do sistema imperial que representava a reflexão de um homem que se voltara desde cedo para o exame da realidade brasileira. Transferindo-se para o Rio em 1910, Gilberto Amado ascendia à Câmara em 1914 e ali permaneceria até 1926, quando é eleito senador federal, com a carreira política cortada com a Revolução de 1930. Retoma então o magistério, por curto período, para ingressar na diplomacia. As roupagens de um representante das oligarquias tradicionais não sufocaram em Gilberto Amado o espírito de análise, com que ele, realmente, critica o artificialismo político do regime da República Velha, em face dos condicionamentos sociais e com mão de mestre disseca a realidade política e social do país. Algumas outras citações se tornam obrigatórias para realçar alguns aspectos, quando, referindo-se às figuras de proa da monarquia, dizia que

ilustrados nos publicistas europeus, versando temas que não tinham relação com o meio, os mais brilhantes estadistas não foram por certo os mais úteis. O seu trabalho político consistia em bordar sobre os assuntos do dia – empréstimos externos, reforma da legislação criminal ou civil, direito orçamentário, questões partidárias e eleitorais – grandes e belos discursos que poderiam figurar pelos assuntos nos Anais parlamentares de França e Inglaterra. Nos chamados menos cultos, isto é, num Paraná, num Itaboraí, num Cotegipe mais tarde se sentia a experiência que comunica o trato dos negócios, o cuidado da observação, a matéria dos fatos, dando aos seus discursos a contextura resistente das realidades. É claro que a todos eles faltava uma educação científica necessária à compreensão de um país que, mais do que nenhum outro, precisava de uma política construtiva[9].

9 Idem, p. 49.

Tratando da nossa formação cultural, comentaria:

Se estudarmos o fenômeno do funcionalismo que apresenta no Brasil o aspecto de um novo coletivismo não sonhado pelos comunistas, pois assenta no tesouro público, veremos que ele tem a bem dizer sua origem na escravidão. Foi ela que, tornando objeto o trabalho da terra, obrigou a encaminhar-se para os empregos do Estado os filhos dos homens livres que não poderiam ser senhores e que não queriam igualar-se aos escravos. Sendo o trabalho ocupação de negros, mestiços ou brancos, julgar-se-iam desonrados nele.
O bacharelismo foi o primeiro capítulo da burocracia. Dele é que nasceu essa irresistível inclinação ao emprego público que o novo regime não pôde conjurar, antes acoroçoou, porque não tendo criado o trabalho, nem a inscrição profissional, não pôde evitar que se dirigissem para os cargos públicos os moços formados nas academias, inaptos à lavoura, ao comércio, aos ofícios técnicos[10].

Gilberto Amado conclui por mostrar que o Brasil, naquele momento, estava em situação semelhante àquela de antes da queda da Monarquia e que, "por isso, leis, instituições, mundo político e social estão também fora e acima do Brasil. O nosso trabalho deve ser, mantendo a República, torná-la antes de tudo brasileira".

O estudo de Oliveira Viana, "O idealismo da Constituição" constitui a primeira parte do volume publicado sob igual título em 1927, reeditado depois em 1938, com a análise das Constituições de 1934 e 1937. Oliveira Viana, mencionando linhas de pensamento que desenvolveria em outras obras, compara o regime republicano ao regime imperial, para mostrar como os líderes republicanos foram incapazes de organizar um regime político adequado às instituições brasileiras, e que tentaram criar um tipo de regime que se baseava em opinião pública inexistente. Expõe em síntese

que realmente todo o fracasso do idealismo contido na Constituição de 24 de fevereiro tem em síntese esta coisa geral: somos um povo em que a 'opinião pública', na sua forma prática, na sua forma democrática, na sua forma política, não existe[11].

10 Idem, p. 56.
11 Idem, p. 110.

O trabalho de Pontes de Miranda, que tem o título de "Preliminares para a Revisão Constitucional", parte do princípio de que, entre as três políticas – a do empirismo, a do apriorismo e a da ciência – estivemos sempre presos à segunda, sem jamais nos prepararmos para adotar uma verdadeira política científica. Vê-se, no jovem intelectual de então, homem profundamente impregnado de ideias científicas e que contemplava na ciência possibilidade de resolução dos problemas sociais. As ideias eugênicas são também uma forte contribuição de seu estudo, que termina na época da campanha de revisão da Constituição de 1891, com apresentação de algumas emendas à Constituição Federal.

O estudo de Tristão de Ataíde, "Política e Letras", relaciona o movimento cultural no Brasil com as nossas instituições políticas, para em seguida tentar um exame do movimento cultural da época. A análise comparativa que faz entre Pinheiro Machado e Rui Barbosa, duas forças contraditórias, o cesarismo e o caudilhismo, ambos como "o ponto de ligação entre a anarquia natural da gente brava e a autoridade necessária a desenvolver o senso de coletividade" e o idealismo romântico de Rui Barbosa, acima de tudo moldado pelo liberalismo político de parlamentarismo do século XIX, constitui-se de páginas antológicas. A conclusão é de que o Brasil recebera até então uma herança de antagonismos, em que seria necessário, para possuir uma literatura original, uma literatura imperiosa e fecunda, uma maior integração social e moral[12].

Vicente Licínio Cardoso apresenta dois trabalhos: um sobre Benjamin Constant, o fundador da República, no qual procura acentuar a importância fundamental do professor de matemática da Escola Militar na proclamação da República, estudo biográfico em que se revelam mais uma vez as fortes influências positivistas que lhe marcaram o espírito.

O outro estudo, com o título do livro, "À Margem da História da República", mostra como o regime imperial fora incapaz de atender às necessidades do país, e que até então a República se conservava presa a esses mesmos condicionamentos. Conclui afirmando que

---

12 Idem, p. 111.

a República não nos trouxe nenhum idealismo congênito; consequência política da evolução social sobre o ideal abolicionista, o novo regime fixou apenas na Carta Constitucional pequenas ideologias, sem deixar sequer esboçado um verdadeiro idealismo orgânico e construtor nacional[13].

À guisa de conclusão, aparece um texto, certamente também de autoria de Vicente Licínio Cardoso, que, se iniciando pela frase de que "em nenhum momento talvez da nossa história foi tão necessário pensar o Brasil como atualmente", revela a decepção que o regime republicano trouxera e afirma, em relação ao volume, que "é um ensaio do que hoje tentamos. Projetado às pressas o volume, com prazo fixado para marcar com um ato de inteligência e a passagem do 35º aniversário do novo regime do Brasil, não pôde obedecer ao plano traçado".

E conclui, dizendo que "fomos buscar no passado, remoto ou recente, e mesmo entre as sombras da tristeza do ambiente, as ideais e palavras necessárias a um ato de inteligência e fé".

Nenhuma introdução poderia substituir a leitura completa do volume. Nas qualidades e defeitos, os vários estudos refletem o momento histórico, cheio de dúvidas e perplexidades, na encruzilhada que o país atravessava, e nas transformações em curso, e as várias alternativas abertas.

O sentimento que se depreende da leitura do volume é o de que as análises são bastante exatas e agudas no descrever os problemas e as realidades, mas se encontram deficientes no marcar os rumos e fixar diretrizes. Evidentemente não havia ainda o amadurecimento necessário, nem existiam estudos de bases fundamentais para tirar desses diagnósticos os elementos para uma terapêutica perfeita.

Mas nas deficiências e méritos, *À Margem da História da República: Idéias, Crenças e Afirmações* é exemplo significativo de um movimento de um grupo de intelectuais, com as formações mais diversas, que se sentiram irmanados em determinado momento pela necessidade de se debruçar perante seu país, examinar-lhe os problemas e tentar indicar-lhe linhas de ação.

A análise das gerações políticas, no Brasil, seja no plano dos teóricos, seja no plano dos práticos, ainda não foi feita. Mas, ine-

---

13 Idem, p. 112.

gavelmente, o manifesto dos participantes do volume *À Margem da História da República* é um dos momentos mais expressivos de uma "geração política" no Brasil, de um segmento de nossa "intelligentzia", ao mesmo tempo em que desvenda, de uma forma patente, as ambiguidades de nosso pensamento liberal. E a inexistência, antes ou depois, de estudos de idêntica orientação indica, ao mesmo tempo que a alta relevância do volume, mais um exemplo da extrema pobreza do nosso pensamento político.

MAQUIAVEL E O BRASIL

In memoriam Carlos Alfredo Bernardes

Em junho de 1931 aparecia no Rio de Janeiro, de autor quase desconhecido, Octavio de Faria, e publicado pelo editor Schmidt, um volume com o título *Maquiavel e o Brasil*. A obra era de extrema singularidade; alcançou grande repercussão, mesmo entre aqueles que lhe criticaram a feitura, fizeram objeções à interpretação, e tentaram ver distorções na análise do pensamento do secretário florentino. Seria reeditada em 1933, com prefácio do autor para a nova edição, para, afinal, desaparecer das livrarias e do mercado, tornando-se raridade bibliográfica.

Mas o que, sobretudo, realçava a importância do livro é que, sem sombra de dúvida, pela primeira vez entre nós alguém se voltava para a obra de Maquiavel com seriedade e competência, a fim de extrair-lhe lições que pudessem servir de roteiro e orientação para os rumos políticos difíceis para a nação brasileira em momentos como aquele que atravessava.

Há nesse fato específico mais um indicador flagrante da pobreza dos estudos políticos no país, a revelar a dificuldade de tentar-se refletir sobre o fenômeno político, sem ter como uma das fontes de inspiração os escritos de Maquiavel.

Pretende-se mostrar como o pensamento político brasileiro desvinculou-se da vertente de estudos que se origina dessa obra, dela, quase sem exceção, só guardando o aspecto caricato, insólito, grotesco e, sobretudo, inexato. E poder-se-á então comprovar como a motivação que inspirou a obra do jovem estudante de direito de dezoito anos sublinhava, levadas em conta as devidas proporções, o paralelismo histórico de uma época que guardava semelhanças com o momento de então.

Um professor de história da Universidade Johns Hopkins, J. G. A. Pollock, escreveu importante livro, *The Machiavellian Moment* (O Movimento Maquiaveliano), para definir determinados momentos históricos, como aquele da Itália renascentista do século xv, caracterizado por um tempo conceitualizado, em que a república era vista como defrontando sua própria finitude temporal, e tentando permanecer moral e politicamente estável, numa corrente de acontecimentos irracionais, concebidos como essencialmente destrutivos de todos os sistemas de estabilidade secular. Acrescentava que o momento maquiaveliano representava uma história continuada, no sentido de que a autoconsciência política secular continuava a colocar problemas na autoafirmação histórica, que forma parte dos caminhos do pensamento ocidental do período medieval cristão ao estilo contemporâneo.

O ano de 1930 pusera, realmente, em evidência um dos momentos maquiavelianos de nossa história, em que as transformações políticas do país eram acompanhadas de mudanças nas estruturas econômicas e sociais. E esse movimento fora precedido de uma atividade intelectual intensa, de reflexão sobre a própria realidade brasileira, e que de certa maneira condicionaria os estudos da década posterior. Entre essas manifestações importantes do pensamento político encontra-se o volume *À Margem da História da República*, colocando em relevo o surgimento de um desses momentos maquiavelianos. É curioso assinalar que, escrevendo sobre Vicente Licínio Cardoso, Lourenço Filho tenha destacado exatamente que a década de 1920 "propiciou entre nós as doutrinas de Maquiavel"[14].

Com uma diferença de anos, a geração de Octavio de Faria já apresentava um outro condicionamento sócio-histórico. Trata-se de uma geração nascida pouco antes da Primeira Guerra Mundial e que, portanto, sofrera na infância o impacto que esse evento representou em todo o mundo, inclusive no Brasil. Também vivera na adolescência, de um lado as influências do pensamento mundial, fundamente vincado pelo fim da *belle époque*

---

14 M. B. Lourenço Filho, op. cit., p. 19.

e, por outro lado, a linha de pensamento no país, de debruçar sobre a realidade brasileira, e cujos nomes mais expressivos foram, sem dúvida, Alberto Torres e o então jovem Oliveira Viana.

O que caracteriza, entretanto, a geração de Octavio de Faria é o esforço para encontrar novos rumos para a evolução política do país, considerando que o liberalismo clássico se esgotara em fórmulas superadas, agravadas especialmente por um condicionamento social que fora verberado pelos dois pensadores fluminenses.

Ao ingressar na Faculdade de Direito da Universidade do Rio de Janeiro, essa geração, com a sofreguidão da mocidade, se engaja num processo extremamente vigoroso de estudo da realidade social, que se corporificou num centro de estudos então criado – o Centro de Estudos Jurídicos e Sociais (CAJU). Nos 152 anos de ensino jurídico entre nós, raramente poder-se-á encontrar numa escola de direito, a não ser a célebre turma de 1870 em São Paulo, um grupo tão significativo de jovens que iriam destacar-se na vida intelectual e cultural, na política, na história, no direito e na administração pública. Ressalvadas omissões inevitáveis, apontam-se entre eles San Tiago Dantas, Antonio Gallotti, Gilson Amado, Vicente Chermont de Miranda, Américo Lacombe, Hélio Viana, Thiers Martins Moreira, Plínio Doyle, Antônio Balbino, José Artur Frota Moreira, Álvaro Penafiel, Almir de Andrade e o autor de *Maquiavel e o Brasil*. O CAJU realizava estudos, conferências e concursos e foi como resultado dessas indagações que Octavio de Faria, partindo de uma tese sobre "A Desordem do Mundo Moderno", se voltou para a análise do pensamento político de Maquiavel. Cabe destacar que dessa geração é Octavio de Faria quem primeiro se lança à publicação de livros para o estudo de problemas políticos, mas logo em seguida voltar-se-á para a literatura, deixando uma obra de ficção que encontra poucas que se igualem em nosso país.

Se já podemos indicar neste rápido introito o fenômeno de duas gerações distintas, parece-nos que o exame, ainda que sucinto, desse problema merece ser aqui feito. É Ortega y Gasset quem procurou melhor definir a questão:

> Uma geração não é um punhado de homens egrégios, nem simplesmente uma massa. É como um novo corpo social íntegro com

uma minoria seleta, e uma multidão que foi lançada no âmbito da existência com uma trajetória vital determinada. A geração é um compromisso dinâmico entre massa e indivíduo, e é o conceito mais importante da história e, por assim dizer, o eixo sobre que executa seu movimento[15].

Aditaria, ainda, que há diferença entre as épocas em que o pensamento se considera em si mesmo como desenvolvimento de ideias germinadas anteriormente, e épocas que sentem o imediato passado como algo que é urgente reformar desde a raiz. As primeiras são épocas de filosofia pacífica; estas são épocas de filosofia beligerante, que aspiram destruir o passado, mediante sua radical superação. Nossa época, dizia Ortega y Gasset em 1922, em frase que se aplicaria à década de 1930 no Brasil, é desse último tipo.

Se se procura fazer um símile entre a geração da década de 1930 e a geração da época de Maquiavel, encontrar-se-á na síntese de Jorge de Sena, escritor português que viveu no Brasil, e que tem sobre o autor de *O Príncipe* um estudo valioso[16], a indicação de Encina e Gil Vicente; dos filósofos Pomponazzi e Pico della Mirandola; poetas como Ariosto; cientistas como Copérnico e, entre todos, o grande humanista holandês Erasmo, isto é, todos figuras de uma época de transição.

Mas a pergunta que nos assalta é por que – se o pensamento de Maquiavel representou no mundo inteiro uma fonte de estudos e de ensinamentos – entre nós esse fenômeno não se produziu e somente nessa geração alguém se debruça com afinco e entusiasmo em seu estudo?

Tenho, para mim, que essa pobreza dos estudos políticos entre nós decorreu em grande parte da supremacia que, em nossa formação cultural, exerceram as faculdades de direito. E, em consequência da posição de ascendência que na visão social sempre tomou, nas faculdades de direito, a política como organização do Estado, que o problema de regulação puramente normativa ganhou primazia sobre as formas intelectuais que examinam, na sua estrutura e nas suas funções, o fenômeno da organização do poder.

---

15   *El Tema de Nuestro Tempo*, p.7.
16   *Maquiavel e Outros Estudos.*

Na pesquisa para a feitura do livro *Das Arcadas ao Bacharelismo*, em que procurei traçar o perfil de 150 anos de ensino jurídico no Brasil, surpreendeu-me de forma patente a completa ausência de indicações ou referências a Maquiavel. E se ampliarmos essa pesquisa verificar-se-á que essas omissões e essas deficiências são uma constante em nosso pensamento político.

Para apresentar uma indicação correta sobre o tema, evidentemente ter-se-á de remontar a Portugal e verificar como a formação cultural daquele país, que praticamente expulsou o Renascimento de suas fronteiras e se manteve até o século XVIII avesso a manifestações do Iluminismo e da revolução científica, iria reagir violentamente à teorização do autor. Assim não surpreende que, quinze anos após a morte de Maquiavel, em 1542, um humanista como dom Jerônimo Osório escrevesse o *De nobilitate christiana* para defender o cristianismo dos ataques de Maquiavel. Entretanto, ao menos em um aspecto parece ter sido significativa essa influência. Celso Lafer, em estudo consagrado ao épico camoniano "O Problema dos Valores nos *Lusíadas*"[17], mostrou com extrema felicidade a influência na obra épica da poesia lusitana da obra do secretário florentino, e, estabelecendo um paralelo arguto da questão, mostrou como as premissas metodológicas de ambos são idênticas. Pois "se Maquiavel achou oportuno analisar o funcionamento da *práxis* política e com elementos obtidos auxiliar o Príncipe e atingir o bem comum, Camões cantou os efeitos da grande empresa portuguesa visando através do exemplo a acordar seu povo". E entre as inúmeras concordâncias que aponta, bastaria citar, exemplificativamente, quando diz Maquiavel "que os homens quando são bem governados não procuram nem querer iludir outra liberdade"; e quando isso não sucede e o rei não é verdadeiramente forte, no dizer do poeta: um fraco rei faz fraca a forte gente. Ele pode ser destronado como foi dom Sancho II, pois:

O Reino, de altivo e costumado
A senhores sobre em tudo soberanos
A Rei não obedece nem consente
Que não for mais que todos excelente.

---

17 C. Lafer, *Gil Vicente e Camões*, p. 135.

Se, entretanto, no século XVI esse influxo ainda atuava, porque Portugal ainda não se fechara para os grandes movimentos de renovação intelectual, posteriormente se esmaece e praticamente se extingue. Bastaria lembrar que no estudo de Jorge de Sena não se encontra, numa exemplificação abundante, nenhum registro dessa repercussão.

Passando para a cena brasileira, verificar-se-á, como corolário desse argumento, que na geração brasileira do início do século XIX, que foi ainda haurir em Coimbra a fonte de seus conhecimentos, não se vislumbram indicações dessa ascendência.

O arrolamento de biblioteca do conjurado mineiro padre Luiz Vieira da Silva, analisado na obra de Eduardo Frieiro – *O Diabo na Livraria do Cônego* – não indica nenhuma obra de Maquiavel. Das duzentas e setenta obras, com perto de oitocentos volumes, que compunham a biblioteca do cônego, mais de metade era em latim; cerca de noventa em francês; pouco mais de trinta em português; cinco ou seis em italiano, e outros tantos em espanhol, além de vinte e quatro livros ingleses que surgem na relação englobadamente, sem indicação de títulos nem de autores. Dentre os autores italianos constam a *Jerusalém Libertada*, de Torquato Tasso; o *Vaso Raptado*, de Tassoni, e os onze volumes da obra de Metastasio, o poeta que tanta influência teve nos nossos poetas arcádicos, como ali se encontram também uma *História do Reino de Luís XIV* em quatro volumes, sem autor declarado, e a *História Civil do Reino de Nápoles*, do historiador napolitano Pietro Giannonni.

Há, no período colonial, entretanto, um problema interessante a analisar, não referente à influência direta do nosso homenageado no pensamento político, mas sobre a existência de um livro maquiaveliano, qual seja, a *Cultura e Opulência do Brasil*, de Antonil. Não imaginaria, por certo, o jesuíta italiano, ao escrever essa importante obra, que viesse ela a constituir fonte das discussões e de enigmas que se apresentaram aos historiadores, desde a apreensão do livro em 1711 e seu desaparecimento por tantos decênios, com as discussões sobre a autoria.

Na exegese da obra foi Araripe Júnior quem procurou decifrar uma das chaves do enigma, ao afirmar que "Antonil pretendera ensinar aos fazendeiros do Brasil a governarem-se pelos princípios do Príncipe de Maquiavel e que seguramente fora esta a causa de ter o governo português abafado livro tão extraordinário"[18].

José Paulo Paes, retomando a tese de Araripe Júnior, procura examinar que o livro apresentava um programa político: a restauração da indústria açucareira, ferida de morte pelo *rush* de Minas Gerais, e a reivindicação da aristocracia dos engenhos por um papel de classe dirigente então usurpado pela burocracia metropolitana, que, sob pretexto de controlar o rendimento da exploração mineira, manietava progressivamente a autoridade das municipalidades. Tratava-se, pois, continuava ele, manifestamente de um livro dissimulado e subversivo; dissimulado porque, sob a máscara de um trabalho curioso e útil, ele se revelava, graças a um exame mais atento, um panfleto astucioso, visando a auxiliar os senhores de engenho na luta contra a nova política da Metrópole, que não era outra coisa que a extinção progressiva das liberdades e dos privilégios anteriormente concedidos aos primeiros habitantes da colônia[19].

Andrée Mansuy, que publicou excelente edição bilíngue da *Cultura e Opulência do Brasil*, indica como inexata a análise feita da obra, tentando extrair do contexto certas frases ou palavras que teriam conteúdo da doutrina maquiaveliana, e conclui que os argumentos e conclusões eram inaceitáveis. Não seria este o momento de tentar uma arbitragem da questão, mas enquanto pesquisas mais detalhadas não se fizerem, pode-se, de qualquer maneira, ver na interpretação de Araripe Júnior uma indicação digna de registro.

Se foi essa a situação do Brasil Colonial, o panorama não se modifica quando o Brasil se torna independente. Aí se exercerá, com plena forma, o predomínio do jurídico sobre o político, e a estrutura do regime institucional caminharia para o parlamentarismo, onde o coeficiente do político é sempre mais nítido, mas que se restringiu, via de regra, ao mero esboço de organização de um sistema normativo.

O fascínio que o livro de Walter Bagehot, *A Constituição Inglesa*, exerceu sobre Joaquim Nabuco decorreria, em grande parte, da feliz tentativa de mostrar como o harmonioso funcionamento do sistema parlamentar inglês se expressava num

18 *Obra Crítica*, p. 483.
19 Cf. J. P. Paes, *Mistério em Casa*, p. 7.

sistema normativo organizado, seja de normas escritas, seja de normas não escritas.

Assim, não se encontrará em nenhum dos autores ou pensadores políticos do Império uma influência mais nítida da obra de Maquiavel, e as referências que a ele se fazem são quase sempre como demonstração daquele aspecto vulgar que, em todo o mundo, desfigurou e deformou a figura do autor de *O Príncipe*.

Wilson Martins, em volume consagrado ao período na *História da Inteligência Brasileira*, aponta a obra de José da Gama Castro (1769-1873), *O Novo Príncipe*, situando-o como precursor, assim reconhecido em nossos dias, do integralismo lusitano. Era um fisiocrata; no *Novo Príncipe* declara que "é sempre muito má economia política aquela que pretende florescer as fábricas à custa da agricultura"[20].

Pereira da Silva, embora apontado como mau escritor e medíocre historiador, seria o primeiro no Brasil a tentar esboçar uma teoria da História, e desenvolveria essa argumentação, dizendo que "a verdadeira e única escola histórica não é nem a descritiva nem a fatalista. A verdadeira e única escola é a de Tácito e de Tucídides; é a de Gibbon e de Niebuhr; é a de Maquiavel e de Muller; é a de Plutarco e de Thierry; é a de Políbio e de Lingard.

E acrescentava que:

> o estilo é do escritor, não do historiador; o estilo é próprio e do indivíduo; tenha o historiador as qualidades e estudos que necessita e escreve! Escreva pela maneira mais fácil e mais própria de exprimir seus pensamentos, suas ideias, seus sentimentos. Quão diverso é o estilo de Tácito do de Plutarco! Quanto é diferente o de Salústio do de Gibbon! Como oposto é o de Maquiavel ao de Niebhur! Cícero tinha razão de dizer que a história agrada de qualquer maneira que se escreva, contanto que interesse.

Essa pobreza de referências se revelará mais flagrante ao tomarmos outros exemplos, ao verificarmos, entre tantos outros, que em levantamento feito da obra de Tavares Bastos não se acha indicada nenhuma referência à doutrina de Maquiavel. Pôde assim o grande doutrinador político do Império, adepto

---

20 J. da Gama Castro, *O Novo Príncipe*, p. 388, apud W. Martins, *História da Inteligência Brasileira*, v. II, p. 45.

da descentralização política e administrativa, tratando dos temas fundamentais da organização do poder no Brasil, demonstrar não conhecer o que foi a obra do secretário florentino.

Sales Torres Homem, o Timandro, o panfletário do *Libelo do Povo*, que iria se acomodar numa cadeira de senador, em manifesto lançado contra o gabinete liberal do marquês de Olinda, em 1863, no período da Liga, iria utilizar-se da doutrina como arma de político oposicionista ante o partido no poder:

> Não sei por que a política florentina que tantas dificuldades superava pela insídia tem sido objeto de execração do gênero humano. Parece que o juízo da posteridade foi injusto para os méritos dessa política, que celebrou o gênio de Maquiavel. No fim de tanto tempo, ei-la que vive e reverdesce nos Conselhos do Ministério de 30 de maio com todas as honras que lhe são devidas. Adotada como modelo e erigida em meio do governo de uma nação livre, nada falta ao seu triunfo; ela brilha na frente dos recursos ministeriais, os aplausos de um partido a vitoriam e o povo sem crenças a vê passar sem horror. Não são entes obscuros; são anciãos prestigiados da pátria os que a reabilitam com a autoridade da experiência, e como a última expressão dos seus longos trabalhos na vida. São eles que se incubem de ensinar do alto do poder às novas gerações a arte sublime de enganar os homens[21].

Uma exceção singular foi a de Lafayette Rodrigues Pereira, o grande jurista do Império, humanista, escritor primoroso, jornalista polêmico. Seus artigos se distinguiam, no dizer de Carlos Pontes, pelo gosto e finura do estilo, límpido e conciso, a que as boas letras clássicas, com que se familiarizara cedo, traziam os primores, os *à propôs* magníficos das citações oportunas e das referências maliciosas. As próprias cóleras que por ele perpassam às vezes são mais literárias que sentidas: "Um verso de Horácio ou de Virgílio, uma sentença de Tácito ou de Cícero; uma alusão a Maquiavel. Maquiavel era homem de boas letras clássicas e, pois, não exprimiria seu pensamento em latim tão bárbaro e incorreto..."

A situação não se altera com a República e também na organização do regime presidencial, em que o primado do jurídico se acentua. Essa ausência é flagrante e intensa.

---

21 Apud J. Nabuco, *Um Estadista do Império*, p. 383.

Há, entretanto, algumas notas que podem ser apontadas e examinadas. Tratando do livro de Campos Sales *Da Propaganda à Presidência*, e tentando detectar-lhe o verdadeiro sentido, Afonso Arinos de Melo Franco escreve que

> esse sentido é puramente pragmático, utilitário e realístico, eu diria maquiavélico, sem pretender uma conotação pejorativa na expressão "maquiavélico", que não me parece ser justa. O próprio Maquiavel não merecia essa posteridade depreciativa[22].

Seria preciso investigar até que ponto na feitura e na organização da política de governadores o presidente paulista inspirara-se na doutrina do secretário florentino. Haveria que indagar se aquela obra de realismo político era um puro produto de um pragmatismo empírico, ou se tivera inspiração em *O Príncipe* ou nos *Comentários sobre a Primeira Década de Tito Lívio*.

Mas, ao examinar em outra obra o funcionamento do Partido Republicano Mineiro, e sua comissão central – a célebre Tarasca –, Afonso Arinos iria afirmar "que bem longe se achavam os coronéis de Tarasca de Maquiavel"[23]. Por aí talvez se possa concluir que a tese de um puro realismo empírico era mais adequada para caracterizar tanto o livro do presidente paulista quanto a conduta dos coronéis mineiros.

Em conferência pronunciada no Instituto Histórico e Geográfico Brasileiro em 17 de janeiro de 1916, Pedro Lessa expõe o exemplo pragmático do que poderíamos chamar da concepção que predominou entre nós em face de Maquiavel, uma apreciação superficial, contraditória e, de certa maneira, revelando a perplexidade e a dúvida em relação à figura do autor das *Histórias Florentinas*:

> Em *O Príncipe* de Maquiavel, em meio de um especioso amálgama de erros, preconceitos, conselhos de uma revoltante imoralidade, verdades muito úteis e agudas observações, admiráveis, de extraordinária penetração, depara-se-nos esse conceito que, não obstante a impropriedade da forma que reveste, contém na essência uma verdade incontestável: a fortuna dispõe da metade de nossas ações e confia a outra metade ao nosso livre arbítrio[24].

22 *Um Estadista da República*, p. 479.
23 Idem, p. 472.
24 P. Lessa, *Discursos e Conferências*, p. 183.

Há uma conferência de Buenos Aires de 1916 sobre os deveres da neutralidade, com citação de um escritor alemão que declarava que

o que nos importa, a nós, antes de tudo, a nós pacifistas e democratas alemães, o que nos importa é isto: não há preço a troco do qual possamos tolerar por mais tempo em pleno século XX a coexistência de duas morais – uma a par da outra: uma para uso do cidadão, outra para uso do Estado. Maquiavel é morto e morto para todo o sempre. Os povos, os Estados, as dinastias estão submetidos hoje em dia às mesmas condições morais, às mesmas leis que o simples cidadão[25].

No pensamento político de Gilberto Amado, a influência de Maquiavel é patente. Em *Grão de Areia*, de 1919, ele falaria de Maquiavel que "continua a ser uma das mais horrendas figuras da História, por haver sido o mero catalogador, o sumariante fiel do que se observava e via na conduta dos príncipes da Renascença"[26]; o ensaio "Esboço de Uma Moral Educacionista" contém nítida influência de Maquiavel. No livro de memórias *Presença na Política*, transcreve como epígrafe uma de suas frases: "O homem pode ajudar mas não conjurar o destino. Tecelão para sua teia, mas não poderá quebrá-la".

Na década de 1920, as referências são mais frequentes; no volume *À Margem da História da República*, Pontes de Miranda comenta o "maquiavelismo político"[27], assim como Tristão de Ataíde se refere aos "golpes políticos maquiavélicos"[28] (de Pinheiro Machado).

A estender a análise para os estudos extrapolíticos, e chegar à literatura, ter-se-ia uma fascinante elocubração a fazer sobre o maquiavelismo na obra de Machado de Assis. As citações seriam inúmeras: quando no conto "D. Benedita", diz ele que "a reflexão da moça era profundamente maquiavélica", estar-se-ia abrindo um mundo para nosso estudo e indagação. Por isso, pôde Augusto Meyer afirmar sobre Capitu que "o plano de ação que ela traça no capítulo XVIII parece miniatura de um tratado de

---

25 R. Barbosa, Embaixada de Buenos Aires, *Obras Completas*, v. XLIII, tomo I, p. 59.
26 *Grão de Areia*, p. 73.
27 *À Margem da História da República*, p. 16.
28 Idem, p. 58.

Maquiavel revisto e corrigido por mão de mulher"[29], fecunda ideia para o estudo do maquiavelismo em Machado de Assis.

Por isso, ante colheita tão mofina, destaca-se, de forma significativa, o aparecimento, em 1931, de *Maquiavel e o Brasil*. O livro de Octavio de Faria estava nitidamente vinculado ao momento histórico de sua publicação, correspondendo à perplexidade que apresentavam todas as gerações brasileiras, mas especialmente as mais jovens, em relação às perspectivas do momento político.

O livro tem uma estrutura bastante nítida, dividido em duas partes, das quais a primeira corresponde a duas subpartes bem definidas. Na primeira parte é discutida a posição de Maquiavel em face da experiência do Renascimento, mas com uma visão orientada para a última parte, que se caracterizaria pelo exame do "caso brasileiro". A subparte é, na titulação premonitória do título, "um simples *intermezzo*", isto é, a análise da experiência da Itália de Mussolini, quando ainda se podia ver no "Il Duce" um líder para situações de crise, antes que ele se esboroasse nas experiências guerreiras e no fracasso da Segunda Guerra Mundial.

O inusitado do título provocou na época os comentários e análises da crítica, seja entre aqueles que se revelavam favoráveis ao trabalho, seja entre aqueles que lhe profligaram ardentemente a análise. No prefácio que preparou para a segunda edição de 1933, Octavio de Faria entra em detalhes sobre esse problema, procurando repetir o que lhe pareceu essencial sobre o tema do livro, qual seja, "a aplicabilidade das ideias políticas de Maquiavel à situação especial em que o país então se achava". Ataca a objeção absurda daqueles que contestaram a conjugação de dois conteúdos tão heterogêneos como sejam Maquiavel e Brasil num livro único. Nesse mesmo prefácio, considera ele mesmo o "revolucionarismo" do que pensava ter dito a respeito do assunto.

Na verdade, procura Octavio de Faria situar a grandeza de Maquiavel como em saber ter reunido os elementos da história do Renascimento voltada para o restabelecimento de uma situação de desequilíbrio que seria a mesma que ele antevia no "caso brasileiro"[30].

29 A. Meyer, *Machado de Assis (1935-1958): Ensaios*, p. 118.
30 *Maquiavel e o Brasil*, p. 88.

A experiência de Maquiavel fora, para ele, a fusão do mundo antigo com o mundo novo, colocando-se, entretanto, dentro de uma ideia subjetiva de um pessimismo psicológico, que o levaria a duvidar da humanidade em geral, mas acreditar na posição dos homens de elite. É nesses momentos excepcionais, como aquele que vivera o secretário florentino, e que no pensamento do autor vivíamos entre nós, que se situava o papel de Maquiavel:

> Diante da nossa desordem brasileira, ninguém mais útil do que Maquiavel. Nós que vivemos a desordem universal no que ela tem de pior – de menos grandioso e de mais anárquico – devemos voltar os olhos para esse homem que tem à nossa disposição as regras, comuns e de exceção, de que mais precisamos e de que menos temos noção. Nós que precisamos de tudo necessitamos dele mais que nada[31].

O *intermezzo* mussolianiano é evidentemente a parte do livro que envelheceu de todo, e que menos relevância apresenta para a análise política. Mas a segunda parte, sobre o caso brasileiro, merece leitura, pela gama de informações que apresenta e por oferecer elementos de análise ainda dignos de nota. A ideia inicial é de que o país é um Estado sem relevo humano: as notas pessimistas de Euclides da Cunha, Oliveira Viana, Paulo Prado aí ressoam em toda a sua expressão, e a análise de como a história do país é uma história sem grandes feitos, sem segredos e acontecimentos.

Nesse contexto coloca o problema da Revolução de 1930 e do impacto que ela causou à nação, mas em face de seu insucesso vê então como alternativas para o país ou o terror ou a intervenção estrangeira. É nesse contexto que o autor se volta para Maquiavel, no sentido de tentar mostrar que qualquer reforma política se esboroaria, e que seria no homem que se teria de fazer o grande esforço de recuperação nacional, quando então o papel de Maquiavel seria de extrema importância.

Finaliza Octavio de Faria dizendo:

> Temos uma criança fraca, mal educada e impertinente, medíocre em tudo, com traços bonitos, mas sem harmonia no corpo, já

---

31 Idem, p. 162.

com vícios, ainda sem verdades. Procuramos fazer com que dessa criança surja por tudo uma evolução – aqui por reabsorção de maus hábitos, ali por desenvolvimento de boas qualidades – uma outra criança forte e superior, com traços próprios, de valor, perfeita de harmonia e beleza. Sonhamos com o Brasil que não seja mais esse deserto onde em cada rara povoação existe de novo o deserto no coração de cada um. Até a tarefa de seguir toda essa evolução será árdua. Poucos ousarão completá-la e confiar. Mas já mais facilmente outros conseguirão. O sofrimento intenso dos primeiros suavizará o dos últimos. Penetrado pelo de todos, o Brasil seguirá enfim. E ninguém mais terá de carregá-lo aos ombros[32].

É evidente que a colocação de Maquiavel e Brasil encontra-se no contexto de uma ideologia conservadora. Guerreiro Ramos[33] pôde até considerá-la como representativa da ideologia de uma *jeneusse dorée*, numa análise que peca por certo ar sectário. O que é óbvio, contudo, na análise de *Maquiavel e o Brasil* é a presença do horror ao comunismo, que aparece em numerosos trechos, e que foi uma característica que levou membros destacados dessa geração a participarem da aventura integralista.

Por qualquer ângulo entretanto que se analise a singularidade da obra, permanece como uma tentativa válida de extrair da obra do secretário florentino linhas de ação para a ação política no Brasil. Se constantemente se apontam interpretações unilaterais e exclusivistas na análise do autor de *O Príncipe*, o mesmo aparece em relação ao comentador brasileiro. Também o livro de Octavio de Faria sofreu a mesma sina: colocar-lhe a obra na dicotomia neotomista *versus* estatista representa, a meu ver, simplificação impressionista.

Agora, cabe a reflexão: depois de Octavio de Faria, o que nos oferecem os estudos maquiavelianos no Brasil? Guardadas as devidas proporções, podemos dizer que eles retornam ao mesmo silêncio do passado.

Examinando a *Ideologia Autoritária do Brasil (1930-1945)*, a obra de Jarbas de Medeiros contém referências discretas. Alceu Amoroso Lima, em estudo sobre Francisco Campos, indica tratar-se de personalidade singular que representava "bem forte-

---

32 Idem, p. 199.
33 *Introdução Crítica à Sociologia Brasileira*, p. 139.

mente o realismo anticonformista dos que buscam seus modelos, não nos séculos XVIII e XIX, mas nos séculos XVI e XVII. Maquiavel ou Richelieu; não Rousseau ou Franklin". E indaga:

> Só o ideal cristão preenche as condições necessárias para conciliar em sua sabedoria o que há de sadio no sonho de unidade e autoridade de Maquiavel com o que há de forma no sonho de liberdade de pluralidade de Sanazaro e seus continuadores, particularmente Rousseau e Jefferson?[34]

Plínio Salgado, no capítulo "A Virtude de Maquiavel", do livro *Despertemos a Nação!*, refere-se ao messianismo fatalista, à oposição à criação do "homem novo" pela determinação da nossa vontade nacional, para em outra obra mencionar as chaves do poder – mentira, traição, ingratidão, cinismo –, regras que fariam "homens doutos, que se chamariam, por exemplo, Maquiavel, Nietzsche e [seriam] praticadas por indivíduos que se chamariam Bórgia, Fouché, Talleyrand, Lênin... Triste mundo!"

E Agamenon Magalhães, em tese de concurso à Faculdade de Direito de Recife (1933), *O Estado e a Realidade Contemporânea*, refere que "a política é a arte do governo, no conceito sempre novo de Aristóteles, e não a solércia e astúcia dos príncipes, na famosa caricatura de Maquiavel"[35].

A promessa de estudos de ciência política e de ciências sociais das faculdades de filosofia não trouxe sobre a obra de Maquiavel nenhuma contribuição especial, e, em apenas um livro, *Maquiavel, Maquiavéis*, de Maria Thereza Sadek, trabalho sério que denota esforço, embora com falhas de interpretação sobre a obra de Maquiavel.

Um momento alto na perspectiva do livro de Octavio de Faria se apresenta em 1958 com o aparecimento do livro de Lauro Escorel, *Introdução ao Pensamento Político de Maquiavel*, síntese exata, precisa e aguda, revelando completo domínio das fontes bibliográficas.

Haveria um capítulo, aliás, a tratar sobre os estudos maquiavelianos no Brasil e a contribuição dos diplomatas brasileiros.

---

34 Apud J. Medeiros, *A Ideologia Autoritária no Brasil (1930-1945)*, p. 294.
35 *O Estado e a Realidade Contemporânea*, p. 13.

Desse grupo, fazem parte Sérgio Bath, autor da tradução dos *Comentários à Primeira Década de Tito Lívio*, assim como Marcílio Marques Moreira, que recentemente nos brindou com estudo sobre o pensamento político de Maquiavel[36].

Na *Introdução à Política Moderna*, de Cândido Mota Filho (1935), assim como no volume *O Renascimento*, série de conferências realizadas no Museu Nacional de Belas Artes, em 1977, onde "O Pensamento Político no Renascimento" foi traçado por Afonso Arinos de Melo Franco, encontram-se, no quadro do pensamento político, as análises clássicas sobre a obra de Maquiavel.

Permito-me referir, entretanto, a um estudo menos conhecido, constante do volume *Estudos de Direito Público*, editado em 1952 pela Faculdade Nacional de Direito, com introdução do professor Hermes Lima e que correspondia aos trabalhos dos alunos do curso de doutorado de Direito Público Comparado daquela faculdade. Trata-se da contribuição de Cândido Antônio Mendes de Almeida sobre *O Príncipe*.

Na Introdução, expunha o professor Hermes Lima:

Testemunham esses trabalhos o esforço do professor e estudantes para imprimir ao curso nível aceitável. Guardo desse esforço uma das melhores lembranças da minha atividade docente. Conheço por mim mesmo os defeitos da formação universitária e cultural em nosso país. Promovi, então, o contato direto dos estudantes com algumas obras mestras do pensamento político. Esse contato é insubstituível para se ter ideia da força e da riqueza das obras como as que são objeto dos estudos que nesse volume se encontram. Graças a esse contato encheu-se o curso de um interesse novo e perspectivas amplas à discussão. Quero salientar que nenhuma prova maior desse interesse poderia ser dada de que a realização dos trabalhos ora aqui reunidos. Em geral, alunos e professores, somos todos terrivelmente solicitados por numerosas e dispersivas ocupações que, somadas, correspondem à necessidade de ganhar a vida. Temo, entretanto, que num país como o nosso, em que os planos de atividade ainda se misturam e se confundem demasiado, nessa tarefa de ganhar a vida esteja com frequência o meio de perdê-la.

Exigências de ordem prática, a ausência de uma atmosfera social capaz de identificar-nos com a obra a que, por verdadeira vocação,

---

36 *De Maquiavel a San Tiago*.

estaríamos fadados, tudo isso dispersa e dissolve e impede de realizarmos plenamente nosso destino, naquilo que ele possuiria de mais pessoal, espontâneo e autêntico[37].

O comentário do professor Hermes Lima é de atualidade e revela, de um lado, as falhas de nossa formação universitária e, de outro, como pequenos esforços levam a alcançar a trabalhos de alto nível. A conclusão final é pois melancólica.

A messe maquiaveliana do Brasil é paupérrima, realmente desprimorosa, e não condiz com o padrão de cultura universitária que desejamos ostentar. Se em 1931, num "momento maquiavélico", Octavio de Faria nos chamou a atenção para a figura de Niccolò Maquiavelli, é de se supor que surjam outros estudos de inegável mérito, ao colocar a luz sobre a figura do secretário florentino. Que de sua obra inigualável se possam extrair as linhas de orientação e as perspectivas que o destino da nação requer neste transe difícil.

PROBLEMAS DE DIREITO CORPORATIVO

A maldição de um título! – assim se poderia caracterizar o destino do volume de Oliveira Viana, *Problemas de Direito Corporativo*, reunindo, em 1938, coletânea de artigos publicados no *Jornal do Comércio*. Permaneceu, desde então, no quase anonimato, desconhecido dos advogados e juristas, que nele poderiam ter uma importante página de hermenêutica do direito. Se ao livro tivesse sido dada a denominação de Problemas de Direito do Trabalho, Problemas de Direito Social, ou mesmo Problemas do Direito Constitucional, o novo título em nada teria desfigurado a substância da obra, pois se trata muito menos de um exame da organização política do Estado sob a forma corporativa do que uma análise do processo de descentralização administrativa pelo qual vinha passando o Estado em todos os países, independentemente de suas formas políticas. O corporativo é antes o problema da organização e da descentralização administrativa, e filia-se muito mais à ideia

---

37 *Estudos de Direito Público*, p. 5.

das *corporations* norte-americanas, no sentido dos grandes órgãos reguladores que o direito americano foi criando, a partir do *New Deal*, do que a doutrina política assim chamada.

Rememoremos as origens do trabalho: o projeto de organização da Justiça do Trabalho, elaborado por uma comissão de técnicos do Ministério do Trabalho, da qual fazia parte Oliveira Viana, de fato, a figura principal. Enviado à Câmara dos Deputados em 1935 e submetido à Comissão de Constituição e Justiça, recebeu uma crítica do então deputado Waldemar Ferreira, insigne tratadista e professor catedrático de direito comercial da Faculdade de Direito da Universidade de São Paulo.

O parecer do deputado Waldemar Ferreira encontra-se publicado no livro *Princípios de Legislação Social e Direito Judiciário do Trabalho*, cujo primeiro volume é de 1938, e o segundo de 1939, incluindo este último já um comentário à lei de organização da Justiça do Trabalho. Referindo-se ao parecer, disse Oliveira Viana que "foi bem um curso sintético de Legislação Social e Direito Processual do Trabalho". A competência jurídica, a erudição, o conhecimento da doutrina constituem méritos do parecer do professor Waldemar Ferreira. Entretanto, em todo o trabalho se nota uma preocupação muito viva com o direito processual, cacoete, aliás, dos juristas brasileiros, quando na verdade o direito do trabalho se propunha a uma simplificação bastante grande da forma processual, puramente instrumental, retirados os formalismos e os vícios herdados do direito português.

O parecer analisa a função e o desempenho das Comissões Mistas de Conciliação e Julgamento, passando, a seguir, a estudar a instituição das Juntas de Conciliação e Julgamento criadas pelo Decreto nº 22.132, de 1932. Expõe, em seguida, os debates na Assembleia Constituinte sobre a inclusão da Justiça do Trabalho no texto constitucional, com a posição dos que achavam que fazia ela parte do Poder Judiciário, e aqueles que eram contrários a esta posição.

Na discussão dos itens específicos relativos ao funcionamento da Justiça do Trabalho, Waldemar Ferreira manifestou os pontos de vista que mereceram a crítica de Oliveira Viana, na competência dada a ela pelo projeto, como a de estabelecer, quando em julgamento de dissídios coletivos, a tabela de salários e normas que regulem as condições de trabalho em determinados ramos da atividade profissional. Comenta Waldemar Ferreira que, segundo a Constituição, competia privativamente à União legislar sobre normas gerais sobre o trabalho, a produção e o consumo, podendo estabelecer limitações exigidas pelo bem público. Como era vedado aos poderes constitucionais delegar as suas atribuições, concluía ele que

é evidente que o Poder Legislativo não pode delegar à Justiça do Trabalho a sua privativa competência de legislar, estabelecendo, no julgamento dos dissídios coletivos, normas gerais reguladoras das condições do trabalho. É flagrante a inconstitucionalidade dos dispositivos em apreço do anteprojeto[38].

Também em relação ao artigo do anteprojeto sobre convenções coletivas do trabalho, declarava Waldemar Ferreira que

desde que a sentença da Justiça do Trabalho não faz lei senão entre os litigantes, não é possível que possa ela ter força de convenções coletivas, a fim de se estenderem a outras atividades, na mesma ou em outras regiões interessadas[39].

Expondo as suas ideias sobre as novas instituições do direito do trabalho, Waldemar Ferreira procurava demonstrar a existência de profundas contradições entre dispositivos centrais do projeto e o texto da Constituição de 1934 então vigente, considerando o projeto inconstitucional em numerosos pontos, dado o caráter por ele considerado fascista de vários de seus dispositivos.

Como participante da organização do projeto, Oliveira Viana se julgou no dever de vir a público para defendê-lo, tanto mais quanto a crítica partia de um eminente e acatado jurista. E assim escreveu a série de artigos publicados no *Jornal do Comércio*, correspondendo aos estudos que compõem o livro. Confessa Oliveira Viana que o assunto comportava desenvolvimento incomparavelmente maior, mas não lhe sobrara tempo para um exame completo de todas as críticas e objeções formuladas por Waldemar Ferreira, limitando-se quase que exclu-

---

38 *Princípios de Legislação Social e Direito Judiciário do Trabalho*, p. 54.
39 Idem, p. 29.

sivamente à demonstração da tese da competência normativa da Justiça do Trabalho. Entretanto, com a cultura geral que possuía, e com a viva percepção das transformações sociais, que acompanhava na posição privilegiada de consultor jurídico do Ministério do Trabalho, Oliveira Viana iria ressaltar que a matéria envolvia tese que interferia no domínio de várias outras disciplinas jurídicas, como o direito público, o direito constitucional, o direito administrativo, o direito industrial, a economia política, a economia social e a ciência política. E reconhecia que todo o debate se resumia numa questão de técnica interpretativa da Constituição, compreendendo a expressão de um conflito entre duas concepções do direito: a velha concepção individualista, que nos veio do direito romano, do direito filipino e do direito francês, através do *Corpus Júris*, das Ordenações e do *Code Civil*; e a nova concepção nascida da crescente socialização da vida jurídica, cujo senso de gravitação se vinha deslocando sucessivamente do indivíduo para o grupo e do grupo para a nação, compreendida esta como a totalidade específica.

E conclui que diante da crítica do professor Waldemar Ferreira, chegara à convicção de que a legislação social saída da Revolução de 1930, marcando uma fase nova na história de nosso direito positivo, estava exigindo, para ser compreendida em toda a sua latitude, uma renovação profunda da dogmática, da sistemática dos nossos conceitos tradicionais. Acrescentava que o direito contido na legislação social da Revolução era um direito inteiramente desconforme, não apenas com as regras, mas com os princípios do próprio sistema do direito privado brasileiro, em cujos moldes se tem acomodado a mentalidade de todos os nossos juristas. E concluía que o interesse histórico do problema iria talvez representar o primeiro choque, visível no país, dessas duas concepções do direito, aliás, em conflito tão vivo em todos os centros jurídicos do mundo.

Publicado em livro em 1938, o livro de Oliveira Viana representa ainda hoje exemplo expressivo de uma nova interpretação do direito positivo brasileiro, e das novas tendências do direito público, retirando-lhe o formalismo e o casuísmo, que tanto vêm impregnando a mentalidade dos nossos juristas e advogados.

A parte inicial do livro – a que apresenta a maior importância pelo seu nível de generalidade – está centrada em três capítulos principais: novos métodos de exegese constitucional, o problema da delegação de poderes e o papel das corporações administrativas do Estado moderno.

No primeiro capítulo, como demonstração de como as análises simplistas desfiguraram o pensamento de Oliveira Viana, é no direito constitucional norte-americano que ele vai buscar a fundamentação para uma análise da hermenêutica jurídica, que, de nosso conhecimento, não foi superada até hoje por nenhum outro trabalho entre nós.

Partindo do exame do método de pura interpretação constitucional e do método de construção constitucional, analisa como este segundo método joga, além dos critérios lógicos e históricos, com um outro critério extrajurídico ou metajurídico, de natureza política.

É em Louis Brandeis que revive a velha máxima latina *ex facto jus oritur* que Oliveira Viana aponta como expoente da nova construção, indicando o caso Adams *versus* Tanner na Suprema Corte norte-americana como conflito dessas duas mentalidades. Tratava-se de julgar a constitucionalidade de uma lei do Estado de Washington que proibira a cobrança de taxas dos empregados por parte das agências de emprego. Reynolds, jurista da velha guarda, optou pela inconstitucionalidade da lei, enquanto Brandeis julgou a lei constitucional. Brandeis deixou de lado os precedentes judiciários e as doutrinas dos constitucionalistas

leu os relatórios oficiais do Departamento do Trabalho e da Comissão de Relações Industriais, consultou os técnicos e peritos na matéria, coligiu dados estatíscos e comparativos de toda a ordem, nacionais e estrangeiros e concluiu, em face dessa realidade, que as agências privadas, com o direito à percepção de taxas e emolumentos, são um meio de exploração de operários e desempregados, contribuindo mais para prejudicar o interesse legítimo das classes trabalhadoras do que para beneficiá-las[40].

Oliveira Viana aponta como o conflito na Corte Suprema, então em curso, era o conflito secular entre duas escolas de exegese, entre a escola clássica e a escola pragmática, para concluir: "Está claro que, nesta luta, Roosevelt vencerá. Ele tem a seu favor a força da realidade, que é a força da vida. Lá, tem

---

40 F. J. de Oliveira Viana, *Problemas de Direito Corporativo*, p. 30.

sido sempre assim: os escolásticos acabam sempre perdendo em favor dos pragmáticos".

Oliveira Viana demonstra como esse movimento se espraiava também no mundo europeu, examinando, em especial, o problema das fontes, como nos trabalhos do Anuário do Instituto Internacional de Filosofia do Direito e Sociologia de 1934, nos trabalhos por ocasião do jubileu de François Geny, e no Congresso Internacional de Direito Comparado em 1932, onde Del Vecchio destacava a situação de constrangimento do jurista em face da velha concepção, então ainda dominante, que resume todo o direito na lei, ou utilizando a expressão imaginosa e literária de Holmes, procurando lembrar as realidades circunstantes, de que o juiz "precisava ter um pouco de Mefistóteles".

Oliveira Viana concluía melancolicamente o capítulo, mostrando como nos centros de cultura jurídica brasileira não se refletiam essas novas preocupações, e se continuava a interpretar os textos de direito constitucional e direito público, como se fosse um texto de direito civil, comercial ou processual. Apontava a origem desses fatos na atividade estritamente forense da maioria dos legisladores, bem como a ausência de verdadeiros publicistas, sendo todos eles civilistas, comercialistas, processualistas notáveis ou grandes advogados, mas sem mentalidade de verdadeiros publicistas. Acrescentava que tal sistema "é de pleno regime do civilismo, do comercialismo, do processualismo, do praxismo, do formalismo jurídico – da "Pandectologia mumificada" da ironia de William Sauer. É o império soberano da *Praxe Forense* de Ramalho, e da *Hermenêutica*, de Paula Batista. Puro jogo de silogismos abstratos".

No capítulo sobre a delegação de poderes, ironiza Oliveira Viana, de início, a tendência do parecerista de que o direito processual do trabalho em tudo deve ser examinado à luz dos princípios do direito processual comum.

Tudo há de ser como se estabelece nas Ordenações de S. M. El Rei Dom Felipe III e nos assentos da Casa da Suplicação, decantado, cotado, filtrado pelo sábio praxismo dos Lobões e dos Pereira e Souza e condensado – para uso nosso – nos versículos sagrados da *Bíblia*, de Ramalho, e no *Alcorão* de Morais de Carvalho[41].

---

41 Idem, p. 42.

Mostra Oliveira Viana como o princípio da delegação dos poderes não pode ser interpretado com o rigorismo de um princípio inabalável, para fazer afirmação segura e fundada: "O fato da delegação do poder Legislativo é, hoje, um fato geral, mesmo nos países de Constituição rígida e onde o princípio da indelegabilidade é acolhido". A análise que faz do direito francês, italiano, alemão e americano mostra como o princípio realmente encontrou seus temperamentos, de modo a atender às necessidades do Estado no mundo moderno.

E esse problema se entrelaça com a análise do capítulo seguinte, o papel das corporações administrativas no Estado moderno. Cumpre desde logo fixar que a noção de corporação a que alude Oliveira Viana é muito menos o tipo de organização administrativa dos Estados, de tipo fascista, do que aquelas modernas agências administrativas, as *regulatories agencies*, que se estabeleceram com bastante força nos Estados Unidos.

Mostra Oliveira Viana como a complexidade das atividades do Estado moderno estava levando a um surgimento de novos órgãos administrativos para o desempenho mais eficiente dessas funções, e, em belo texto de direito administrativo, estuda-lhe o funcionamento, para demonstrar ser indispensável a atribuição de competência normativa a esses órgãos[42].

A segunda parte do volume – Direito Corporativo e Direito Social – examinando os Tribunais do Trabalho e sua competência normativa, os conflitos coletivos do trabalho e sua solução jurisdicional, o conceito de convenção coletiva no direito positivo brasileiro, representam a aplicação, no caso específico da Justiça do Trabalho, dos princípios expostos na primeira parte.

Em livro, resultado de tese de doutoramento em ciência política na Faculdade de Filosofia, Letras e Ciências Humanas de São Paulo em 1975 – *Oliveira Vianna e o Estado Corporativo* –, Evaldo Amaro Vieira demonstrou, embora a nosso ver com equívocos, como a tradição corporativa a que se pretendia filiar Oliveira Viana – provinda dos estudos de Manoilesco, Perroux, Panunzio e Pirou – representou a tomada de conselhos desses autores para, enfim, na base dos estudos que há longo tempo vinha fazendo sobre a formação social do Brasil, tentar fornecer elementos para uma nova estruturação do Estado brasileiro.

42 Idem, ibidem.

O simples fato de junto a tais autores estar também o nome de Harold Laski, o pensador socialista inglês, professor da London School of Economics e um dos teóricos do Partido Trabalhista inglês, revela que foram várias suas fontes de conhecimento, das quais não poderia surgir um pensamento unitário. O que se nota na verdade é uma atitude eclética, no sentido de absorver de autores estrangeiros as contribuições que eles pudessem dar àquele momento brasileiro.

A nosso ver, o que examinara, no caso, Oliveira Viana, e se encontra bem claro nas páginas de *Problemas de Direito Corporativo*, era a atuação das corporações do Estado moderno, uma tentativa de se criar órgãos dinâmicos, com a participação das classes econômicas que pudessem atuar efetivamente no campo da atividade pública. Era no mesmo sentido da ideia dos Conselhos Técnicos e Econômicos a que se referira em obra anterior, *Problemas de Política Objetiva*, na qual visava a acentuar o conteúdo especializado das decisões do Estado moderno. O caráter "apolítico" da administração em que insiste Evaldo Amaro Vieira tem que ser visto apenas como a tentativa de tirar o Estado da manipulação dos clãs tradicionais dos corrilhos e dos grupos políticos, tradicionais na política brasileira como defensores apenas de seus interesses pessoais.

O grande tema de *Problemas de Direito Corporativo*, apontado, aliás, por Evaldo Amaro Vieira, é de tentar uma nova interpretação dos princípios jurídicos que informam a realidade econômica e social. É curioso que, nesse passo, Oliveira Viana, com a sua atitude aberta a todas as correntes, vai-se apoiar justamente nos autores norte-americanos e nos grandes intérpretes da Constituição daquele país no período de transição que então atravessava.

Não pode passar sem reparo a afirmativa constante da apresentação do livro de Evaldo Amaro Vieira, por Maurício Tragtenberg, de que Oliveira Viana apoia-se principalmente em Brandeis para defender uma justiça executiva nascida dos órgãos administrativos e ministrada por intuição, sem ater-se a normas fixas. E isso com o perigo de institucionalizar-se, no caso brasileiro, numa justiça fundada no princípio do "Chefe", em que o juiz julga por empatia com o chefe e não conforme os autos. A afirmação é incorreta. Na verdade, Brandeis, na defesa do realismo jurídico, não deseja o tipo de justiça a que se refere ligeiramente o apresentador. O seu empenho e o seu propósito foram só trazer para as questões jurídicas o embasamento econômico social que as informa. É celebre a definição do *Brandeis brief*, em que para a solução dos problemas jurídicos, não se limitava à análise dos textos legais, mas trazia os inquéritos sociais, as estatísticas, os levantamentos sociais, para, enfim, formar o seu ponto de vista de juiz.

O comentário de Evaldo Amaro Vieira, baseando-se, aliás, em outros autores, é de que Oliveira Viana

vê a realidade brasileira como um todo estático desinteressando-se pelos fatores da mudança social. Vivendo e produzindo num mundo conturbado excepcional, Oliveira Viana parece bendizer as condições socioeconômicas brasileiras[43].

Ao contrário, em *Problemas do Direito Corporativo* transparece, a todo momento, uma presença permanente das transformações que a sociedade brasileira estava atravessando naquela época e em grande parte decorrente dos mesmos fenômenos na sociedade mundial.

Um crítico, dando conta das diferenças de mentalidade, declarava que Waldemar Ferreira fez um trabalho de jurisconsulto e advogado, defendendo antecipadamente o anteprojeto de todas as investidas dos litigantes, dos juízes e dos próprios tribunais. Não poderia compreendê-lo Oliveira Viana, que sempre viveu longe da malícia do foro, preferindo a ciência dos seus livros ao drama judiciário da aplicação das leis.

O comentário revela a justeza da posição de Oliveira Viana, pois estava vinculado à ideia tão tradicional no Brasil de que somente a prática oferece os conhecimentos necessários à boa aplicação da lei. A prática de Oliveira Viana era outra, aquela que ele haurira dos anos de consultor jurídico do Ministério do Trabalho, em contato com a realidade que não é a realidade do foro, mas é verdadeiramente a própria realidade social. Ótima página de sociologia e de direito do trabalho é aquela constante do volume *Direito do Trabalho e Democracia Social*, em que Oliveira Viana recorda a conciliação que certa feita promoveu

---

43 *Oliveira Vianna e o Estado Corporativo*, p. 194.

entre a Light e seus empregados, em seu gabinete. O presidente da empresa

saudável e bem disposto no seu impecável costume de linho inglês, representando o poder e os milhões da Light, e, de outro, modesto e humilde no desalinho de suas roupas de algodão, um pobre motorneiro representando o Sindicato da classe.

E, após descrever a transação alcançada, concluía:

Nesse dia eu tive a sensação exata da revolução operada nas consciências sob a ação da nova política social. E adquiri, também, a certeza de que é perfeitamente possível – sem abalar os fundamentos da nova estrutura econômica das sociedades capitalistas – visar a uma forma nova de mais alto convívio entre todos os homens que trabalham; quero dizer: entre patrões e empregados[44].

O direito de Oliveira Viana não era o tradicional regime das Ordenações e do privatismo que avassalara a vida jurídica dos sistemas continentais e que se espraiara também pelo Brasil, mas sim do direito público que iria emergir da organização de um novo Estado nacional, à altura das necessidades de um país em franca expansão. Por isso mesmo, quando ocorre uma vaga de ministro do Supremo Tribunal, o presidente Getúlio Vargas, reconhecido pelo seu esforço no Ministério do Trabalho, ofereceu-lhe o cargo. Oliveira Viana retardou a resposta, e recusou o convite, comunicando ao chefe do Executivo: "Estou muito velho, sr. presidente, para estudar direito civil"[45].

Em 1944, em carta ao ministro Oswaldo Aranha, que lhe convidara para dirigir uma Comissão de estudos no Paraguai, visando a fornecer subsídios para a criação de uma política brasileira naquele país, Oliveira Viana se estenderia em considerações sobre a nossa vida intelectual, para declarar que, em 1932, quando se encontrava preparando textos sobre raça e seleções étnicas e raça e seleções telúricas:

quando em pleno trabalho de elaboração desses livros, deu-se a minha entrada em 1932 para o Ministério do Trabalho. Tive então que

---

44 *Direito do Trabalho e Democracia Social*, p. 44.
45 Apud J. B. de Vasconcelos Torres, *Oliveira Viana*, p. 112.

abandonar tudo, romper bruscamente com velhos estudos que iam desde a fase de elaboração de *Populações*, lançar-me de todo corpo num novo campo de estudos – dos aspectos jurídicos dos problemas sociais. Não lamento, entretanto, essa interrupção violenta dos meus estudos nem os oito anos que ali consagrei. Dela me saíram os livros de interesse geral que considero úteis ao meu país. Dois deles já publicados – *Problemas de Direito Corporativo* (1938), que já tive o prazer de remeter-lhe, e mais dois ainda inéditos, mas já compostos a meu modo, *História da Questão Social no Brasil* (1500-1940) e *Fundamentos da Política Brasileira* (1930-1945). Esses dois últimos livros foram para a gaveta e não quis ultimar agora.

Voltei-me então para os velhos estudos, para os quatro volumes relativos aos problemas das etnias imigradoras que eu havia abandonado desde 1932[46].

Nesses oito anos, Oliveira Viana deu uma contribuição fundamental ao Ministério do Trabalho. Disse um dos ministros do período, Agamenon Magalhães, que sem a sua presença o Ministério seria um edifício sem cúpulas, sem linhas estruturais. E com um importante subproduto, *Problemas de Direito Corporativo*.

A maldição de um título condenou ao quase esquecimento a obra de Oliveira Viana – *Problemas de Direito Corporativo*. O seu exame se justifica sob todos os títulos, e especialmente por se tratar de uma lúcida e ainda atual análise sobre o papel do direito como instrumento de transformação social.

---

46 Idem, p. 121.

5. Pensadores da República

ALBERTO TORRES

No pensamento político de meados da República, Alberto Torres se colocou em posição de destaque em face de uma evolução na qual, realmente, este pensamento não alcançara posição de destaque.

Na Colônia, evidentemente, nada ocorrera de forma consistente, e com a vinda de dom João VI ao Brasil aponte-se apenas a figura de Silvestre Pinheiro Ferreira. Do período é José da Silva Lisboa, o visconde de Cairu, com ideias inspiradas no liberalismo econômico inglês, mas sem formular um pensamento político. Então se destaca a figura de José Bonifácio de Andrada e Silva, o Patriarca da Independência, que, além de inúmeros trabalhos de ciência e mineralogia, elaborou estudos sobre a situação política, entre os quais *A Memória sobre a Abolição da Escravatura*.

A Assembleia Constituinte de 1823 revelaria a pobreza do pensamento político. Armitage aponta que, com exceção de três ou quatro pessoas, o nível dos deputados era bem inferior, embora Otávio Tarquínio de Souza faça restrições a esse depoimento. No seio da Constituinte revelar-se-ia a pouca expressão dos parlamentares, compensada com a criação do Conselho de Estado, com figuras eminentes que elaboraram um texto constitucional, com destaque para a ideia do Poder Moderador, chave da organização política do país, e inspirada nas ideias do escritor francês Benjamim Constant.

Os cursos jurídicos de Olinda-Recife e de São Paulo formam aos poucos figuras de plano e surgem obras de doutrina. No campo jurídico, pode-se apontar as obras de *Direito Administrativo*, de Uruguai, e *Direito Público Brasileiro*, de Pimenta Bueno. A grande figura do período é Tavares Bastos, que em trabalhos expressivos procura defender a ideia do federalismo e o fortalecimento das províncias, com estudos também sobre organização política e administrativa.

Embora voltado para temas mais filosóficos, cabe menção à figura de Tobias Barreto, que analisou a estrutura política no famoso *Discurso em Mangas de Camisa*.

Afonso Arinos de Melo Franco, ao fazer a tipologia das ideias políticas da República, caracterizou o juridicismo de Rui Barbosa, o sociologismo de Alberto Torres e o realismo de Campos Sales. Na visão estritamente jurídica, há de fato Rui Barbosa, responsável pelo projeto da Constituição de 1891 e pela introdução do federalismo e da doutrina do *habeas corpus*.

É nesse momento que surge a figura de Alberto Seixas Martins Torres. Fluminense, natural de Porto das Caixas, nasceu em 26 de novembro de 1865. Matriculou-se com apenas catorze anos na Faculdade de Medicina do Rio de Janeiro, mas no terceiro ano transferiu-se para a Faculdade de Direito de São Paulo, vindo a bacharelar-se no Recife. Foi um dos fundadores do Centro Abolicionista de São Paulo, cuja folha defendia os ideais da libertação dos escravos e a adesão ao movimento republicano.

Deputado à Assembleia Fluminense, em 1896 foi nomeado ministro da Justiça e em seguida presidente do Estado do Rio de Janeiro, cargo que exerceu com sérios obstáculos de 1897 a 1900, e, finalmente, ministro do Supremo Tribunal Federal de 1900 a 1909, quando se retira da vida pública.

Depois dessa rápida carreira política e judiciária, dedicou-se ao estudo dos problemas da organização nacional e escreveu considerável número de opúsculos e artigos em diversos jornais, alguns reunidos em livro. Faleceu no Rio de Janeiro em 29 de março de 1917.

Assim se expressa sobre sua formação intelectual: "Meus estudos eram o reatamento de uma vida intelectual e moral, nascida com as primeiras inspirações da mocidade, que os azares da existência e, principalmente, os da política haviam perturbado". Explicava:

> Duas aspirações viviam em combate em meu espírito, durante todo este tempo: servir ao meu país e ao regime republicano, e completar a minha formação mental, que o advento da República interrompera. Dos meus serviços prestados com desprendimento que resgata seus erros prováveis, nem todos aproveitaram, porque a República foi sempre volúvel, e não fundou glórias e reputações senão sobre as ruínas de suas obras. Não foi sem certo contentamento que aceitei, assim, com a inatividade na última das minhas funções públicas, a liberdade de trabalhar, para repor minha carreira no ponto em que a deixara, quando entrei em atividade política[1].

E quanto às suas influências:

> Despreocupado de ser filósofo, sociólogo, economista ou cultor de qualquer outra ciência, abri caminho às minhas pesquisas políticas e sociais, tomando por guias os primeiros ideais da minha vida e a ambição de cooperar praticamente por sua realização, através de ciências e de sistemas, mas principalmente, através das realidades e dos fatos[2].

Pertenceu ao Supremo Tribunal Federal, convivendo com juristas que alcançaram renome, seja na função judicante, seja em outras atividades, como Epitácio Pessoa, Amaro Cavalcanti e Pedro Lessa.

Nos sete anos em que trabalhou no tribunal, com inteligência, cultura e dedicação ao país, deu à Corte grande contribuição. Duas foram as preocupações principais: a defesa da liberdade individual com a ampliação do conceito de *habeas corpus*, desenvolvido depois por Pedro Lessa, e a defesa da soberania da União. Voltado para o segundo tema entre 1906 e 1907, ocupou-se da elaboração de obra sobre impostos interestaduais, que não chegou a concluir.

---

1 Discurso de posse, *Revista do Instituto Histórico e Geográfico Brasileiro*, v. 74, n.124.
2 *O Problema Nacional Brasileiro*, p. IV.

Vota no pedido de *habeas corpus* preventivo requerido por dom Luiz de Orleans e Bragança, filho da princesa Izabel, que desejava ingressar no país. Alberto Torres foi vencido, sustentando que, em face da Constituição, o banimento não podia prevalecer. E em longo voto declara que

a República não inventou hierarquia na sociedade, nivelou a sociedade. Isto posto, todos os brasileiros, quaisquer que sejam a sua origem, as suas crenças, o seu passado, têm o direito de entrar no território nacional e dele sair sem necessidade de passaporte[3].

Alberto Torres foi um juiz torturado pelo ofício de decidir, razão pela qual não permaneceu muito tempo no tribunal. O seu ideal de administração de justiça "se resolvia de acordo com regras jurídicas certas, criteriosas, inspiradas nas necessidades do nosso tempo. O conflito que ocorreu chocava-se com a realidade", segundo dizia,

de uma Constituição onde se haviam imitado, sem as adaptar, intervenções cheias de contradições e conflitos entre os diversos princípios e termos da dualidade da justiça, erro imperdoável da Constituição que criou um regime de disparates e de atritos permanentes de direito[4].

Em 1907 entra em gozo de licença para tratamento de saúde e viaja à Europa com a família. No retorno pede sucessivas licenças e se aposenta, a pedido, em 1909.

Aposentado, com disponibilidade de tempo, passa a realizar intensa pregação intelectual. Desejava que essa atividade intelectual fosse traduzida em ação, mas ela se reduziu praticamente a um círculo de intelectuais e notas críticas em jornais, revistas especializadas, algumas extensas, outras reduzidas.

Alberto Torres publicou inicialmente duas obras, curiosamente em francês: *Vers la paix*, em 1909, com uma edição póstuma em 1927; e *Le Problème mondial*, em 1913. O tema de ambas é o pacifismo e o esforço pela paz. *Vers la paix* abrange dois capítulos, sendo o primeiro, "Projeto de Reunião de uma Conferência para Estabelecer a Paz e Organizar a Ordem Inter-

---

3 Apud L. B. Rodrigues, *Historia do Supremo Tribunal Federal*.
4 *O Problema Nacional Brasileiro*, p. 145.

nacional", e o segundo, "Projeto de Organização da Corte Internacional de Justiça". Em *Le Problème mondial* há estudos diversos sobre o estabelecimento da paz e combate à guerra.

No prefácio à segunda edição de *Vers la paix*, Roquette Pinto comentou:

> Na obra de Alberto Torres, tão profunda e tão pessoal, o sentimento nacional, embora dominante, jamais obscureceu o pensamento geral fixado nos interesses da humanidade.
> Ele foi o maior dos pensadores, no que se refere à evolução do seu país, mas não esqueceu jamais que seu povo não é senão um jovem e vigoroso ramo da grande árvore social.
> A unidade lógica de seus trabalhos é perfeita. O Brasil tinha necessidade de organizar seus recursos naturais, de disciplinar a vida do seu povo, de poupar suas formidáveis riquezas naturais para chegar mais depressa ao progresso desejado[5].

Pouco antes de morrer, deixou um testamento político, espelho de suas convicções:

> Neste momento o mundo é revolvido por um poderoso trabalho de reação com o qual se pretende resistir aos movimentos necessários da Liberdade e à organização da ordem na liberdade mantendo e consolidando os princípios da autoridade e do Império.
> A organização da Liberdade pela fundação do Estado – uma vez regulada a vida individual em sociedade, tendo por condições e por limites as restrições da liberdade do outro, o interesse social e a conservação das riquezas e dos bens da Terra na continuidade do tempo e sobre toda a extensão do planeta –, este é todo o problema, o único problema da nossa época.
> A organização representativa do Estado, como centro político da sociedade – modelada de acordo com os interesses, as necessidades e os problemas de cada região e cada povo –, e a organização de certos corpos temporais para a solução de problemas humanos e mundiais, capazes de assegurar a paz, garantindo não somente problemas humanos e mundiais, capazes de assegurar a paz, garantindo não somente a vida, mas a livre expressão de todas as atividades contra as forças, os interesses e as tradições que tendem a perpetuar os regimes de opressão e de violência e de astúcia são uma necessidade de nossa época, imposta pelo interesse supremo de impedir que as

5 *Vers la paix*, p. 5. Disponível na internet em: < http://www.ebooksbrasil.org/eLibris/verslapaix.html >. Acesso em: 23 set. 2011.

ambições e as paixões se criem nos regimes espirituais e temporais retrógrados – incompatíveis com o aumento da população do nosso tempo e com a disseminação dos meios da ação mental –, estados de luta e de interesses, capazes de estabelecer guerras de indivíduos e de multiplicar os maiores excessos de luxo e de fortuna.

A paz mundial é um problema temporal. Ela é incompatível com o Império e com a ideia de desigualdade das raças. Impõe uma organização que refreie os excessos dos fortes e que assegure a liberdade dos fracos no acesso aos meios e às condições de seleção.

Se essa obra não se realiza, o mundo passará por um período de dominação imperialista e eclesiástica, para cair em seguida numa longa anarquia, de desordem e de violência incalculáveis e terríveis.

A obra de Alberto Torres decorreu como uma pregação intelectual. Articulou comentários, escrevia críticas sobre reformas que estavam na mente de muitos que o cercavam. Poucos haviam chegado ao ponto de transformá-las em formulações.

Alberto Torres insistiu nos temas que no momento chamavam a atenção da elite: antirracismo, nacionalismo econômico, reforma constitucional, necessidade de soluções nacionais, restrições a fórmulas estrangeiras. Talvez sua contribuição mais importante tenha sido o ataque frontal ao pensamento racista.

Alberto Torres teve a coragem de rejeitar a moldura determinista, ajudando a combater o aspecto da inferioridade racial e abrindo caminhos para as novas indagações sobre o futuro da nacionalidade. Notou a superficialidade, a falsa dialética, o excesso da linguagem, o gosto pelas frases ornamentais da elite.

Para Alberto Torres, o Brasil constituía um país "sem direção política e sem orientação social e econômica". Procurando precisamente programar e fundamentar essa direção e essa orientação, propôs-se a tarefa de dar ao país uma organicidade. Mas para tanto era imprescindível a ação do Estado.

Criticando o absenteísmo liberal dos constituintes de 1891, achava Torres que só o Estado arrancaria da nação suas potencialidades organizativas, suas sinergias necessárias à consolidação da autonomia nacional – inclusive no plano econômico. Mas, embora denunciasse a gradativa subordinação do país aos estrangeiros e desse grande relevo ao problema das relações entre capital e trabalho, minimizava e desconsiderava a questão do socialismo. Entretanto, seu antidemocratismo formal –

simpatizando inclusive com a ideia de um "Poder Moderador" – convivia com preocupações profundas com o povo, que queria mais educado, mais lúcido, mais coeso.

Em sua obra, emergia a ideia de organização: a ideia de que o problema primordial do Brasil era o de assumir uma estrutura autêntica e eficiente em função de determinados projetos globais.

Em 1914 publica dois livros, *O Problema Nacional Brasileiro* e *Organização Nacional*, e no ano seguinte um pequeno opúsculo, *As Fontes de Vida no Brasil*. Pelo pouco interesse das editoras comerciais, os dois primeiros foram, por decisão do ministro da Justiça, Herculano de Freitas, editados pela Imprensa Nacional.

A *Organização Nacional* contém uma primeira parte – a Constituição, com três seções e um apêndice, "A Terra e a Gente do Brasil" em dez capítulos, "O Governo e a Política" em seis capítulos, "Da Revisão Constitucional" em quatro capítulos, além de um apêndice importante com o projeto de revisão da Constituição do autor.

O Problema Nacional Brasileiro, com subtítulo de "Introdução a um Programa de Organização Nacional", após algumas palavras de introdução, tem os capítulos "Senso, Consciência e Caráter Nacional", "Em Prol de Nossas Raças", "A Soberania Real", "Nacionalismo".

Em 1915, depois dessas obras, Alberto Torres publicava a monografia *As Fontes de Vida no Brasil*, que, pela atualidade do assunto, pode ser considerada hoje mais importante do que aquelas duas outras, quase um breviário precoce de ecologia. Após essa primeira edição, em 1990 a Fundação Brasileira para Conservação da Natureza tomou a iniciativa, ao perceber a importância da obra, de reeditá-la pela Fundação Getúlio Vargas, com prefácio de Marcos Almir Madeira.

Em nota de esclarecimento, Alberto Torres acentuava as grandes crises que perturbavam a vida do país: a crise da natureza e a crise do trabalho, dois temas que desenvolveria na monografia.

Dizia ele que

o estudo revela a realidade pungente de um país novo que chegou a esta fase crítica da História sem haver nada construído e tendo estragado a sua terra e anemiado o vigor comprovado das suas raças, e confrontá-la com as tendências irrefletidas da nossa política e com as dos centros financeiros e do pensamento superficial do mundo[6].

E completava:

A restauração das forças da vida, nas terras, nas gentes do Brasil, impõe-se como um problema imediato e urgente. A sanção da nossa incúria já não vale por simples ameaça para os que fazem a realidade, nas coisas e nos fatos. Base de toda a nossa vida, entretanto, aquela obra é impossível sem a organização do nosso mecanismo político em molde próprio[7].

Em seguida examina a capacidade nacional e a sua aptidão para o trabalho, mostrando que, durante um século de independência, pouco se fez para transformar em povo a massa de ociosos. Indaga: "Criaram-se umas poucas escolas públicas? Estabeleceu-se qualquer regime de colonização nacional? Nem sinal disso se encontra em toda a legislação". Afirmava que o Brasil não tem trabalhadores rurais porque as classes superiores, por seu egoísmo, nunca tiveram interesse pelo patrício proletário, preferindo explorá-lo a educá-lo, e abandoná-lo, por fim, em sacrifício à máquina e ao trabalhador estrangeiro.

Acentua: "Eis por fim a obra sagrada da nossa relação: restaurar as fontes de vida no corpo do país, e as fontes de vida no corpo e no espírito de seus habitantes, aqueles pelo clima, e sobretudo pela água, e esta pelo trabalho". Como síntese dessa explicação, declara:

Neste momento, a organização política demanda duas ordens de regime: o regime definitivo e o regime transitório. O regime transitório deve, por sua vez, compreender também ordens de providências de solução das crises presentes e providências de adaptação do novo sistema político. É o que nos cumpre levar a efeito.

Ardoroso republicano no tempo de estudante, ocupando cargos de administração e legislativos no início da República,

---

6 *As Fontes de Vida no Brasil*, p. xvi.
7 Idem, p. 30.

cedo se desiludiu com o regime, embora não tenha chegado a declarar que essa não era a República dos seus sonhos.

O desencanto com a realidade brasileira reafirmou em várias ocasiões:

> Minha confiança na Constituição de 24 de fevereiro era, então, completa: ao passar, em 31 de dezembro de 1900, o Governo da terra fluminense a meu sucessor, o general Quintino Bocaiúva, já não podia ser tão firme – desiludida, como fora, pelos fatos – a minha confiança no regime político que havíamos adotado; e, quando no decurso de alguns anos de magistratura vim a fazer trato mais íntimo com a Constituição da República, fixou-se em meu espírito a convicção da sua absoluta impraticabilidade[8].

Descrente do funcionamento da Constituição de 1891, Alberto Torres filiou-se aos adeptos da revisão constitucional, mas, em vez de permanecer em palavras, se dispôs a organizar um projeto completo. Em primeiro lugar, alterou a denominação de República dos Estados Unidos do Brasil, por não corresponder à realidade do federalismo, para República Federativa do Brasil, afinal adotada.

Ampliava o mandato do presidente da República para oito anos, a fim de possibilitar o melhor desempenho das funções; alterava o processo de eleição do presidente da República, bem como dos senadores e dos deputados. E, afinal, como novidade, a criação do Poder Coordenador, com amplas atribuições, que tinha semelhança com o Poder Moderador do Império.

Apontava o problema da Amazônia com terrível atualidade:

> O problema da Amazônia é gravíssimo, do ponto de vista social, no econômico, e possivelmente, no político. Com os abusos da exploração e desbarato de terras e dinheiro, com a destruição vandálica de suas preciosas florestas de seringais e madeiras, excesso de tributação e desgoverno, e com o já considerável desenvolvimento de propriedades estrangeiras, é muito para temer-se que esta região não possa, dentro em pouco, competir, no comércio de seu principal produto, com o Ceilão e a Índia, e que fique sendo, na parte inteligentemente explorada, simples feitora estrangeira, e na parte devastada,

---

8 A. Torres, *A Organização Nacional*, p. 34.

viveiro insalubre de populações miseráveis, abandonadas ao ócio, ao álcool, ao impaludismo[9].

Tratando do impacto da sua obra, escreve em 30 de dezembro de 1916, pouco antes da morte:

> Sou um homem isolado na vida pública. Toda esta carreira se manifestou na modéstia que me impunha a minha subordinação, como político ainda moço, à direção e à orientação dos outros – e que só agora rompi nesta fase avançada da minha vida pública para assumir individualmente e à custa de sacrifícios de toda a espécie, na saúde e nos interesses, meus e de minha família, a responsabilidade de dizer à minha Pátria, sem nenhum ato de força exterior e sem o menor artifício ou laivo de sugestão, incompatível com a espontaneidade ingênita de meus móveis, que toda a vida, a sorte e os destinados de nossa nacionalidade estão irremediavelmente comprometidos por vícios e defeitos de regime e instituições alheios à sua natureza e em estado completo de dissolução neste momento.

Confessava-se no mesmo ano, em carta a Pedro Lessa: "O mais abandonado dos trabalhadores mentais dessa terá que cumprir deveres de consciência e não conta, para compensação da alma, do sangue e dos nervos que põe em seus trabalhos, senão com a consoladora animação puramente moral".

Deprimido e bastante desiludido no final da vida, lamentava, em outra carta a Pedro Lessa: "Eu não cometerei a covardia de afetar modéstias pueris. Estou convencido de haver compreendido o meu país e de ter achado o programa da sua vida". Confessava-se: "um homem que, não tendo nome de família, não tendo fortuna, não havendo sido conduzido pelos fados a dirigir uma corrente, ou ser levado por ela, isolou-se deixando fermentar as desilusões em travor ácido". Pedia, suplicava a todos que lessem os seus livros e até que os relessem. Constrangia-o, dizia em carta ao *Jornal do Comércio*, "até dar-me quase a sensação de dor física, ter de ousar esta súplica"; não podia, porém, "melhor justificar-me da ousadia que tomo do que declarando-lhe que só o faço por força da íntima e profunda convicção em que estou de que este país segue pleno

9 Idem, p. 206.

caminho da dissolução e que o remédio é a revisão constitucional que proponho"[10].

Por ocasião de sua morte, vários oradores se manifestaram na Câmara dos Deputados, entre eles um jovem escritor e jornalista que alcançaria brilhante carreira: Gilberto Amado:

> Da obra sou um perlustrador quotidiano, minudencioso e ativo. Eis por que posso dizer que, com Alberto Torres, perdemos um dos raros brasileiros que são companheiros no futuro da Pátria. A maioria de quantos vociferam na atualidade há de desaparecer no turbilhão de suas palavras, interesseiras ou vazias. Mas o ardente formulador sintético das verdades objetivas da vida social e política do Brasil há de sobreviver, como pedagogo das gerações porvindouras, às quais deve a tarefa, por certo não pequena, de executar, de concluir a obra que mal esboçamos às tontas, nos tormentos dos dias presentes. Tendo sido dos raros brasileiros que, pela observação dos fatos que compõe a trama de nossa existência nacional, chegaram, por inferências lógicas, e não por adaptações de teorias estrangeiras, a formar uma noção pessoal da civilização brasileira, Alberto Torres se desesperava de assistir, no confronto que fazia as realizações que imaginava e os fatos que presenciava, ao choque, ao antagonismo entre o passado e os acontecimentos de que era testemunha.

Gilberto Amado o comparava a uma vela sobre um vasto navio, "pobre vela agitada, que não tinha força bastante para conduzir longe esta pesada nau, que é a Pátria Brasileira"[11].

Alberto Torres reunia em torno de si um grupo de discípulos, e Oliveira Viana descreveu este grupo:

> O grupo que cercou Torres era pouco numeroso. Nos serões semanais da sua casa de Copacabana, e, depois, das Laranjeiras, os discípulos que sentavam em torno do mestre não chegavam, penso eu, à metade dos que seguiam Jesus pelas estradas da Galileia: Gentil, Saboia Lima, Porfírio Netto, Antônio Torres, Carlos Pontes, Mendonça Pinto e eu, o menos frequente e o mais esquivo de todos, e talvez o que tivesse maiores pontos de dissidência com o pensamento de Torres. Nesses serões, às segundas-feiras, era Torres, em regra, quem falava; nós ouvíamos, limitando-nos, uma vez ou outra,

---

10 Apud L. B. Rodrigues, op., cit., p. 7.
11 Apud A. J. Barbosa Lima Sobrinho, *Presença de Alberto Torres*, p. 455.

a aproveitar a oportunidade, aliás rara, que se abria, para interferir com um aparte. Torres tinha uma palavra fácil, colorida, vibrante, fluentíssima de uma fluência quase incontida e incoercível. Falava alto, em tom oratório, como se estivesse em estado permanente de exaltação. Uma das coisas que mais me impressionava em Torres, nestas palestras feitas ao modo de discursos, era a facilidade, mais do que isto, a segurança absoluta com que ele, depois de pontilhar sua exposição com uma série de interrupções, digressões e devaneios incidentes, voltava ao tópico inicial, retomando o fio do raciocínio inconcluído, para continuar o seu pensamento, expondo-o com lucidez perfeita e ardente, exaltadamente, como sempre. Do seu convívio eu não recebi apenas a impressão de uma das mais poderosas e surpreendentes organizações intelectuais da nossa raça; mas, principalmente, a impressão de uma das mais nobres consciências cívicas que tenho até agora conhecido[12].

No capítulo "O Sentido Nacionalista da Obra de Alberto Torres" do livro *Problemas de Política Objetiva*, Oliveira Viana destacava a importância da obra com considerações bem pertinentes:

Das páginas de seus dois grandes livros, tão profundamente impregnadas das virtudes singelas de nossa raça e das fragrâncias de nosso solo, ressuma uma consoladora confiança em nós mesmos, nos nossos destinos, na nossa reabilitação, na melhoria e triunfo final de nosso povo[13].

Cabe uma reflexão sobre a filiação intelectual de Oliveira Viana. Desde o início, Oliveira Viana declarou que não aceitava na totalidade as ideias de Alberto Torres, mas é inegável o quanto ele se abeberou nas obras do mestre como revelado nesse livro. Há que se levar em conta que Torres faleceu em 1917 e Oliveira Viana sobreviveu até 1950, continuando a produção de uma obra intelectual que se abeberou na produção científica nesses 33 anos. A expressão mais justa é a de Barbosa Lima Sobrinho ao falar da presença e não da influência de Alberto Torres sobre Oliveira Viana.

No livro *Instituições Políticas Brasileiras*, Oliveira Viana tem um capítulo, "Alberto Torres e a Metodologia Objetiva ou Realista", em que aponta divergências e pontos de concordância,

---

12 Apud A. Gentil, *As Idéias de Alberto Torres*, p. 8.
13 F. J. de Oliveira Viana, *Problemas de Política Objetiva*, p. 272.

analisando o papel de Torres na sociologia de nossas instituições políticas:

> Torres apareceu com sua lucidez, o seu senso de observação, a sua intuição profunda das nossas realidades e mostrou o absurdo de tudo isto. Mostrou que os problemas políticos, constitucionais, sociais, educacionais e econômicos deviam ser considerados tomando como ponto de partida a Nação – e não as suas unidades componentes. Consequentemente: o direito dos estados à autonomia não podia sacrificar o direito da Nação à unidade – condição essencial de realização dos seus grandes destinos no continente e no mundo. Todas as ideias de Torres no domínio da política, da organização constitucional, da organização jurídica, da organização educacional, da organização econômica, principalmente, decorrem desse pensamento central, que ilumina e clareia toda a estrutura da sua obra[14].

A preocupação de Alberto Torres com a formação de quadros dirigentes voltados para a realidade brasileira era patente. Nas Disposições Gerais do livro *Organização Nacional* propõe a criação do Instituto de Problemas Nacional para o estudo dos problemas práticos da terra e da nacionalidade brasileira, de seus habitantes e de sua sociedade. O Instituto seria composto de quatro seções, uma das quais seria uma Faculdade de Altos Estudos Sociais e Políticos para formação das classes dirigentes e governantes. Já anteriormente, ao tomar posse no Instituto Histórico, em 1911, pensou numa associação de entidades culturais para formar uma Universidade Brasileira que manteria na capital da República um Centro de Estudos de Problemas Brasileiros[15].

Após a morte de Alberto Torres surgem alguns livros sobre a sua obra. Saboia Lima, que fazia parte do grupo de discípulos, publicou *Alberto Torres e sua Obra*. Na década de 1930, há uma renovação no interesse pelas ideias de Alberto Torres e se divulgam, então, além da 2. ed. de *O Problema Nacional* e *A Organização Nacional*, pela coleção Brasilion, os livros de Cândido Motta Filho, *Alberto Torres e o Tema de Nossa Geração* (1931), e Alcides Gentil, *As Ideias de Alberto Torres* (1932). A passagem do seu centenário de nascimento ensejou a excelente biografia

---

14 Idem, *Instituições Políticas Brasileiras*, p. 91.
15 A. J. Barbosa Lima Sobrinho, op. cit.

escrita por Barbosa Lima Sobrinho, *Presença de Alberto Torres. Sua Ideia e Pensamento*.

A repercussão da obra de Alberto Torres não foi imediata, mas já na década de 1920, Vicente Licínio Cardoso fazia um paralelo entre ele, Euclides da Cunha, Farias Brito, e comentava a indiferença com que pelo menos os dois primeiros estavam sendo tratados. E estranhava por não ter sido aproveitada em cargos públicos a capacidade política de Alberto Torres.

Em 1931, Cândido Mota Filho publicava o livro *Alberto e o Tema de Nossa Geração*. Plínio Salgado, no prefácio, referia-se ao desaparecimento dos partidos políticos da Monarquia e à política republicana, com a luta dos partidos pela disputa do mandonismo local e a dos grandes estados pela posse do poder federal, e afirmava: "E foi por esses dias que a obra de Alberto Torres avultou diante de nossos olhos como um grande monumento".

Cândido Mota Filho compreendia que havia na obra de Alberto Torres enganos e afirmações incorretas. Nem tudo o que ele escrevia estava certo. De modo que em sua luta belíssima e heroica, no sentido mais elevado da palavra, foi excessivo algumas vezes, mas conclui:

> Quando se olha o aspecto do problema brasileiro é que cresce o valor do tamanho da obra de Alberto Torres. Ela foi um grande e nobre apelo à inteligência brasileira, para que não permitisse a continuação desse regime de ruimento. Esse Brasil que se fazia e se desfazia ao mesmo tempo precisava desaparecer para ser substituído por um Brasil dotado de uma organização nacional, com suas instituições constitucionais fortalecidas e com uma consciência larga e definitiva de si mesmo.

Em seguida acentuou:

> Nessa consagração de valores surgiu Alberto Torres, que foi coroado como o apóstolo do realismo social no Brasil. A sua obra não vale em todos os seus aspectos, em seus detalhes, como vale muito seu conjunto, pelo processo de exame que usa e pela sóbria coragem com que encara o complexo brasileiro. Alberto Torres viu muita coisa. Marcou com admirável perspicácia os perigos que moviam a vida do Estado Republicano no Brasil[16].

---

16 C. Mota Filho, *Alberto Torres e o Tema de Nossa Geração*, p. 186.

Em 1935, em artigo com o título "Corpo e Alma do Brasil", contendo algumas ideias que seriam desenvolvidas em *Raízes do Brasil*, Sérgio Buarque de Holanda examinava a hipertrofia entre nação e sociedade, com citação de Alberto Torres que ressaltava o "paradoxo dessa situação":

> A separação da política e da vida social", dizia ele, "atingiu, em nossa pátria o máximo de distância. A força de alheação da realidade da política chegou ao cúmulo do absurdo, constituindo em meio de nossa nacionalidade nova, onde todos os elementos se propunham a impulsionar e fomentar um surto social robusto e progressista, uma classe artificial, verdadeira superfetação, ingênua e fracamente estranha a todos os interesses, onde, quase sempre com a maior boa-fé, o brilho das fórmulas e o calor das imagens não passam de pretextos para as lutas de conquistas e a conservação das posições. A política é, de alto a baixo, um mecanismo alheio à sociedade, perturbador de sua ordem, contrário a seu progresso, governos, partidos e políticos sucedem-se e alternam-se. Levantando e combatendo desordens, criando e destruindo coisas inúteis e embaraçosas. Os governantes chegaram à situação de perder de vista os fatos e os homens, envolvidos entre agitações e enredos pessoais.

Mas ressaltava a atitude livresca de Alberto Torres:

> Alberto Torres não viu e não quis ver, todavia, que foi justamente a pretensão de compassar os acontecimentos pelos sistemas, as leis e os programas, a origem da distância em que se acha a nação da sua vida política. Acreditou sinceramente, ingenuamente, que a letra morta pode influir de modo enérgico sobre os destinos de um povo e, na sua doutrina política, sempre acentuou o que chama o "eixo de ação consciente", inspirada "no sentido de uma utilidade a realizar-se e, portanto previsível". Coerente consigo mesmo, o que nos legou como fruto de suas observações e de suas meditações foi tão somente um extravagante projeto de revisão constitucional[17].

Escrevendo em 1935 sobre *A Atualidade de Alberto Torres*, disse Alceu Amoroso Lima, em síntese, que era sobretudo "sua visão do panorama social brasileiro" que parecia adequada às nossas perspectivas do presente. Ressalta que Alberto Torres formulou um programa de ação em que a agricultura merecia

---

17 S. Buarque de Holanda, Corpo e Alma do Brasil, *Revista do Brasil*, n. 5-6.

uma preocupação prioritária, "não para impedir o surto industrial do Brasil, mas para evitar o catastrófico desnível entre indústria e agricultura, que é uma das causas de nossa atual crise, não apenas econômica, mas política"; lutou a favor da distribuição da propriedade e de uma reforma agrária baseada na propriedade agrícola disseminada, e, portanto, contra o latifúndio improdutivo ou concentrado em poucas mãos; lutou pela colonização organizada do país pelos próprios nacionais, em vez da imigração estrangeira; lutou por uma economia de consumo, reagindo contra a obsessão do produtivismo a todo transe, sem qualquer preocupação de justiça social. Apesar de discordar de aspectos da sociologia "torresiana", como os que apontara em 1931 no livro *Política*, fazia votos Tristão de Ataíde para que o futuro lhe desse uma atenção que em vida lhe foi negada, como sempre acontece aos precursores.

O movimento tenentista também se inspirou em Alberto Torres. Em carta de 31 de março de 1930, às vésperas da Revolução de 1930, Juarez Távora escrevia a Luís Carlos Prestes, que ainda não aderira ao comunismo:

> Creio no equilíbrio e excelência de um regime baseado na representação proporcional de todas as classes sociais, e erigido em regulador imperial de suas dependências e interesses recíprocos. E suponho que o regime republicano democrático (democrático num sentido menos amplo e mais real do que este que até hoje lhe temos conferido) é aquele que mais facilmente nos permitirá aproximarmo-nos desse equilíbrio ideal. Tratemos, pois, de adaptá-los às nossas realidades, seguindo a diretriz já apontada por Alberto Torres, ou por um caminho paralelo, que busque as novas tendências e necessidades do nosso povo e do nosso meio[18].

E na década de 1950, o sociólogo Guerreiro Ramos, fazendo um balanço da evolução histórica da disciplina diria:

> Veja os homens que estou sempre citando: Sílvio Romero, Euclides da Cunha, Alberto Torres – que diz que no Brasil a sociedade não chegou a se formar. O maior sociólogo brasileiro é Alberto Torres, foi o homem que escreveu os livros mais lúcidos. *O Problema Nacional Brasileiro* é livro que antecipa a questão da formação dos

18 Apud T. Simões, *Repensando Alberto Torres*, p. 188.

países africanos. O problema nacional de Gana, *institutional building*, muito antes, está ali[19].

E em seguida: "Alberto Torres é a figura mais eminente e egrégia da história da inteligência brasileira".

Os analistas contemporâneos se debruçaram sobre Alberto Torres. No livro *Histórias das Ideias Políticas no Brasil* (1968), Nelson Saldanha examina o papel de Alberto Torres:

Esta época de reexame da vida política brasileira somente em 1914 iria, porém, ter um momento de maior altura especulativa. Neste ano, Alberto Torres publicaria *A Organização Nacional Brasileira*. No ano anterior, publicara, no Rio, *Le Problème mondial*, que seus discípulos (utopistas a seu modo, embora dizendo-se realistas) consideravam texto capaz, se lido em todo o mundo, de ter evitado o conflito de 1914-1918. Alberto Torres aparecia numa fase em que o pensamento brasileiro – e já se podia, agora, um pouco mais do que antes, falar em pensamento brasileiro – começava a tomar corpo e a assentar formas em torno de dúvidas e de temas próprios, dúvidas sobre nossas coisas ou nossas trajetórias e temas tirados dessas dúvidas[20].

Vicente Barreto e Antônio Paim, em *Evolução do Pensamento Político Brasileiro* (1989), assinalaram:

embora partidário do sistema representativo, Alberto Torres entendia que o principal deveria consistir no fortalecimento do Executivo. A liderança liberal estava mais preocupada com a independência dos poderes, especialmente com a intangibilidade da magistratura, na esperança talvez de que esta acabasse por exercer uma espécie de magistratura moral, impedindo que a luta política descambasse para o arbítrio e a ilegalidade. Alberto Torres, em contrapartida, escreveria em *A Organização Nacional*.

Com espírito de renovação:

iria Alberto Torres contemplar a reforma institucional do país. Governo forte e atuante plataforma pressupõem o aprimoramento da representação. No caso do Senado, imagina completar a representação

---

19 A. Guerreiro Ramos, *Introdução Crítica à Sociologia Brasileira*, p. 136.
20 *História das Idéias Políticas do Brasil*, p. 267.

obtida mediante o naufrágio pela indicação de mandatários das organizações religiosas, instituições científicas, profissionais liberais, industriais, agricultores, operários urbanos e rurais, banqueiros e funcionalismo[21].

Um dos discípulos de Alberto Torres, Alcides Gentil, publicou em 1932 o volume *As Idéias de Alberto Torres* (síntese com índice remissivo), de 506 páginas, contendo o pensamento do homenageado em sentenças e aforismos. Não seria possível aqui reproduzir todo o texto do volume, mas destacar três grandes temas: a organização nacional, o problema das raças e o nacionalismo.

Alberto Torres tinha como fulcro de seu pensamento o pensamento da organização. O subtítulo do livro *O Problema Nacional Brasileiro* é *Introdução a um Programa de Organização Nacional*. Toda sua obra gira em torno desse ideário, e as numerosas observações tópicas que faz estão centradas nesse tema, ainda que nem sempre essa vinculação esteja patente. Alguns exemplos serão ilustrativos:

O nosso problema vital é o problema da nossa organização; e a primeira coragem de que nos cumpre dar provas é a longa, máscula e paciente tenacidade, necessária para empreender e sustentar, com vigor e inteligência, o esforço múltiplo e vagaroso da construção da nossa sociedade. É uma obra de arquitetura política, mas de uma arquitetura destinada a edificar um colossal e singular edifício, que deve viver, mover-se, crescer e progredir, a que incumbe a nossa geração.

E Estado é, no Brasil, um fator de dissolução. A influência deletéria dos interesses antissociais, criados e alimentados em torno do poder público, desde os municípios até a União, sobre a vida brasileira, é um fato cujo alcance não foi ainda atingido pelos observadores das nossas coisas públicas. Este regime deve ser substituído por outro, capaz de levar a termo o encargo da geração presente para com o futuro do Brasil.

E o povo brasileiro – é a minha inteira e viva convicção – é capaz deste esforço[22].

E em outro passo:

---

21 A. Paim; V. Barreto, *Evolução do Pensamento Político Brasileiro*, p. 263.
22 A. Torres, *O Problema Nacional Brasileiro*, p. 53-54.

As lacunas e os erros da nossa vida pública são apenas sintomas do mal profundo da nossa desorganização; são mesmo manifestações gravíssimas, é certo, de desorganização; mas o fato de as ter em foco, como problema governamental, mostra o estado rudimentar do nosso critério político e da nossa capacidade organizadora.

O nosso problema não é um problema de moralidade pessoal: os abusos apontados, em nossa vida pública, nada valem quase, por muitos e grandes que sejam, em face das perdas colossais que sofremos com a nossa inadvertida política, ou melhor, com a nossa inteira falta de política[23].

E voltando ao tema:

Nosso país está hoje transformando em vasto cenário onde se agita um povo que não sabe caminhar, conduzidos uns pela moda, outros pela ambição de efeitos literários, jornalísticos e de tribuna; pela popularidade de terceiros; pela autoadmiração e cultura de estéreis virtudes passivas e severas intransigências pessoais, alguns mais. Preparando-se aqueles para o céu, estes para a glória, outros para o aplauso, para a admiração ou para a simpatia, renunciaram todos à aspiração da eficiência, pela utilidade das ideias e dos atos.

Não temos opinião e não temos direção mental[24].

A ideia da organização aflora mais uma vez em certa passagem de *A Organização Nacional*: "Tenhamos em mente que as nações não se formam espontaneamente em nossa época: são construídas por seus dirigentes; são obras da arte política. É este, aliás, o critério que vamos seguindo, mas justamente com rumo oposto ao que convém".

Em matéria de raças, apresentava o pensamento renovador, contestando as teorias então vigentes de Gobineau, Lapouge e Agassiz.

Ao fornecer suas argumentações sobre o problema das raças, mostrava grande conhecimento da antropologia nos Estados Unidos e na Europa e da Escola Culturalista do pensamento antropológico nos Estados Unidos, sob a liderança de Franz Boas, da Universidade de Columbia, cuja obra seria divulgada mais tarde entre nós por Gilberto Freyre:

23 Idem, p. 115.
24 Idem, p. 38-39.

A ideia de "raça" é uma das mais abusivamente empregadas entre nós. A raça é um tipo biológico, e, particularmente, morfológico, da espécie humana. Para que se possa determinar distinção étnica, é mister que se encontrem caracteres físicos e psíquicos, distintivamente marcados, de identidade entre grande massa de indivíduos, e de divergência destes com outros grupos. Onde um ou alguns destes caracteres estiveram apagados ou confundidos, deixa de se dar a figura característica da raça, para surgir uma variedade composta, que se pode estender a uma tribo, a uma classe, a uma nação ou a uma sub-raça. O número de raças puras é limitadíssimo, senão poucos, em nossos dias, os exemplares de verdadeiros espécimes de raças, virgens de mescla[25].

E sobre o nacionalismo, em *A Organização Nacional*, Alberto Torres disse:

Meus estudos sobre o nacionalismo não tiveram a facilidade de ser compreendidos por muita gente, o que não é de surpreender, dado o estado de espírito do nosso povo, sujeito em sua paixão estática por imagens e uma crise de indolência mental a confundir as coisas mais claras e admitir as maiores extravagâncias.

Explicava a sua posição de ser:

As ideias que venho desenvolvendo servem para acentuar a divergência capital que me separa dos vários tipos de "nacionalismo" que têm por aí surgido nos últimos tempos e que ou transportam para o nosso meio o nacionalismo emotivo de além-mar, ou agitam na opinião, a "título de regeneração patriótica", como expressamente se diz, uma das cruzadas de excitação de que a História exibe inúmeros exemplares, como produtos românticos de sonhadores políticos – sempre terminadas em crises histéricas de fanatismo.

E:

O meu nacionalismo, se posso falar de mim mesmo, consiste apenas no horror às distinções que apagam a nossa já apagada individualidade internacional e na repugnância que sinto por este critério moderno que faz da história uma mera expressão econômica.

E como súmula de seu pensamento:

25 Idem, p. 67-68.

Nossa história é toda feita dessas sucessivas peregrinações em prol de ideias arbitrariamente concebidas – para as quais caminhamos às cegas, pensando realizá-las de improviso e objetivando-as com o mesmo olhar ingênuo do homem rústico que fosse colocado da tela, onde tivesse de pintar uma paisagem. E nem sempre aspirações idealísticas que assim nos distraem. Já tive ocasião de me referir às utopias retrogradas, invocadas, em todos os tempos, pelo espírito reacionário, sob autoridade de princípios tão fictícios como os mais arrojados sonhos de reformadores[26].

A expressão "utopia retrógrada" me parece extremamente feliz para caracterizar o pensamento supostamente dirigido para o futuro, mas preso às raízes negativas do passado.

Alberto Torres pode cunhar essa expressão, porque sua obra é o cabal desmentido da expressão, olhando o futuro sem obsessão pelo passado.

PONTES DE MIRANDA

A obra de Pontes de Miranda só pode ser examinada em rápidos instantes, dada a extensão e a profundidade.

Pontes de Miranda nasceu no Engenho de Mutange, Alagoas, em 23 de abril de 1892, de família de usineiros. Cabe destacar que seu estado natal foi no Império e na República celeiro de grandes vultos na literatura, na política e nas forças armadas. Basta recordar no Império a figura de Aureliano Cândido Tavares Bastos, "o doido do liberalismo" que nos legou importante contribuição no campo da teoria política, paladino da descentralização, do federalismo e da liberdade econômica.

Os ancestrais incutiram-lhe o gosto pelas ciências, o avô e o pai pelas ciências exatas, como professores de matemática que eram; o avô foi autor de livros de matemática. O interesse pela disciplina levou-o a pensar em viajar para Inglaterra para estudar matemática na Universidade de Oxford. Na ocasião, foi visitar uma tia no engenho, que lhe disse:

– Ora Francisco, se fosse no Império V. estaria certo, V. se formava em matemática e física, e a Corte dava solução ao seu problema.

26 Idem, p. 35-36.

Mas na República, Francisco, V. é um gastador, V. vê quantos livros que, com a idade de catorze anos, V. compra.

E ele comenta: "É, eu sou um gastador mesmo".

Então ela retrucou: "Na República só há três espécies de ricos: industriais ligados à política, agricultores ligados aos bancos e ladrões, não há outra opção".

Dirige-se para Recife a fim de cursar a faculdade de direito, diplomando-se com apenas dezenove anos. Embora na época já existissem faculdades livres em diversos estados, Recife e São Paulo conservavam ainda a primazia como os núcleos mais importantes do ensino jurídico. Há referências de que Pontes de Miranda estudou nessa época alemão com o professor Paulo Wolff e com o franciscano Matias Tevês, e não tardou a se tornar comensal e hóspede do convento, convivendo com os monges.

Dos colegas da faculdade, não havia muitos nomes eminentes. Pode-se citar Antônio Carneiro Leão, Adonias Lima, que foi juiz federal no Ceará, Cristiano Couto Castelo Branco, que fez carreira na magistratura no estado natal, o Piauí, Esmaragado de Freitas e Souza, jornalista, e Alcides Bezerra, que publicou ensaios e foi diretor do Arquivo Nacional. Fez parte também Antônio Lopes da Cunha, mestre de Josué Montelo na província, e que lhe recomendou a leitura de *A Sabedoria dos Instintos*, que recebera com dedicatória. "Leia, leia", sugeria-lhe em tom de estímulo, "se não entender na primeira leitura, releia, releia até entender".

Após a formatura, Pontes de Miranda retorna ao estado natal, tendo-lhe sido acenadas as funções de juiz federal substituto e diretor do único banco do estado, a Caixa Mercantil. Recusou-as, pediu ao pai auxílio financeiro e foi para o Rio de Janeiro, que iria ser o campo principal de suas atividades. Hospeda-se no hotel Avenida e envia artigo sobre o Canal do Panamá ao *Jornal do Comércio*. Passados alguns dias, era convidado a comparecer à portaria do jornal e recebe envelope, com a observação:

– O sr. está recebendo o dobro dos outros. O dr. José Carlos Rodrigues pede para comparecer ao seu gabinete.

O diretor perguntou-lhe então se aceitava o cargo de redator do jornal. Recusou a oferta, declarando que aceitaria a de colaborador, pois queria ser apenas advogado. José Carlos Rodrigues mandou dar-lhe uma sala vaga do edifício para o trabalho do profissional. Recusando as funções de magistrado, de diretor de banco e de jornalista, Pontes de Miranda havia apontado para si o caminho que escolhera, o do direito e o da especulação filosófica.

É dessa época a publicação do primeiro livro, *À Margem do Direito (Ensaio de Psicologia Jurídica)*, publicado pela Francisco Alves, no Rio, e pela Aillaud de Paris. Pontes de Miranda mandara os originais para a editora Francisco Alves e ficara preocupado com a demora na resposta: "O editor mostrou o livro a Rui Barbosa, Lafayete e Carvalho de Mendonça; que disseram que devia publicar".

Dedicando-o aos pais, declarava ter desejado escrever ensaio de psicologia jurídica, que, a seu ver, era a teoria basilar do direito. Afirmava que talvez fosse útil esse subsídio pelos métodos psicológicos que empregou e "algumas ideias novas que é muito de gosto esparzir", mostrando que as observações do livro se enquadravam bem nas últimas conquistas de psicologia experimental que o vinham preocupando.

Clóvis Beviláqua disse que a obra era brilhante, mas penetrando a massa jurídica examinada com um poder de visão que denuncia agudeza de mente e bom preparo científico.

O gosto das ideias novas, tão presentes nesse livro, seria uma característica da sua atividade intelectual de mais de sessenta anos, em todos os campos do saber nos quais trabalhou. De modo algum se pode ver no jovem bacharel de vinte anos um principiante que estaria tateando no campo do direito e das ciências afins. É obra de alguém que meditara intensamente sobre os problemas, que se abeberara nas melhores fontes, e que delas se servia instrumental para desenvolver e aprofundar pensamentos originais.

De *A Moral do Futuro*, publicada em 1913, diria Rui Barbosa,

valioso livro *A Moral do Futuro*. O seu gosto pela meditação filosófica revelado, com qualidades não vulgares, nesta obra, a que o juízo crítico do dr. José Veríssimo faz justiça e indica no autor um espírito capaz de elevar ao nível dos graves e desinteressados estudos cuja cultura não atrai senão as inteligências de escol.

Escrevendo em 1913 o livro *A Sabedoria dos Instintos*, publicado em 1921, anteciparia a postura de obras posteriores: "Há esquisita delícia em pensar, pois a verdadeira intuição da volúpia da vida é, a seu ver, sentir, reviver e pensar, uma vez que os espíritos sorriem sempre que se encontram em si mesmos". Vinculando-se ao neopositivismo do Círculo de Viena, em consonância com o pensamento de Ernst Mach, afirma que conhecemos o mundo pelas sensações, advertindo, porém, que toda sensação por si só já é uma abstração. Com esse raciocínio está convicto de que a filosofia precisa do apoio da ciência para ser edificada e que toda filosofia que despreza a ciência é estéril.

Por duas vezes, Pontes de Miranda foi premiado pela Academia Brasileira de Letras. A primeira em 1921, como prêmio de erudição, com o livro *A Sabedoria dos Instintos*, levando o pseudônimo de Antropos. A Comissão Julgadora, constituída de Osório Duque-Estrada, Luiz Murat e Antônio Austregésilo, decidiu pela divisão do prêmio entre a obra de Pontes de Miranda e o livro *Princípios de Sociologia Jurídica*, que concorria com o pseudônimo de J. J. João. O parecer da comissão destacava que em *A Sabedoria dos Instintos* havia um poeta e um filósofo em que se deparava "tão larga messe de ideais em tão apurado gosto literário".

Em 1924, era novamente premiado com o livro *Introdução à Sociologia Geral*.

Nesse mesmo ano, participaria da obra coletiva *À Margem da História da República: Ideais, Crenças e Afirmações – Inquérito por Escritores da Geração Nascida com a República*. O estudo com que Pontes de Miranda colaborou no volume tem o título de "Preliminares para a Revisão Constitucional: As Três Políticas (Empírica, Apriorística e Científica)" e é a expressão de jovem escritor profundamente impregnado das ideias científicas, contemplando a ciência como a possibilidade de solução dos problemas sociais. Há que se destacar a importância que dava às ideias de eugenia, assunto que estava merecendo entre nós, na ocasião, bastante atenção. Já nesse estudo de 1924, Pontes de Miranda apontava premonitoriamente que

as formas puras, presidencialismo e parlamentarismo, federalismo e unitarismo, são sinais de apriorismo político, que tentam enquadrar a realidade, que é heterogênea, em formas abstratas. São abstrações, como o ponto, a linha reta absoluta, o gás puro, o acorde perfeito.

Depois de considerar o necessário para alterar a Constituição, declarava:

> Depois que a técnica científica interveio nas indústrias e conseguiu remodelar em dezenas de anos o que séculos inteiros não alteravam, nem sequer aperfeiçoavam, a humanidade confiou, talvez excessivamente, no fator econômico-intelectual. Mas o que é inegável é que esse assunto de ação científica pode completar-se com a aplicação de novos métodos em todos os outros ramos da atividade e do pensamento humano[27].

Em 1932, Pontes de Miranda publicaria o livro *Os Fundamentos Atuais do Direito Constitucional*, que transcenderia o aspecto jurídico, retomando ideias que desenvolvera no volume *À Margem da História da República*, oito anos antes. O momento era extremamente delicado, uma vez que o país realizava importante transformação política e econômica, sem sombra de dúvida, para um processo de reconstitucionalização.

Cabe analisar a obra *Sistema de Ciência Positiva do Direito*, com o subtítulo "Introdução à Ciência do Direito", publicada pela editora Jacintho, em 1922, ano do centenário. O trabalho é precedido das palavras do editor, que se rejubila pelo fato de comemorar o centenário da Independência com uma obra de largo fôlego, que ele dedica

> ao Brasil, na comemoração do centenário de sua independência política – esse tributo, dez anos de esforços e de sacrifícios, de sinceridade e confiança, o máximo que até então lhe pode dar o mais humilde de seus filhos, empenhado em conciliar o amor da pátria com o amor da humanidade e movido pelo intuito de concorrer para que se lhe guiem os destinos no sentido das leis sociais e das verdades científicas[28].

As leis sociais e as verdades científicas são uma constante na análise desse livro, em cujo prefácio ele se estende no caracterizar a metodologia adotada, dentro dos princípios do realismo e do método científico. Expõe:

---

27 *À Margem da História da República*, p. 23.
28 *Sistema de Ciência Positiva do Direito*, p. v.

O material com que trabalhei estava esparso, desanimadoramente escondido em várias ciências, em várias literaturas, cujas fronteiras são duramente defendidas pelas dificuldades das línguas, pelo esoterismo da técnica e da tecnologia e pelos árduos caminhos das iniciações especiais. A unidade que apresenta o nosso sistema resulta de ingentes esforços, de longos anos de meditação e pesquisa, a examinar fatos suspeitos, coordenar hipóteses e a anotar induções. Daí a minha convicção com que desenvolvo as noções, as leis e o método objetivo de minha ciência predileta[29].

Numa época onde ainda não se pensava em teoria dos sistemas e interpretação sistêmica, Pontes de Miranda colocava-se como pioneiro ao discutir com riqueza e erudição assombrosas para um autor de trinta anos os problemas do direito, trazendo, o que sempre foi raro entre nós, os subsídios das ciências exatas e especialmente da matemática.

Em vários trabalhos, Afonso Arinos traçou a distinção entre os conceitos de bacharelismo e jurisdicismo, ambos filhos da formação do Império e da tradição luso-coimbrã, acolhida nos cursos jurídicos de São Paulo e Pernambuco. Para ele, o bacharelismo era uma técnica jurídica aplicada especialmente à realidade política. Não é teórico, sobretudo, não é abstrato nem filosófico. Nesse plano, considerando Rui Barbosa o maior dos bacharéis brasileiros, apontava numa fase mais recente Epitácio, Afrânio Melo Franco, Raul Fernandes e Prado Kelly.

No jurisdicismo, considerava uma espécie de abstração científica voltada para a formação teórica que os incompatibilizava para a vida política. Os juristas – teóricos – apolíticos amavam a filosofia: Teixeira de Freitas, Tobias Barreto, Lafayette, Clóvis e Pedro Lessa, e entre os exemplos contemporâneos apontava Francisco Campos, Gilberto Amado e Pontes de Miranda.

No campo da filosofia, Pontes de Miranda pode ser considerado como um dos adeptos do neopositivismo, concebendo e editando, na década de 1920, uma espécie de enciclopédia da ciência unificada, nos moldes do programa do Círculo de Viena com forte impacto do pensamento matemático, inclusive das ideias desenvolvidas por Amoroso Costa. Antônio Paim analisa que

---

29 Idem, p. XXI.

como se trata de um grupo de conceitos e teses que fundamentam não uma área limitada do saber, mas a própria criação humana como um todo, pode-se identificá-las sem o imperativo de um exame de conjunto, mas a partir apenas de obras selecionadas[30].

É interessante anotar que, enquanto as principais figuras estrangeiras do neopositivismo eram matemáticos, físicos e biólogos, Pontes de Miranda provinha do direito, ainda que com uma cultura geral bastante desenvolvida.

O fato social é definido como uma relação, desinteressando-se o cientista de investigar suportes ontológicos. Caracterizando como relação de adaptação, ter-se-á assegurado que não venham a ser encarados como dados absolutos. O fato religioso, moral, jurídico ou de qualquer outra índole reduz-se a um processo adaptativo, apto a comportar uma indagação científica (neutra). Esse processo adaptativo é dinâmico e abrange tanto o indivíduo em relação ao que se chama de círculos sociais como estes entre si.

O pensador brasileiro encontra-se, assim, distanciado de qualquer mecanicismo estreito, tentando somente encontrar o método que assegurasse o estudo científico da sociedade.

Na *Introdução à Sociologia Geral* se encontra o esboço de teoria que consiste em preconizar a evolução social como caminhando na afirmação maior da democracia, da liberdade, da igualdade. Haveria assim uma tendência para o máximo de simetria, levando a inferir a lei da integração e dilatação dos círculos sociais, pelo qual se caminha para os círculos mais amplos, até alcançar o círculo universal que é a humanidade.

A extensão da obra de Pontes de Miranda surpreende a qualquer observador. Certa vez disse Medeiros de Albuquerque, a propósito de Afrânio Peixoto, que no futuro a sua obra seria considerada como de autoria de uma sociedade de autores, cada um dos sócios responsável por uma parcela. O mesmo pode-se dizer de Pontes de Miranda que, de 1911 a 1979, realizou produção intelectual que não encontra parelha, seja no Brasil, seja no exterior.

A dificuldade de examiná-la está em que não se coloca com precisão nos escaninhos de uma determinada especialidade,

---

30 *História das Idéias Filosóficas do Brasil*, p. 242.

seja o direito, seja a sociologia, seja a história, seja a filosofia. Tratando qualquer dos temas, ele trará para a análise dos problemas o subsídio de outras disciplinas e o que se poderá dizer é que em determinada obra prepondera uma tal matéria.

De modo que a análise que se faça de sua obra, examinando-a por disciplinas, tem apenas aspecto didático para melhor caracterizá-la, mas com a ressalva de que se perde com esses cortes, em muitos casos, a riqueza do pensamento.

A sua contribuição à sociologia também foi significativa, justificando a afirmação de Fernando de Azevedo em *Princípios de Sociologia*:

dando-se o balanço em todas as publicações, algumas notáveis, anteriores ao estabelecimento do ensino da sociologia no país, verifica-se que os únicos trabalhos teóricos sobre ciências sociais são os de Paulo Egídio, em São Paulo, e no Rio os de Pontes de Miranda, que, com Sílvio Romero, podem ser considerados os precursores da sociologia no Brasil[31].

Em 1937 retomava os estudos de filosofia com o trabalho *O Problema Fundamental do Conhecimento*. No prefácio alegava que esperou dez anos para escrever o livro e mostrava a linha de orientação que tomou para concluir:

pensar certo é submeter-se. Esse livro mostrará que há outras vitórias anteriores que se devem à submissão, aos sacrifícios. A partir do sentir, do perceber, da consciência e acabar na sabedoria científica que é o máximo ao real, às coisas, aos fatos dentro de si, um subir que é um lento descer em duas profundidades, a do mergulho na realidade e a do domínio de si mesmo.

Na obra, o autor reexamina com lucidez o problema do universal – já especulado na metafísica medieval – com sua teoria dos jetos*, e a análise da chamada "coisa em si", em cuja essência tinham também penetrado Kant e Hegel. A filosofia de Pontes

---

31 *Princípios de Sociologia*, p. 314.
* Para Pontes de Miranda, tudo aquilo que se apresenta à consciência, seja de ordem física ou psíquica, passa pelo crivo da experiência do real. Assim, qualquer ideia ou conceito é sempre passível de verificação. Um *jeto* é produto de uma operação mental que elimina o dualismo: nem *sub-* nem *ob-* (N. da E.).

de Miranda busca a realidade, a coisa em si: "Por mais relativistas que sejamos", diz ele, "não devemos e não podemos excluir a coisa em si".

O exame das matérias do livro demonstra como ele se assenhoreou dos grandes problemas da filosofia moderna, dando-lhes interpretação própria e original.

A propósito, diz Antônio Paim:

> A obra de Pontes de Miranda representou notável progresso em relação ao positivismo. Não fora o predomínio da mentalidade positivista, a aludida obra sem dúvida proporcionaria ao liberalismo tradicional o conteúdo de que privou, por se haver deixar imobilizar no conteúdo oitocentista que o predomínio do positivismo impôs à realidade política nacional[32].

Miguel Reale diria que

> ao rever vossas obras principais, desde os escritos da juventude até os mais recentes pronunciamentos, vi confirmado o vosso persistente reconhecimento de que a rede objetiva das relações, tanto no mundo físico, como no mundo moral não exclui, antes exige a existência (o termo é de Pontes) de algo que se furta e se furtará sempre à nossa capacidade cognoscitiva[33].

Na verdade, o real, a realidade é uma constante na obra de Pontes de Miranda, que sobre esse conceito desenvolve vários dos seus raciocínios.

Do ponto de vista político, *Democracia, Liberdade e Igualdade: Os Três Caminhos* é manifestação mais expressiva do pensamento sobre a democracia. Por isso escreveu:

> O sentimento de um povo já sem revide, sem protesto, sujeito à autocracia, é de um povo de escravos, ou de um povo de crianças. A história e o presente do mundo estão cheios de exemplos. Daí a tragédia dos líderes. A prática da democracia, ligada ao respeito e à liberdade, livra o povo da modorra do ressentimento, das soluções políticas externas, da inveja e do ódio. Não se lhe insinua a servilidade.

---

32 Op. cit., p. 250.
33 *Discursos Acadêmicos*, tomo v, p. 2009.

As próprias guerras são em parte desvios provocados pelos opressores internos para que não se prossiga na democratização dos seus países. O mal está na estrutura política e não no povo.

Não se diga que os povos democratizados chegaram a tal estado político e social porque eram ricos e poderosos. A estruturação democrática e as liberdades auxiliaram tais povos na obtenção da riqueza e do poder. Povos há que precisam curar-se das marcas do despotismo como outros se curaram.

Pontes de Miranda dedicou-se também com afinco ao gênero literário propriamente dito: aos livros de aforismos – tão pouco cultivados entre nós – *A Sabedoria dos Instintos* e *A Sabedoria da Inteligência*, que no início de sua carreira tanto sucesso obtiveram, seguiu-se uma farta produção poética, também em inglês e francês, eivada de forte cunho filosófico. No volume *Obras Literárias* de 1960, estão reunidos além dos livros de aforismos, parte dessa produção poética, como *Inscrições de Estrela Interior*, *Penetração*, *Sinfonia Humana* e *Pequenas Poesias*.

Uma faceta pouco recordada da vida e da obra de Pontes de Miranda é sua adesão ao ideário socialista, tendo, na década dos 1930, colaborado com o movimento sindical, realizando conferências em sindicatos e escrevendo os livros *Os Novos Direitos do Homem*, *Anarquismo, Comunismo e Socialismo*, *Direito à Subsistência e Direito ao Trabalho*.

Ele será um pioneiro da defesa dos direitos humanos, de tanta atualidade hoje em dia e que há sessenta anos, com espírito premonitório, ele já apoiava. Na obra *Os Novos Direitos do Homem*, declarava só ver um meio de congregar os espíritos "os direitos fundamentais em que se trace o contorno jurídico do Estado, com que se marquem as margens e as alturas até onde possam ir as águas que fluirão". Apontava entre esses novos direitos o direito à educação, o direito à existência e até mesmo o direito ao ideal, desde a diversão até as pesquisas científicas.

No volume *Direito à Subsistência e Direito ao Trabalho*, aprofunda esses princípios, mostrando a distinção entre um e outro, para concluir: "Sociedade que não assegure a subsistência de todos será ainda para os nossos fins – sociedade Bárbara".

Pontes de Miranda jamais teve inclinação para o poder. Segundo testemunho ouvido de viva voz, interessou-se bem jovem por uma cadeira de deputado, solicitando a Pinheiro

Machado, que o admirava e que o convidou para trabalhar no Senado ao chegar ao Rio, como assessor em assuntos de direito público. Pretendia ingressar na chapa de seu estado natal, mas o velho caudilho discordou, alegando que, representando um pequeno círculo, não faria política, mas politicalha. Destinou-lhe o lugar na representação de São Paulo, mas em seguida a morte do caudilho gaúcho interrompeu essas tratativas.

Analisando a obra de Pontes de Miranda, o professor Lourival Vilanova, catedrático da Faculdade de Direito da Universidade Federal de Pernambuco, por quem Pontes de Miranda tinha o maior apreço, tendo mesmo o convidado para escreverem juntos um livro sobre lógica, caracterizava como sua tônica maior a "[ser] um homem vertido para o saber científico. Por isso seu instrumento foi a razão que empregou incansavelmente, como quem distende um arco até alcançar sua tensão máxima". E acrescenta:

> Pontes de Miranda foi, antes de tudo, um intelectual, um sábio, um pensador. Tudo isso foi radicalmente sem comprometimento com as situações sociais e políticas de seu tempo, das quais foi crítico agudo e corajoso. Com o apoio das concepções de Mach e da física matemática, Pontes estende a tese de que os fatos são complexos de relações e as leis científicas são fórmulas nas quais se fixam, em estruturas iguais, as relações.

Mostra, ademais, como ele antecipa várias ideias com suas posições e concepções básicas do neopositivismo fundado na lógica, na matemática e na física. Sua obra é de 1922 e o Círculo de Viena só teve início em 1929, comprovando, assim, seu caráter pioneiro. Por isso Lourival Vilanova pôde afirmar que Pontes foi talvez o jurista mais informado de seu tempo, porque não cirunvergia sua incansável vontade de conhecimento ao domínio do direito, pois ia até a lógica matemática, até a filosofia clássica e a filosofia científica, versando-se, ainda, nos fundamentos matemáticos da física quântica e nos pressupostos da biológica. Esta, para auxiliar a exata determinação dos fatos sociológicos, que ele não os tinha por redutíveis com os fatos nem físicos, nem biológicos, nem sociológicos[34].

---

34 Pontes de Miranda, o Sábio, o Intelectual e o Pensador, *Jornal da OAB-PE*, p. 15.

Esse rápido resumo não pode dar a justa medida da vasta e valiosa obra que Pontes de Miranda nos legou. Ela surpreende e impressiona pelo caráter multidisciplinar dos temas tratados, seja quando se dedica a uma única disciplina para a qual faz convergir os subsídios de outras, seja quando enfrenta integralmente temas tratados pelas várias disciplinas. Releva notar, mais uma vez, a vastíssima erudição em todas as áreas do conhecimento que perlustrou. Mas a erudição não se apresentava à maneira de cola e tesoura, tão comum nos autores nacionais, porém promovia a absorção desses vários conhecimentos e a sua apresentação de forma original e muitas vezes crítica.

SAN TIAGO DANTAS

A figura de San Tiago Dantas oferece aspectos múltiplos, e é necessário esforço para restringi-la a um aspecto e estudá-lo com relativa profundidade. Por isso, trataremos de San Tiago Dantas, pensador do direito.

A análise do pensamento jurídico brasileiro, partindo de Teixeira de Freitas e Lafayette, passando por Rui, Clóvis Beviláqua e, nos dias de hoje, por Pontes de Miranda e Miguel Reale, revela convicção de que nenhum deles se preocupou e tratou com tanto afinco do problema da cultura jurídica e do papel do direito na transformação social quanto San Tiago Dantas. Nesses autores há, evidentemente, análises a respeito, mas em nenhum deles se encontra, a meu juízo, apreciações globais que estejam centradas sobre essa ordem de problemas. É importante assinalar que a sua reflexão não se limitou ao papel do direito, mas abrangeu também a função do ensino jurídico e a importância da educação e o relevo dado aos estudos filosóficos.

San Tiago Dantas entrou para a faculdade de direito no final da década de 1920, quando já era patente a ebulição ideológica que iria eclodir na Revolução de 1930 e produzir, a partir de então, profundas transformações na vida pública e cultural. A faculdade de seu tempo não se distinguia do ensino rotineiro que herdamos de Coimbra e que, com poucas modificações, permanece até hoje. Dessa vida universitária destacou ele alguns nomes de professores ilustres, como Abelardo Lobo, em direito romano, e Lacerda de Almeida, em direito civil, sobre quem escreveu posteriormente páginas de profunda emoção, relembrando o velho professor que ensinava a última turma. Dele disse San Tiago Dantas:

> Lacerda de Almeida foi uma das mais completas personalidades intelectuais do nosso país, não tanto pela cultura que porventura atingisse suas elucubrações, quanto pela coerência e harmonia que presidiam as manifestações de sua inteligência[35].

E em reminiscência pessoal:

> Pertenci à última geração de estudantes que encontrou numa das cátedras de direito civil o mestre exímio do direito das coisas. Sua pequenina figura, nimbada pela pureza dos olhos claros e dos cabelos de algodão, deslizava pelos corredores paupérrimos da faculdade daquele tempo, não como os demais professores, mas como de um grande autor do passado, de quem conhecíamos os livros e de quem tínhamos ainda o privilégio de poder ouvir-lhe as lições[36].

O fato mais importante desse período é a criação, com um grupo de colegas, de um centro de estudos jurídicos, o Catu, que reuniu plêiade extraordinária de jovens, a ele agregando-se figuras de outras faculdades. O arrolamento desses nomes é altamente expressivo pela projeção que alcançaram: Vinícius de Morais, na poesia, Octávio de Faria, no romance, Antônio Bambino, na política, Mário Vieira de Melo, na filosofia, Américo Jacobina Lacombe, na história, Thiers Martins Moreira, na filologia, e outros que se dedicaram ao direito, como Vicente Chermont de Miranda, Plínio Doyle, mas nenhum deles superando a San Tiago Dantas. De extrema precocidade, já tendo a aura de genialidade, San Tiago Dantas logo se destacou no Centro, e pela exigência de tese de ingresso, escreveu um estudo completo sobre *Conceito de Sociologia*, que não aparentava ser um trabalho de um jovem de vinte anos, mas a reflexão de um homem amadurecido.

---

35 San Tiago Dantas, *Figuras de Direito*, p. 119.
36 Idem, p. 121.

Ainda estudante, é levado por Augusto Frederico Schmidt para trabalhar no gabinete de Francisco Campos, recém-nomeado ministro da Educação. Augusto Frederico Schmidt relatou a impressão desse primeiro encontro:

> Revejo o olhar do ministro Campos ouvindo San Tiago Dantas, sua surpresa em encontrar tal prodígio na clareza de expor, na lógica, na graça, na naturalidade... San Tiago surpreendia pelos conhecimentos já adquiridos, pelo discernimento em julgar as manifestações mais altas do espírito humano. Quando foi colaborar com Francisco Campos, já possuía variada soma de saber. Lera quase tudo o que se pode considerar essencial[37].

Era evidente que, naquela época, um jovem estudante de direito com profunda preocupação social acompanhasse os movimentos da década, que veria apregoar-se como regime político em extinção: o liberalismo. E só havia como opção duas correntes extremas: o fascismo e o comunismo. Para jovens católicos imbuídos dos princípios da religião, o comunismo era abominado, e só surgia como alternativa à adoção ao integralismo, forma cabocla do fascismo. Um deles disse certa vez que, se não fosse a religião católica, teria abraçado o comunismo. Fato é que à Ação Integralista se juntaram numerosos estudantes, entre eles San Tiago Dantas, que logo ocupa posição de destaque como assessor de Plínio Salgado.

O desencanto veio logo, e ele abandonava as hostes da Ação Integralista para tentar novos rumos ideológicos. A influência desses partidos extremistas na mente de jovens estudantes pode produzir efeitos definitivos. Muitos deles, deixando a ideologia, conservam ainda um ranço, que levam por toda a vida. Outros, movidos por um sentimento de combate, passam a adotar posições extremamente opostas, mas muito semelhantes no conteúdo. Muitos, entretanto, conseguem vencer a atitude de juventude e encontrar, pela razão e pela inteligência, a possibilidade de superar a situação, como foi o caso de San Tiago Dantas, que passou a ter atitudes reformistas no campo do pensamento social e jurídico.

---

37 *O Globo*, 10 set.1964.

Na década de 1930, as suas atividades se concentravam no ensino da cadeira de Legislação do Curso de Arquitetura da Universidade do Brasil. Posteriormente assumiria a cadeira de Instituições de Direito Privado da Faculdade Nacional de Ciências Econômicas, onde foi professor de uma plêiade de economistas que mais tarde se destacaram na atividade pública e privada.

A preparação para a tese de concurso de direito civil, na Faculdade Nacional de Direito, *O Conflito de Vizinhança e sua Composição*, foi inspirada pelo magistério do Curso de Arquitetura, dizendo ele que esse magistério "compenetrou-o de que o direito civil brasileiro exige uma revisão do tema e permite, talvez, uma colocação mais segura do que os autores estrangeiros conseguiram realizar". De fato, a tese é contribuição original ao tema examinado, eivado dos restos do romanismo para o qual deu tratamento original, fixando normas de interpretação da lei que a jurisprudência passou a adotar.

Ao tomar posse como professor da Faculdade Nacional de Direito da Universidade do Brasil, em 1941, San Tiago Dantas colocava a perplexidade de alguém que assumira um destino. Diria: "Professor é o que serei"[38]. De fato, durante anos no exercício da cátedra, San Tiago Dantas revelou-se didata excepcional, acorrendo às suas aulas alunos de outras turmas, empolgados com as qualidades do professor. Cabe ainda mencionar que tentou, de forma incipiente mas renovadora, a introdução do método de casos e de problemas, espancando o monopólio das aulas meramente expositivas. Essas aulas, cujas notas taquigráficas foram posteriormente reunidas por seus ex--alunos nos livros *Programa de Direito Civil*, constituem textos modelares de extrema utilidade para os alunos, professores e advogados.

Pouco tempo depois cria-se a Faculdade de Direito, incorporada à Pontifícia Universidade Católica, e San Tiago Dantas aceita o magistério de direito romano, dentro da compreensão de que a base do direito positivo dos países ocidentais estava afiada no conhecimento desses assuntos. Ao prefaciar o livro de Ebert Chamoun – *Instituições do Direito Romano* – San Tiago Dantas acentuaria a importância desse ramo de estudos:

---

[38] *Palavras de um Professor*, p. 2.

A história recente da ciência jurídica em vários países mostra, com notável regularidade, que a transição da fase exegética para a fase dogmática da ciência jurídica é quase sempre assinalada pelo renascimento dos estudos romanísticos.

Nada evidencia melhor a fase incipiente da cultura jurídica em que nos encontramos nessa metade do século xx do que a importância quantitativa e, também, ainda que excepcionalmente, qualitativa, de nossa literatura exegética, a escassez quase absoluta de investigações de caráter dogmático em livros e revistas e, sobretudo, o vazio no campo dos estudos romanísticos[39].

Mal empossado como professor da Faculdade Nacional de Direito, comemora-se no ano seguinte o centenário dessa faculdade, e é ao jovem professor recém empossado que cabe o encargo de pronunciar a aula doutoral. A partir desse estudo, *Discurso pela Renovação do Direito*, e o título já é bastante expressivo, San Tiago Dantas, sempre que a oportunidade se lhe apresenta, disserta e discute os problemas do pensamento jurídico, a sua posição no momento contemporâneo e as perspectivas que se abrem para o papel que deve desempenhar. As perplexidades do momento, quando o conflito mundial ainda estava indefinido, introduzem, de certa maneira, a perplexidade do jovem professor, ainda num momento de revisão de conceitos e de fixação de posições. Mas o importante nesse discurso é acentuar a maneira percuciente como encarava o papel da ordem jurídica num mundo em transformação. Ao invés de parafrasear as palavras então pronunciadas, o melhor é transcrever integralmente alguns trechos, começando com a síntese perfeita "o jurista está no mundo de hoje como deve ter estado o geógrafo na época das descobertas".

E comenta:

Em torno de nós se processa uma vasta e grandiosa reforma do sistema legislativo: no Brasil, como de resto em todo o mundo. A velha sistemática elaborada sobre as bases de um outro direito positivo não abre espaço para as inovações. Refazer a doutrina, reajustar a ciência jurídica ao seu mutável objeto, que é a lei – eis a tarefa a que os nossos esforços devem estar consignados. Para o jurista as leis novas são como para o físico as grandes descobertas que reformam

---

39 *Instituições de Direito Romano*, p. 5.

as concepções sobre a estrutura da matéria: elas obrigam a um deslocamento teórico, a uma alteração de sistema, cujo alcance, muitas vezes, alarma os estudiosos tímidos e desencanta os rotineiros[40].

É dessa época também a convocação do ministro Gustavo Capanema para dirigir a Faculdade Nacional de Filosofia, recém-criada Universidade do Brasil. Essa faculdade resultara da absorção dos cursos da Universidade do Distrito Federal, criada em 1935 por Anísio Teixeira, e que se encontrava em fase de reorganização, contando com um grupo de professores franceses, convidados para participar desse trabalho. San Tiago Dantas, nos dois anos de gestão, procurou dar estrutura e organicidade à instituição, e a ela ficou vinculado até a sua morte, pois no ano de falecimento pronunciou a aula de abertura dos cursos, relembrando a gestão de vinte anos passados.

O caráter do professor empolgou a primeira turma de seu magistério no sistema de direito civil. Em 1945, eleito paraninfo, pronunciou o discurso "Novos Rumos do Direito", em que examina os problemas da ordem jurídica, no momento em que o final da guerra abria perspectivas animadoras para a vida brasileira, estabelecendo com precisão admirável o caráter que deveria ter a nova ordem jurídica, centrada não mais na propriedade mas sim no trabalho.

Com o magistério do direito, San Tiago Dantas desenvolveu uma intensa atividade de advogado, participando de grandes causas no foro do Rio. Chamado como parecerista, muitos desses trabalhos foram reunidos no volume *Problemas de Direito Positivo*, em que, com argúcia especial, analisava e dava soluções para as mais intricadas questões. Dentre esses trabalhos, cumpre destacar, pela originalidade da análise, o estudo sobre a "Evolução Contemporânea do Direito Contratual" e "O Devido Processo Legal".

A sua capacidade jurídica não se exercia apenas nos textos escritos, mas nas sustentações que fazia perante os tribunais superiores. Relatou-me colega de escritório que, situando-se o seu escritório na rua Erasmo Braga, San Tiago Dantas constantemente saía de sua residência e o apanhava no escritório em direção ao Tribunal Federal de Recursos, que então se situava na avenida Wilson, três quarteirões de distância. Nesse

---

40 *Palavras de um Professor*, p. 17.

rápido percurso de automóvel, o colega explicava a San Tiago Dantas a súmula da questão, e, em seguida, subindo à tribuna, dava magistral sustentação com a gama de conhecimentos jurídicos que possuía.

Seria natural que sua figura, que granjeara tamanho destaque, fosse chamada para outras funções. De fato, em 1951, é nomeado assessor da Conferência de Chanceleres Americanos, que se realizou em Washington, chefiando a delegação brasileira o chanceler João Neves da Fontoura. Nessa qualidade, pronunciou no plenário discurso colocando a situação de subdesenvolvimento dos países latino-americanos, e propugnando por medidas de superação dessa situação. O discurso, primoroso no fundo e na forma, teve grande repercussão e João Neves da Fontoura pensa em fazê-lo subsecretário de Estado. Dificuldades burocráticas impediram essa efetivação, mas San Tiago Dantas passa a ser um assessor informal do ministro. Logo em seguida, com a criação da Comissão Mista Brasil--Estados Unidos, dá também o seu assessoramento jurídico, o mesmo fazendo na presidência Juscelino Kubitscheck.

O exercício dessas funções certamente o levaria a desejar o exercício de função mais ampla e uma participação na vida política do país. Em 1958, decide candidatar-se a deputado federal pelo estado de Minas, pelo Partido Trabalhista Brasileiro. Essa escolha partiu de propósito consciente de trazer a contribuição para a situação política do Brasil, entendendo que os dois partidos tradicionais, o Partido Social Democrata e a União Nacional, não tinham condições de se arvorar nos partidos da renovação nacional. Morto o presidente Vargas, em 1954, e perdida a sua grande liderança carismática, era o momento de se criar uma autêntica liderança no partido que no momento acolhia a maioria dos trabalhadores brasileiros. As lutas internas e, sobretudo, a desconfiança em relação a essa atitude sincera, levou San Tiago Dantas a vários dissabores.

Indicado pelo presidente Juscelino Kubitscheck para ministro da Agricultura no final do governo, teve seu nome repelido pelo partido. Em 1962, quando se apresentou como candidato a primeiro ministro do governo parlamentarista, restrições de várias ordens também surgiram, fazendo com que sua candidatura fosse derrotada.

Na década de 1950, San Tiago Dantas, já se preparando para a atividade política, ainda tem pronunciamento de alto valor, que é a aula inaugural em 1955 da Faculdade Nacional de Direito, com o expressivo título *A Educação Jurídica e a Crise Brasileira*. Dizia ele, ao iniciar, que iria descrever o tema como "um aspecto ou projeção da própria cultura jurídica e para isso examinar primeiramente o papel do direito e da educação jurídica, da cultura de uma comunidade".

Examina, sucintamente, mas com precisão, o problema da sociedade e da cultura, o progresso e a decadência da cultura, o papel da classe dirigente no processo cultural, para se fixar no problema da crise da sociedade brasileira e no estudo da cultura jurídica e da crise social.

Assinala, a seguir, como restaurar a cultura jurídica pela educação, mostrando as características da didática tradicional e da nova didática, discutindo uma nova didática, baseada no estudo de casos, como a mais adequada para atender às necessidades de um bom aprendizado.

Em 1962, dois anos antes de sua morte, reúne em um volume, *Figuras de Direito*, discursos pronunciados, a maioria como orador oficial do Instituto dos Advogados Brasileiros, examinando as figuras representativas do pensamento jurídico e procurando dessas personalidades extrair a essência de uma verdadeira cultura jurídica brasileira.

De Cairu a Matos Peixoto consegue extrair, com rara felicidade, os princípios dessa cultura jurídica por que se bateu durante toda a sua vida. É de se destacar os seus dois estudos, *Rui Barbosa e Renovação da Sociedade* e *Rui Barbosa e o Código Civil*, no primeiro mostrando como o papel de Rui Barbosa corresponde ao ideário da classe média brasileira, e como o seu trabalho puramente filológico da crítica ao projeto do Código Civil corresponderia ao desejo de que tal projeto fosse examinado com maior vagar.

De Francisco Campos, seu chefe e amigo, e com quem tem tantos traços em comum, traduziu, com rara precisão, quase que um perfil autobiográfico das suas inquietações intelectuais.

Num país de cultura jurídica tão pobre, de literatura especializada quase sempre exegética, que, na expressão de Afonso Pena Júnior, é praticamente uma literatura sobre o óbvio, realça a posição de San Tiago Dantas, que, professor de direito civil, escrevendo magistral tese de concurso, artigos e pareceres e, desenvolvendo estudos sobre essa disciplina, transcendeu o caráter profissional, para com numerosos trabalhos buscar extrair um pensamento jurídico à altura da cultura brasileira, dentro das condições de mudança e transformação que a sociedade apresenta.

Bibliografia

ALMEIDA AZEVEDO, José Carlos de; MARINHO, Josaphat; NUNES LEAL, Victor. *Homenagem a Victor Nunes Leal*. Brasília: Editora da UnB, 1984.
AMADO, Gilberto. *Grão de Areia: Estudos do Nosso Tempo*. Rio de Janeiro: Ariel, 1919.
ANAIS DA CÂMARA dos Deputados. Rio de Janeiro: [s.n.], 1902 (v. II), 1918 (v. v.).
ANDRADE, Rodrigo Melo Franco de. *Rio Branco e Gastão da Cunha*. Rio de Janeiro: Ministério das Relações Exteriores – Instituto Rio Branco, 1953.
ANTONIL, André João. *Cultura e Opulência do Brasil por suas Drogas e Minas*. Bilingue. Texte de l'édition de 1711, traduction française et commentaire critique pour Andrée Mansuy Diniz Silva. Paris: Institut des Hautes Etudes de l'Amerique Latine, 1968. Ed. Bras.: São Paulo: Edusp, 2007 (Coleção Documenta Uspiana II).
ARARIPE JÚNIOR, Tristão de Alencar. *Obra Crítica*. Rio de Janeiro: Ministério da Educação e Cultura, 1980.
ATAIDE, Tristão de. Política e Letras. In: CARDOSO, Vicente Licínio (org.), *À Margem da História da República*. Rio de Janeiro: Anuário do Brasil, 1924.
AZEVEDO, Fernando de. *Princípios de Sociologia: Pequena Introdução ao Estudo de Sociologia Geral*. São Paulo: Melhoramentos, 1951.
BARBOSA LIMA SOBRINHO, Alexandre José. *Presença de Alberto Torres: Sua Vida e Pensamento*. Rio de Janeiro: Civilização Brasileira, 1968.
BARBOSA, Rui. Embaixada de Buenos Aires. *Obras Completas*. Rio de Janeiro: MEC, 1981. v. XLIII, tomo I.
_____. *Comentários à Constituição Federal Brasileira*. São Paulo: Saraiva, 1934. 6 v.
BELO, José Maria. *História da República*. Rio de Janeiro: Simões, 1952.
BEVILÁQUA, Clóvis. *História da Faculdade de Direito do Recife*. Rio de Janeiro: Francisco Alves, 1927. 2 v.

BLAKE, Sacramento. *Dicionário Bibliográfico Brasileiro*. Rio de Janeiro: Conselho Federal de Cultura, 1970.

BUARQUE DE HOLANDA, Sérgio. Corpo e Alma do Brasil. *Revista do Brasil*, Rio de Janeiro, n.5-6, 1986.

_____ (org.). *História Geral da Civilização Brasileira. Tomo II: O Brasil Monárquico; v. 3: Reações e Transações*. São Paulo: Difel, 1967.

CALMON, Pedro. *História do Brasil*. Rio de Janeiro: José Olympio, 1959. V. II.

CAMPOS SALES, Manuel Ferraz de. *Da Propaganda à Presidência*. São Paulo: A Editora, 1909.

CÂNDIDO, Antonio. *O Método Crítico de Sílvio Romero*. 2. ed. São Paulo: Boletim n. 266 de Teoria Literária, USP-Faculdade de Ciências e Letras, 1968.

CARDOSO, Vicente Licínio (org.) [1924]. *À Margem da História da República*. 2. ed. Brasília: UnB, 1981.

CARNEIRO, Levi. In: ABL, *Aníbal Freire: In Memoriam*. Rio de Janeiro: ABL, 1979.

_____. *Problemas Municipais*. Rio de Janeiro: Alba, 1933.

_____. O Federalismo e Suas Explosões. *Revista do Instituto Histórico e Geográfico Brasileiro*, tomo especial, 1916.

CARVALHO, Antônio Gontijo de. *Estadistas da República*. São Paulo: Revista dos Tribunais, 1940. 2 v.

CARVALHO DE MENDONÇA, Manoel Ignacio. *Rios e Águas Correntes em Suas Relações Jurídicas*. Rio de Janeiro: Freitas Bastos, 1939.

CHAMOUN, Ebert. *Instituições de Direito Romano*. Rio de Janeiro: Forense, 1962.

COSTA PORTO, José da. *Pinheiro Machado e Seu Tempo: Tentativa de Interpretação*. Rio de Janeiro: José Olympio, 1951.

CUNHA, Euclides da. *À Margem da História*. Rio de Janeiro: Academia Brasileira de Letras, 2005.

CUNHA, Phaelante. *Memória Histórica do Ano de 1903*. Porto Alegre: Globo, 1958.

DEAS, Malcom. Editor's Note. In: LEAL, Victor Nunes. *Coronelismo: The Municipality and Representative Government in Brazil*. Cambridge: Cambridge University Press, 1977.

DOM PEDRO II. *Conselhos à Regente*. Rio de Janeiro: São José, 1954.

DUARTE, Manuel. *Carlos Peixoto e o Seu Presidencialismo: Esboço Político*. Rio de Janeiro: Jornal do Comércio,1918.

ESCOREL, Lauro. *Introdução ao Pensamento Político de Maquiavel*. Rio de Janeiro: Simões, 1958.

FAGUNDES, Miguel Seabra. A Legalidade Democrática. Separata da *Revista da Ordem dos Advogados do Brasil*, Brasília, v. III, n. 2, jan./ab. 1970.

FALAS DO TRONO: *Desde o Ano de 1823 Até o Ano de 1889*. Prefácio de Pedro Calmon. São Paulo: Instituto Nacional do Livro/MEC, 1977.

FAORO, Raymundo. *Os Donos do Poder: Formação do Patronato Político Brasileiro*. 2. ed. Porto Alegre: Globo, 1975.

_____. *O Debate Político no Processo da Independência*. Rio de Janeiro: Conselho Federal de Cultura, 1973.

FARIA, Octávio de. *Maquiavel e o Brasil*. Rio de Janeiro: Schmidt, 1931.

FERREIRA, Waldemar. *Princípios de Legislação Social e Direito Judiciário do Trabalho*. São Paulo: Ed. S. Paulo, 1938 (v. 1), 1939 (v. 2).

FREIRE, Aníbal. *Conferências e Alocuções*. Rio de Janeiro: Jornal do Comércio, 1958.

_____. *Pareceres e Votos*. Rio de Janeiro: Jornal do Brasil, 1948.
_____. *Pareceres do Consultor Geral da República*. Rio de Janeiro: Coelho Branco, 1951. V. I-II.
_____. *Pareceres e Votos*. Rio de Janeiro: Jornal do Brasil, 1948.
_____. *O Poder Executivo na República Brasileira* [1916]. 2. ed. Brasília: Editora da UnB, 1981.
FRIEIRO, Eduardo. *O Diabo na Livraria do Cônego: Como Era Gonzaga? E Outros Temas Mineiros*. Belo Horizonte: Itatiaia, 1957.
FONTOURA, João Neves da. In: *Discursos Acadêmicos*. Rio de Janeiro: ABL, 1961.
_____. *Memórias*, Porto Alegre: Globo, 1958.
GAMA CASTRO, José. *O Novo Príncipe: Ou o Espírito dos Governos Monarchicos*. 2. ed. Rio de Janeiro: J. Villeneuve, 1841. Disponível em: < http://www.archive.org/details/onovoprncipeouoocast >. Acesso em: 21 set. 2011.
GENTIL, Alcides. *As Idéias de Alberto Torres: Síntese com um Índice Remissivo*. 2. ed. São Paulo: Companhia Editora Nacional, 1938.
GUERREIRO RAMOS, Alberto. *Introdução Crítica à Sociologia Brasileira*. Rio de Janeiro: Andes, 1957.
HORTA, Raul Machado. *Discurso de Posse na Academia Mineira de Letras*. [s. l.]: [s.n.], 1990.
LAFER, Celso. *Gil Vicente e Camões: Dois Estudos sobre a Cultura Portuguesa do Século XVI*. São Paulo: Ática, 1978.
LESSA, Pedro. *Discursos e Conferências*. Rio de Janeiro: Jornal do Comércio, 1916.
_____. *Do Poder Judiciário*. Rio de Janeiro: Francisco Alves, 1915.
LOURENÇO FILHO, Manoel Bergström. Vicente Licínio Cardoso e os Estudos Sociais. *Educação e Ciências Sociais*, ano V, n. 15, Rio de Janeiro, set. 1960.
LOURENÇO FILHO, Márcio de Carvalho Bergström. *Do Fundo Nacional como Padrão do Federalismo Cooperativo*. Rio de Janeiro: Instituto Brasileiro de Direito Rodoviário, 1961.
LYRA, Heitor. *História de Dom Pedro II: Ascensão 1825-1870*. São Paulo: Edusp, 1977.
MACHADO DE ASSIS, Joaquim Maria. *Obras Completas, v. II: O Velho Senado*. Rio de Janeiro: Aguilar, 2008.
MAGALHÃES, Agamenon. *O Estado e a Realidade Contemporânea*. Recife: Diário da Manhã, 1933.
MANIFESTO Republicano. In: MENEZES, Djacir (org.). *O Brasil no Pensamento Brasileiro*. Rio de Janeiro: INEP, 1957.
MARTINS, Luís. *O Patriarca e o Bacharel*. São Paulo: Martins, 1953.
MARTINS, Wilson. *História da Inteligência Brasileira, v. II (1794-1855)*. São Paulo: Cultrix, 1978.
MEDEIROS, Jarbas. *Ideologia Autoritária no Brasil (1930-1945)*. Rio de Janeiro: Fundação Getúlio Vargas, 1978.
MELO FRANCO, Afonso Arinos de; QUADROS, Jânio. *História do Povo Brasileiro*. São Paulo: J. Quadros, 1968, 5 v.
MELO FRANCO, Afonso Arinos de. *Rodrigues Alves e Seu Tempo: Apogeu e Declínio do Presidencialismo*. Rio de Janeiro: José Olympio, 1973, 2 v.
_____. *O Som do Outro Sino: Um Ideário Liberal*. Rio de Janeiro: Civilização Brasileira, 1978.
_____. *Um Estadista da República: Afrânio de Melo Franco e Seu Tempo*. Rio de Janeiro: José Olympio, 1955, 3 v.
_____. *Terra do Brasil*. São Paulo: Companhia Editora Nacional, 1939.

_____. *A Alma do Tempo: Memórias*. Rio de Janeiro: José Olympio, [s./d.].

_____. *O Índio Brasileiro e a Revolução Francesa: As Origens Brasileiras da Teoria da Bondade Natural*. Rio de Janeiro: Topbooks, [s./d.].

MENDONÇA, Carlos Süssekind de. *Sílvio Romero de Corpo Inteiro*. Rio de Janeiro: Ministério da Educação e Cultura, 1963.

MEYER, Augusto. *Machado de Assis (1935-1958): Ensaios*. 4. ed. Rio de Janeiro: José Olympio, 2008.

MONTEIRO, Tobias. *Funcionário e Doutores*. Rio de Janeiro: Francisco Alves, 1917.

MORAES FILHO, Evaristo de. *Medo à Utopia: O Pensamento Social de Tobias Barreto e Sílvio Romero*. Rio de Janeiro: Nova Fronteira, 1985.

_____. *Reminiscências de um Rábula Criminalista*. Rio de Janeiro: Leite Ribeiro, 1922.

MOREIRA, Marcílio Marques. De Maquiavel a San Tiago. Brasília: Editora da UnB, 1981.

MOTA FILHO, Candido. *Introdução a Política Moderna*. Rio de Janeiro: José Olympio, 1935.

NABUCO, Joaquim. *Um Estadista do Império: Nabuco de Araújo, Sua Vida, Suas Opiniões, Sua Época*. Rio de Janeiro: Aguilar, 1975.

_____. *Alberto Torres e o Tema de Nossa Geração*. Rio de Janeiro: Schmidt, 1931.

NUNES, José de Castro. *Do Estado Federado e Sua Organização Municipal: História, Doutrina, Jurisprudência, Direito Comparado*. Brasília: Câmara dos Deputados, 1982.

NUNES LEAL, Victor. *Coronelismo, Enxada e Voto: O Município e o Regime Representativo no Brasil*. 3. ed. Rio de Janeiro: Nova Fronteira, 1997.

_____. O Coronelismo e o Coronelismo de Cada Um. *Dados: Revista de Ciências Sociais e Humanas*, Rio de Janeiro, v. 23, n.1, 1980.

_____. Uma Lição de Equilíbrio. *Jornal do Brasil*, 7 jul. 1964.

_____. *Problemas de Direito Público*. Rio de Janeiro: Forense, 1960.

_____.*Três Ensaios de Administração*. Rio de Janeiro: Departamento Administrativo do Serviço Público / Instituto Brasileiro de Ciências Administrativas, 1958.

_____. *Coronelismo, Enxada e Voto: O Município e o Regime Representativo no Brasil*. Rio de Janeiro: Forense, 1949.

OLIVEIRA VIANA, Franciso José de. *O Ocaso do Império*. 3. ed. Rio de Janeiro: Academia Brasileira de Letras, 2006.

_____. *Problemas de Direito Corporativo*. 2. ed. Brasília: Câmara dos Deputados, 1983.

_____. *Instituições Políticas Brasileiras*. Rio de Janeiro: José Olympio, 1949, v. II.

_____. *Problemas de Política Objetiva*. 2. ed. São Paulo: Companhia Editora Nacional, 1947.

_____. *Direito do Trabalho e Democracia Social: O Problema da Incorporação do Trabalhador no Estado*. Rio de Janeiro: José Olympio, 1951.

ORTEGA Y GASSET, José. *El Tema de Nuestro Tempo*. 14. ed. Madrid: Alianza, 1961.

PAES, José Paulo. *Mistério em Casa*. São Paulo: Comissão Estadual de Cultura, 1961.

PAIM, Antônio. *História das Idéias Filosóficas no Brasil*. São Paulo: Grijalbo, 1967.

_____; BARRETO, Vicente. *Evolução do Pensamento Político Brasileiro*. Belo Horizonte: Itatiaia, 1989.

PEIXOTO, Afrânio. *Marta e Maria: Documentos de Acção Pública*. Rio de Janeiro: [s. n.], 1930.

PINTO, Edmundo da Luz. *Principais Estadistas do Segundo Reinado*. Rio de Janeiro: José Olympio, 1943.

POLLOCK, John Greville Agard. *The Machiavellian Moment: Florentine Political Thought and the Atlantic Republican Tradition*. Princeton: Princeton University Press, 1975.

PONTES DE MIRANDA, Francisco Cavalcanti. *Democracia, Liberdade e Igualdade: Os Três Caminhos*. Rio de Janeiro: José Olympio, 1945.

_____. *O Problema Fundamental do Conhecimento*. Porto Alegre: Globo, 1937.

_____. *Os Novos Direitos do Homem*. Rio de Janeiro: Alba, 1933.

_____. *Os Fundamentos Atuais do Direito Constitucional*. Rio de Janeiro: Freitas Bastos, 1932.

_____. *Introdução à Sociologia Geral*. Rio de Janeiro: Pimenta de Melo, 1926.

_____.*Sistema de Ciência Positiva do Direito: Introdução à Ciência do Direito*. Rio de Janeiro: Jacinto, 1922. 2 v.

_____. *A Sabedoria dos Instintos: Idéias e Antecipações*. Rio de Janeiro: Garnier, 1921.

_____. *A Moral do Futuro*. Rio de Janeiro: F. Briguiet e Cia., 1913.

_____. *À Margem do Direito (Ensaio de Psychologia Jurídica)*. Rio de Janeiro: Francisco Alves, 1912.

REALE, Miguel. *Discursos Acadêmicos, tomo V (1966-1986)*. Rio de Janeiro: ABL, [s/d].

REBELLO, Edgardo de Castro. *Mauá e Outros Estudos*. Rio de Janeiro: São José, 1975.

RIBEIRO, Leonildo. *Afrânio Peixoto*. Rio de Janeiro: Conde, 1950.

RODRIGUES, Lêda Boechat. *História do Supremo Tribunal Federal*. Rio de Janeiro: Civilização Brasileira, [s./d.]. v. II.

ROMERO, Sílvio. *Introdução à Doutrina contra Doutrina*. Organização e Introdução de Alberto Venâncio Filho. São Paulo: Companhia das Letras, 2001.

_____. *Discursos Acadêmicos*. Tomo II. Rio de Janeiro: Academia Brasileira de Letras, 1934.

SABOIA LIMA, Augusto. *Alberto Torres e sua Obra*. São Paulo: Companhia Editora Nacional, 1935.

SADEK, Maria Tereza. *Maquiavel, Maquiavéis: A Tragédia Octaviana*. São Paulo: Símbolo, 1978.

SALDANHA, Nelson Nogueira. *História das Idéias Políticas do Brasil*. Recife: Imprensa Universitária, 1968.

SAN TIAGO DANTAS, Francisco Clementino de. *Figuras de Direito*. 2 ed. Rio de Janeiro: Forense, 2001.

_____. *Palavras de um Professor*. Rio de Janeiro: Forense, 2001.

_____. *Programa de Direito Civil: Aulas Proferidas no Ano de 1942-1945*. Rio de Janeiro: Editora Rio, 1977. 3 v.

_____. Problemas de Direito Positivo: Estudos e Pareceres. Rio de Janeiro: Forense, 1953.

_____. *O Conflito de Vizinhança e Sua Composição*. Rio de Janeiro, [s. e.], 1939.

_____.*O Direito Privado Brasileiro: Aspectos Gerais de sua Evolução nos Últimos Cinquenta Anos*. Rio de Janeiro: Correio da Manhã, 1951. (Edição do Cinquentenário.)

_____. História Política do Brasil. In: MELO FRANCO, Afonso Arinos de. *Síntese da História Econômica do Brasil*. Rio de Janeiro: Ministério da Educação e Saúde, 1938.

SANTOS, José Maria dos. *A Política Geral do Brasil*. São Paulo: Magalhães, 1930.

SENA, Jorge de. *Maquiavel e Outros Estudos*. Porto: Paisagem, 1974.

SIMÕES, Teotônio. *Repensando Alberto Torres*. São Paulo: Semente, 1981.

SOUZA, Maria Mercedes Lopes de. *Rui Barbosa e José Marcelino*. Rio de Janeiro: Casa de Rui Barbosa, 1950.

TAVARES BASTOS, Aureliano Cândido. *A Província: Estudo sobre a Descentralização no Brasil*. 3 ed. São Paulo/Rio de Janeiro: Companhia Editora Nacional, 1975.

TAVARES DE LYRA, Augusto. "Afonso Pena". *Revista do Instituto Histórico e Geográfico Brasileiro*, v. 174, 1939.

_____. *Dias que Passaram* (Memórias Inéditas).

TORRES, Alberto. *As Fontes de Vida no Brasil*. 2. ed. Rio de Janeiro: Editora da FGV, 1990.

_____. *A Organização Nacional*. 3. ed. São Paulo: Companhia Editora Nacional, 1978.

_____. *Vers la paix / A Caminho da Paz*. Rio de Janeiro: Gráphica Ypiranga, 1927.

_____. *O Problema Nacional Brasileiro: Introdução a um Programa de Organização Nacional*. Rio de Janeiro: Imprensa Nacional, 1914.

_____. Discurso de Posse. *Revista do Instituto Histórico e Geográfico* Brasileiro. Rio de Janeiro, v. 74, n. 124, 1911.

VALLADÃO, Alfredo. *Direito das Águas*. São Paulo: Revista dos Tribunais, 1931.

_____. *Bases para o Código de Águas da República*. Rio de Janeiro: Imprensa Nacional, 1907.

_____. *Dos Rios Públicos e Particulares*. Belo Horizonte, [s.n.], 1904.

VAMPRÉ, Spencer. *Memórias para a História da Academia de São Paulo*. São Paulo: Saraiva, 1924, 2 v.

VASCONCELOS TORRES, João Batista de. *Oliveira Viana: Sua Vida e Sua Posição nos Estudos Brasileiros de Sociologia*. Rio de Janeiro: Freitas Bastos, 1956.

VASCONCELOS, Zacarias de Góis e. *Da Natureza e Limites do Poder Moderador*. Brasília: Senado Federal, 1978.

_____. *Perfis Parlamentares*, Câmara dos Deputados, Brasília, 1979.

VENANCIO FILHO, Alberto. *Das Arcadas ao Bacharelismo: 150 Anos de Ensino Jurídico no Brasil*. 2 ed. São Paulo: Perspectiva, 2011.

_____. Uma Prova de Concurso. *Digesto Econômico*, n. 227, set./out. 1972.

_____. O Ensino Jurídico nos Pareceres de Rui Barbosa. *Estudos Universitários*, Recife, v. 9, n. 1, jan./mar. 1969.

VIEIRA, Celso. Evolução do Pensamento Republicano no Brasil. In: CARDOSO, Vicente Licínio (org.). *À Margem da História do Brasil*. 2 ed. Brasília: Editora Universidade de Brasília, 1981.

VIEIRA, Evaldo Amaro. *Oliveira Vianna e o Estado Corporativo: Um Estudo Sobre Corporativismo e Autoritarismo*. São Paulo: Grijalbo, 1976.

VIEIRA, José. *A Cadeia Velha: Memória da Câmara dos Deputados*. Rio de Janeiro: Jacintho Silva, [s.d.].

VILANOVA, Lourival. Pontes de Miranda, o Sábio, o Intelectual e o Pensador. *Jornal da OAB-PE*. Recife, abr. 1980.

Este livro foi impresso na cidade de São Paulo,
nas oficinas da Graphium Gráfica e Editora, em março de 2012,
para a Editora Perspectiva.